A Bruxa é verdadeira e solitária

Copyright © 2011 Isabel Vasconcellos
Todos os direitos reservados. Nenhuma parte deste livro poder ser reproduzida ou transmitida em qualquer forma ou por qualquer meio, eletrônico ou mecânico, incluindo fotocópia, gravação ou qualquer armazenamento de informação, e sistema de cópia, sem permissão escrita do editor.

Direção editorial: Júlia Bárány Yaari
Edição, preparação e revisão: ProLíbera Editora
Projeto gráfico e diagramação: ProLíbera Editora
Capa: Emília Albano
Foto da capa: (c) iStockphoto/Milan Zerenski

Dados Internacionais de Catalogação na Publicação (CIP)
(Câmara Brasileira do Livro, SP, Brasil)

Vasconcellos, Isabel
Todas as mulheres são Bruxas / Isabel Vasconcellos - 2.ed. -- São Paulo: Pro-Líbera Editora, 2011.
ISBN: 978-85-61080-13-6
1. Contos 2. Espiritualidade 3. Feminilidade 4. Misticismo 5. Mulheres - Comportamento 7. Mulheres - Condições sociais I. Título
11-09550   CDD - 305.4

Índice para Catálogo Sistemático:
1. Mulheres : Sociologia 305.4

---

este livro foi composto na tipologia adobe garamond pro, 12p
títulos em Gill Sans MT Ext Condensed 24pt
impresso em off set 75 g, na gráfica Neo Graf

Todos os direitos desta edição reservados
à ProLíbera Editora © 2011
São Paulo - SP - Brasil
contato@proliberaeditora.com.br

www.proliberaeditora.com.br
Livro para Ser Livre

Todas as mulheres são Bruxas

Isabel Vasconcellos

PROLÍBERA
SÃO PAULO
2011

segunda edição

para Wanda, que nasceu em 1912, mas já sabia
que mulheres não são menos que homens

Conteúdo

7	Prefácio
9	Introdução
15	1. Sendo Bruxa
17	A Bruxa
27	2. Depoimento de uma Bruxa
29	A casa e o vestido
49	3. Despertando
51	Decoração
61	4. Em sintonia
64	Telefonia
69	5. Porque ser Bruxa
71	Ivete e a chuva
73	6. Vencendo o Ego
75	Depoimento de bruxa nº 2
76	Falando com Deus
81	7. Harmonia com a natureza
83	Sonia e a cobra
91	8. Brilhar
98	Presságios
101	9. Um pouco de história com o Sol e a Lua
105	Limpeza
113	10. A interação e as plantas
116	A vingança de Valentina
131	11. Amor e ódio
134	Câncer e conveniência
141	12. A escolha é sua
144	Joana sozinha
169	13. O céu estrelado e a música
173	Sonho acabado
181	14. Pensamento positivo
183	Eli, uma estrela de TV
199	15. A escada
202	Os olhos de Beatriz
219	16. As plantas, as estrelas e a cozinha

223	Marina e Eneida
233	17. Animais racionais
237	Celeste
249	18. Bruxas e política
251	Aurora, a sufragista
269	19. Um novo feminino
271	O velho prédio
293	20. Mãe
295	O corpo de Emília
307	21. O poder por trás do trono
309	Segurança
319	22. Em sintonia
322	O goulasch
325	23. A morte
326	Efêmero
331	24. Fim
333	Epílogo - Encontro com Wanda

Nunca é o fim. Nem a morte é o fim. A consciência nunca descansa, mesmo dormindo, pois sonha. Na vida, nada chega ao fim. O que há é apenas a eterna e lenta transformação de tudo. Desde as células do nosso corpo, que são outras a cada sete anos, passando pela nossa mente e alma que, pela experiência, vão se transformando e transformando a nossa maneira de ser e de agir. Tudo é dinâmico. Tudo está em constante movimento a caminho da transformação.

Prefácio

Sinto-me muito honrado com o convite para prefaciar o livro de Isabel Vasconcellos. Acompanho seu trabalho como jornalista e escritora há tempo e admiro sua facilidade em informar, sempre de maneira clara, com elevada capacidade de síntese, sem prejuízo de ser profunda ao mesmo tempo, coisa de pessoas privilegiadas. Como jornalista pioneira e ousada, tem prestado excelente serviço à comunidade com seus programas de saúde, em diferentes emissoras, trazendo muitos médicos de ponta na medicina brasileira. Como escritora, contribuiu sobremaneira para levar ao público, principalmente feminino, importantes informações sobre depressão e transtornos hormonais, sem preconceitos, sem meias verdades, como é seu estilo.

Tive a honra de editar seu romance *Fantasma da Paulista*, no qual mostra sua capacidade criativa dando vida ao fantasma de Joaquim Eugênio de Lima, que retorna periodicamente à Avenida Paulista para reencontrar o amor, e toma contato com as mudanças ocorridas na avenida e região.

Li e aprendi muito com o livro *Sexo sem vergonha*, uma obra de deixar o leitor de boca aberta pela forma rica como foi tratado o assunto, alternando atualidades científicas com literatura. Uma obra que preenche um vazio na relação de livros sobre sexualidade humana.

Isabel conhece a natureza humana, diferencia com excelência sexo de gênero, e esbanja conhecimento, experiência e a ousadia necessária para enfrentar o conservadorismo falso moralista, quando escreve seu primeiro *Todas as mulheres são Bruxas*, num momento em que o mais comum era falar em fadas madrinhas e cultuar falsos valores atribuídos à mulher. Estes falsos valores diminuem a mulher tentando fazer dela um ser sem opinião, assexuado, antierótico e sem vida própria. Troquei ideias várias vezes com Isabel, inclusive na TV ao vivo, sobre a obra de Elizabeth Badinter, de *Um amor conquistado - O mito do amor materno*. Sei o quanto Isabel conhece a obra desta autora e o assunto gênero, e sua capacidade em se aprofundar neste assunto.

Prefere as bruxas capazes de desafiar e provocar mudanças, às fadas submissas e translúcidas.

Agora nos brinda com uma nova edição revista e ampliada, como foi concebida originalmente, de *Todas mulheres são Bruxas*, na qual mais uma vez mescla o conhecimento científico e a história em contos sensíveis, inteligentes. Viaja desde o interior de Minas Gerais, na fazenda Soledade, onde Geraldina, "a bruxa do cavalo negro", desafia o conservadorismo, até os Estados Unidos, onde Mary Woolstonecraft e as sufragistas se mobilizam em busca dos direitos iguais aos dos homens.

Traz agora a evolução do feminismo, que não vê o homem como inimigo da mulher, nem antagonismo entre os gêneros, masculino-feminino. Na realidade, existe antagonismo entre homens desprovidos do gênero feminino dentro de si e mulheres desprovidas de seu próprio feminino, já que, ao longo da história, ser mulher foi considerado um problema e tudo aquilo associado ao gênero feminino foi objeto de todo tipo de repressão.

Este livro traz uma oportunidade excelente para revermos a relação entre gêneros e evoluirmos no sentido de tornar a sociedade mais justa e equilibrada, na medida em que procura mostrar que mulheres e homens estão no mesmo barco, para compartilhar responsabilidades e prazeres.

Dr. Wimer Bottura Jr., médico psiquiatra,
professor na Faculdade de Medicina da USP,
escritor e compositor.

Introdução

Há cerca de dois séculos e meio, as mulheres ousaram começar a se revoltar contra a sua condição social.

Parecia uma grande novidade, no final dos anos 1700, a obra da inglesa Mary Woolstonecraft, que reivindicava direitos iguais para homens e mulheres, numa sociedade em que elas não tinham direito à propriedade, ao voto, ao prazer sexual, à guarda dos filhos em caso de separação judicial e não podiam falar em público, a não ser para plateias femininas.

Reivindicar direitos iguais aos dos homens era, neste contexto, uma enorme ousadia. Mas não era novidade.

A chapeleira da rainha Maria Antonieta dizia que *só é novo o que foi esquecido*.

Foi preciso que mulheres pioneiras, organizadas e lutando por seus direitos conquistassem suas primeiras vitórias para que a memória das mulheres que, um dia, num passado remoto, foram livres, emergisse das sombras.

Embora alguns acreditem que no Antigo Egito existiu uma geração de Cleópatras ainda mais poderosas do que a Cleópatra que passou para a História, as únicas mulheres que viveram em igualdade de direitos com os homens foram as mulheres da sociedade celta.

A civilização celta – um dos povos classificados como "bárbaros" pelo Império Romano – floresceu por muitos séculos, desde cerca de 400 a.C. até a Baixa Idade Média.

No mundo dos celtas não havia diferença entre os sexos. Tanto mulheres quanto homens exerciam as diversas funções sociais, da política à religião. O sexo não era um tabu, era livre e fazia parte, inclusive, das festividades promovidas em prol da fertilidade da terra.

Essas mulheres sexualmente tão livres quanto os homens, essas mulheres que tinham poder político e sacerdotal, que sabiam manipular ervas e criar medicamentos, essas mulheres não combinavam com a visão que os romanos cristãos tinham da mulher. O cristianismo (não como filosofia de vida, mas enquanto instituição) via e vê a mulher como a detentora do pecado, a que precisa ser domada, na sua excessiva sensibilidade, pela racionalidade do homem, seu amo e senhor.

Por isso, porque não combinavam, quando a sociedade romana predominou sobre a celta, as mulheres livres foram sendo sistematicamente perseguidas, amaldiçoadas e queimadas nas fogueiras da Inquisição.

Os católicos passaram seis séculos queimando mulheres.

Toda a sabedoria das mulheres celtas foi sendo eliminada e esquecida.

Mulheres sábias, em nome da repressão dos antigos católicos, foram rotuladas como bruxas, feiticeiras, demoníacas. Muito da tradição, da sabedoria, da bondade, do domínio da intuição, muito, muito mesmo do conhecimento feminino se perdeu, espalhou-se no ar, nas cinzas das fogueiras da matança.

Nas sociedades de então, as mulheres foram perdendo o poder. Foram se calando. Ficaram submissas. Suas qualidades de mulher foram reduzidas aos rótulos de sensibilidade exacerbada, fragilidade, dependência, raciocínio inferior. E, finalmente, elas se tornaram cidadãs de segunda classe, confinadas ao universo do lar, sem papel social maior do que a maternidade.

Cem anos depois de Mary Woolstonecraft, as europeias e as americanas começaram a se organizar para lutar em prol dos seus direitos de cidadania. Queriam estudar, votar, opinar. Queriam voltar a ter voz no mundo.

Surgiram as sufragistas, as feministas e surgiram, na segunda metade do século XX, as primeiras mulheres livres na nossa sociedade.

Se hoje aprendemos a ler e a escrever, se hoje podemos votar, trabalhar, exercer o nosso direito ao prazer e à contracepção, se hoje podemos ter o nosso próprio dinheiro, se hoje já não somos tuteladas e consideradas inferiores e incapazes, tudo isso devemos às mulheres que, antes de nós, lutaram, morreram, sofreram, foram encarceradas e ridicularizadas pois queriam tudo isso (e mais) que temos hoje.

Introdução

Mas ainda não é tudo.

Quando, nos anos setenta e oitenta do século passado, entramos na vida produtiva, assumimos, quase sem querer, o modelo masculino de poder, de competição, de produção. Muitas executivas e políticas dessas décadas se transformaram em homens de tailleur e salto alto.

Era apenas mais uma etapa de um processo de libertação feminina que ainda está longe de terminar.

Hoje, no século XXI, as mulheres precisam resgatar a bruxa dentro delas.

Hoje é preciso lembrar que podemos ter os mesmos direitos que os homens na sociedade, mas que somos diferentes deles.

Embora algumas feministas queiram negar, existem sim diferenças entre os sexos no que diz respeito à tendência de comportamento. Mulheres são mais intuitivas e mais sensíveis e seus cérebros funcionam diferentemente dos cérebros masculinos em algumas áreas como as das percepções visuais e auditivas. Terão os cérebros se moldado pela cultura, assim como se moldam tanto pelas drogas como pela psicoterapia? Ninguém sabe. O que se sabe é que, em quase todas as culturas e sociedades humanas já estudadas, as mulheres são comparadas à Lua e os homens, ao Sol.

Homens são da guerra. São do poder pela força, pela dominação dos mais fracos, pela intolerância cega de quem se julga possuidor das verdades. Homens são lineares: para frente e para o alto, derrubando o que estiver no caminho! Possuindo, dominando, com a força da testosterona e o brilho ofuscante da luz solar.

Mulheres são cíclicas como a lua. Mulheres são da paz, da conciliação, do amor materno, da tolerância, da compreensão. Mulheres têm fases: 15 dias de estrogênicas, brilhantes, sedutoras. Outros 15 dias, progesterônicas, maternais, recolhidas, acolhedoras. Mulheres são sinuosas: em vez de derrubar e destruir os obstáculos, contornam-nos, driblam-nos e seguem em frente, com a suavidade do luar.

Mulheres são mães e por isso a natureza deu a elas uma coisa a qual chamamos de sexto sentido: a nossa feroz, a nossa imbatível e muito pouco falível (quase infalível!) intuição.

Somos a outra metade da vida. A metade que foi brindada pela natureza com a capacidade de gerar, de ser mãe. E, por isso mesmo, foi brindada também com todas as capacidades do sexto sentido.

São essas capacidades, as do sexto sentido, que ainda estão latentes e adormecidas dentro de nós. É o nosso lado bruxa, cruel e historicamente reprimido num mundo de guerra, num mundo onde o poder era apenas masculino e, portanto, desequilibrado.

O mundo é feito de mulheres e de homens. Para mulheres e para homens.

Depois de milênios sendo governado e dominado apenas por um lado, o masculino, não é de se admirar que falte, nas relações humanas, exatamente o que caracteriza a magia feminina: o amor, a compreensão, a tolerância, a capacidade de conciliação.

E estes dons femininos nascem todos na intuição. Nascem nos cérebros femininos, que os homens tanto rotularam de "pouco racionais".

Muito mais intuição do que razão e a razão que nasce da intuição: assim é a cabeça feminina. A sabedoria popular sabe bem que o coração tem razões que a razão desconhece.

O mundo só encontrará o equilíbrio quando o poder estiver também equilibrado entre a razão e o coração. Entre a cabeça da mulher e a cabeça do homem. Entre o estrogênio e a testosterona.

Neste início do século XXI, algumas empresas, as mais modernas, começam a perceber que as mulheres têm uma contribuição diferente a dar ao mundo produtivo: elas têm essa tal da intuição, que pode funcionar muito bem na hora da decisão nos negócios.

Para eles, uma grande novidade. Para elas, nada de novo. Desde que o mundo é mundo, as mulheres sabem muito bem que podem e devem confiar na sua intuição e nas suas capacidades mentais que estão além da razão.

Estas capacidades "mágicas" femininas certamente estiveram, ao longo da história da humanidade, em algum momento histórico, mais bem estruturadas, codificadas e foram usadas com mais propriedade do que as usamos hoje. Mas isto se perdeu, se perdeu na própria história cristã de repressão ao sexo feminino, na dominação patriarcal e na submissão das mulheres. Sobraram apenas as lendas, falando de fadas, magas e bruxas que usavam seus poderes para o Bem ou para o Mal.

A Natureza é sábia. Dotou as mulheres de percepção extrassensorial para que estas pudessem sobreviver em tempos primitivos, quando a força física do macho era determinante para enfrentar os muitos perigos do mundo. Deu a elas uma extrema capacidade intuitiva para que pudessem proteger melhor a sua cria, para equilibrar a força física do homem com a sua força mental.

Depois, veio a sociedade patriarcal. E, por milênios, foi incutida nas cabeças femininas a sua inferioridade. O que era dom foi transformado em fraqueza. A extrema sensibilidade das mulheres, no mundo apenas racional dos homens, passou a ser vista como sinal de fraqueza, de inferioridade.

A Natureza, porém, fala mais alto que os costumes sociais.

Embora recalcadas, as mágicas capacidades femininas sempre se manifestaram, ao longo da História.

Agora é o momento de as mulheres assumirem de vez que têm, todas elas, uma bruxa dentro de si. Assumirem que são capazes, sim, de intuir, de prever o futuro, de moldar o destino, de modificar os acontecimentos. Agora é o momento de recuperar a bruxa que existe em cada uma de nós, mulheres.

Precisamos reconstruir tudo. Precisamos sistematizar as nossas capacidades mentais, erroneamente chamadas de "mágicas". Precisamos ter a coragem de assumir esse lado maravilhoso da nossa alma. Precisamos tomar consciência de que realmente possuímos um dom que é privilégio do nosso sexo.

O nosso planeta precisa de mulheres dividindo com os homens o poder, as decisões, o diálogo.

Mas não mais daquelas mulheres que se masculinizaram para conquistar um lugar ao sol no mundo produtivo, na vida política. Mas sim de mulheres que estejam nas empresas, nas assembleias, nas igrejas, na política, na vida artística, com a sua alma feminina por inteiro. Ou seja, resgatadas as capacidades de seu sexto sentido, seu instinto materno, sua intuição (coisas que, para os homens, parecem mágicas, mas que para nós são tão naturais como respirar).

Está na hora de resgatar a bruxa que perdemos ao longo do caminho.
E colocá-la a serviço da humanidade.
Redescobrir a feminilidade que o poder masculino tentou destruir é a proposta deste livro.

1
Sendo Bruxa

Porque as mulheres sempre ocuparam uma posição de inferioridade social, a intuição jamais foi levada a sério. Nem mesmo se pode afirmar que exista, de fato, essa coisa chamada intuição. Caladas, as mulheres viveram séculos e séculos sabendo muito bem que, embora nada científica, a intuição é uma realidade. Como ela se processa? Que mecanismos podem levar a nossa cabeça a intuir alguma coisa que ainda não é, mas será? Ninguém sabe. Ainda. Isso, no entanto, não me parece motivo para negar uma realidade que simplesmente vivenciamos. Não que os homens sejam destituídos de intuição, eles também vivenciam isso, mas não com a mesma frequência e intensidade das mulheres.

Em algum lugar na memória das células do nosso corpo, em algum lugar no nosso inconsciente coletivo, de alguma maneira através da Tradição contada de geração a geração, o valioso conhecimento das magas-bruxas sobrevive até hoje e está entre nós.

As mulheres europeias são as filhas das bruxas antigas, e foram as europeias que colonizaram as Américas. As herdeiras das bruxas, porém, são ocidentais. Não existem bruxas japonesas, exceto talvez no Brasil, modernamente. Do Oriente veio também para a nossa cultura muita magia. A sabedoria milenar da China, a arte do I Ching, os mantras indianos, etc. Tudo isso foi se misturando no caldo cultural brasileiro. E ainda temos a sabedoria das velhas africanas, escravas, com seus ritos e suas comidas especiais e, mais ainda, o conhecimento das velhas índias do manuseio das ervas.

No Brasil, existem muitas escolas de mistério, as famosas ordens esotéricas, isso sem contar os terreiros de umbanda, quimbanda ou candomblé, inúmeras agremiações que se reúnem em torno de alguma corrente esotérica, além das igrejas evangélicas e eletrônicas, que também praticam seus rituais de magia. E ainda tem os ciganos.

Astrólogos, bruxos, magos, pais de santo, pastores, cartomantes, adivinhos, povoam o nosso cotidiano com seus supostos poderes de manipular energias apenas intuídas ou adivinhadas.

Mas não é exatamente desse tipo de magia que eu quero falar. Volto-me para a magia do cotidiano, a que se exerce sem maiores rituais que não o manuseio da matéria. Ou seja, coisas tipicamente femininas como cozinhar, limpar a casa, cuidar das plantas. Quero falar da magia do pensamento, da capacidade que temos de dirigir nossos pensamentos, de maneira simples, e não nos deixarmos dirigir pelos nossos pensamentos, como mais frequentemente ocorre.

Estou falando das bruxas modernas e anônimas que, quase de maneira intuitiva, manipulam aquelas tais das supostas energias e usam isso a seu favor. Todas nós somos muito mais bruxas do que supomos. Basta aprender a usar a intuição e o pensamento e ter consciência, por exemplo, do verdadeiro ritual alquímico que é preparar um bolo.

A Bruxa

Na pequena cidade do interior de Minas, ela era conhecida como A Bruxa. Tinha o hábito de sair, todas as tardes, em caminhada. Vestida de negro, os longos cabelos soltos que lhe batiam à cintura, sempre puxando o belo cavalo, ele todo escovado, a crina competindo em brilho com a cabeleira dela. Cumprimentava, taciturna, com um gesto elegante de cabeça, os que cruzavam o seu caminho. Mas não dizia palavra.

Morava na velha fazenda Soledade, improdutiva há muitos anos, abandonadas as roças, vazios os pastos, o imponente casarão enegrecido pela umidade, portas e janelas carcomidas pelo tempo. Só um pequeno jardim, em frente à casa, florescia. Ela mesma cuidava dele e o povo da cidade se perguntava como e de que conseguia ela sobreviver. Morrera-lhe o marido, há mais de vinte anos e, desde então, a fazenda fora caindo, caindo... Foram-se os colonos, os agregados, os funcionários. Foram-se as empregadas, algumas morreram, e a sede, que em tempos áureos, era motivo de orgulho para o povo, com suas festas memoráveis, das quais participavam importantes figuras da política nacional, agora jazia entregue à lenta e voraz destruição do tempo. Só ela morava lá agora.

O filho, famoso na região por seu insaciável apetite por mulheres, jogo e bebedeiras, estava internado num manicômio. Alguns diziam que ele enlouquecera, de tanta droga e álcool. Outros, que ele cometera um crime em São Paulo e que os advogados haviam alegado insanidade mental.

A filha, conhecida por seus hábitos masculinizados, ainda salvara parte do patrimônio da família e, por mais de uma década, fizera próspero um sítio, delimitado entre as vastas imensidões de terra da Soledade, onde criara animais usando as mais modernas tecnologias, industrializando mesmo os frangos e porcos, fazendo dinheiro fornecendo a grandes redes de supermercado, seus bichinhos congelados. Um câncer a matara e sua companheira, uma jovem frágil e bela, abandonara tudo e partira, sabe Deus para onde.

Só ela, a bruxa, sobrara. E era o grande mistério da pequena cidade. Como conseguiria ela pagar os impostos de tanta improdutiva terra? Mas ela os pagava. Como sobrevivia sozinha naquele monte de ruínas em que, dia a dia, ia se transformando a outrora majestosa Fazenda Soledade? Mas ela sobrevivia. Como se alimentava, se jamais era vista comprando mantimentos? Mas lá estava ela, viva e forte, todas as tardes, em seu desfile pela cidade, puxando o cavalo, também belo e forte como ela. Quantos anos teria ela? A cidade fazia as contas. Uns diziam 70, outros 90, e havia quem jurasse que ela já passara dos cem.

Geralda Magalhães de Almeida era o seu nome. Todos a conheciam como Geraldina. Corria uma lenda sobre a sua história. Há muito, muito tempo, o jovem José de Almeida se aventurara pelos garimpos de Minas atrás do ouro que ainda restava nesses tempos de República. Tivera sorte, achara uma mina e dela tomara posse. Durante alguns anos explorara o veio, tirando dali uma pequena fortuna. Quando o veio se esgotou, ele se instalou na pequena cidade mineira, comprando algumas terras e anexando outras sabe-se lá por que meios. Mas quando chegara à cidade, trazia consigo aquela mulher índia. Diziam que ela o encantara com os misteriosos feitiços das tribos que habitavam as fronteiras de Goiás. O velho José arranjara, no cartório da cidade, (tudo, com ouro, era possível no Brasil!) uma certidão de nascimento para a índia e pusera nela o nome de Geralda Magalhães. Depois, casara-se com ela, com direito à festa de arromba, cerimônia na Igreja e tudo o mais.

Outros, porém, acreditavam que essa história de índia não passasse de lenda, que ela era mesmo uma Maria ninguém, uma das tantas Magalhães que existiam naquele estado.

A Bruxa

Caso se olhasse bem para ela, só os cabelos pareciam denunciar-lhe uma origem indígena. A pele era clara demais, a ossatura delicada demais.

A cidade inteira sabia que ela era velha, muito velha. Mas um forasteiro desavisado, que a visse em seu passeio vespertino, assim não julgaria. O rosto sem rugas, a pele meio esverdeada é verdade, mas ainda firme e esticada, o cabelo negro como a mais escura noite, um negro de breu, brilhando ao sol da tarde, o corpo esguio e ainda altivo...

No entanto, a cidade fazia as contas: na década de 1950, seu filho escandalizava o lugar com suas orgias e aventuras e já teria ele uns 20 e tantos anos de idade...

Pela misteriosa juventude preservada, pelos trajes negros, pela sobrevivência misteriosa, pelo hábito de caminhar pela cidade todas as tardes, pelo inacreditável cavalo negro que a acompanhava, pelo insólito daquela figura fora de época, no meio dos coloridos automóveis, pela força inexplicável que sua figura transmitia, por tudo isso, ficou Geraldina conhecida como A Bruxa.

A cidade, porém, embora se ocupasse um pouco com o mistério dela, tinha seus próprios interesses e afazeres. Ninguém iria se preocupar demais com a bruxa. Riam, comentavam, inventavam hipóteses, histórias, mas era só isso.

Certo dia porém, passou por ali uma equipe de reportagem de uma grande rede de televisão. Não que a pequena cidade fosse alvo do interesse de jovens jornalistas à procura de notícias sensacionais. Acontecera apenas o carro de externa, cheio de equipamentos caríssimos, ter caído num monumental buraco na estrada e quebrado a ponta de eixo. Assim, a equipe teve que procurar ajuda na cidade mais próxima. E foi parar lá. Era uma equipe de reportagem que estava se dirigindo, por terra, do Rio de Janeiro a Ouro Preto, onde gravaria um especial sobre a cidade histórica, patrimônio da Humanidade. Mas quis o destino levá-los até lá. Fim de tarde, embebedavam-se de cerveja num boteco ao lado da única oficina mecânica, onde o caminhãozinho da externa estava sendo consertado, quando viram passar Geraldina em sua solitária e cotidiana caminhada, com o cavalo a reboque.

– Nossa! Que figura é aquela? – exclamou a chefe de reportagem.

O câmera ajeitou suas objetivas e saiu correndo para flagrar a insólita cena: uma mulher que parecia saída de outro século, toda vestida de preto, puxando um majestoso cavalo.

A repórter correu em sua direção, ajeitando o microfone.

E o dono do bar alertou com um grito:

– Cuidado com ela! É uma bruxa.

Passando entre os automóveis, a equipe atravessou rapidamente a rua e a alcançou. A repórter colocou o microfone perto da boca de Geraldina e perguntou:

– É verdade que a senhora é uma bruxa?

A bruxa apenas sorriu, mostrando uma dentadura extremamente branca e saudável, e continuou, impassível, em sua marcha.

– A senhora não quer falar conosco? – insistiu a moça.

Nada. Geraldina continuava impassível.

E assim foi por bem uns dois longos quarteirões. A equipe de reportagem acompanhando a marcha de Geraldina, a repórter insistindo em fazer perguntas, sem obter nenhuma resposta. Quando todos pararam numa esquina movimentada, esperando que abrisse o sinal de pedestres para que pudessem atravessar a rua, a bruxa levantou solenemente a mão esquerda. E um estranho desânimo tomou conta de todos. O câmera abaixou sua máquina. A repórter deixou cair o braço que sustentava o microfone. O cabo man estancou.

– Bah! – exclamou a moça da TV – deixa pra lá. É apenas uma velha louca! Daqui não vamos tirar nada.

O sinal abriu e ficaram os três ali na calçada, subitamente desinteressados e Geraldina atravessou a rua, placidamente, seguindo seu caminho de volta em direção à Soledade.

Voltou a equipe de TV, desanimada, para o bar.

– Conseguiram arrancar alguma coisa dela? – perguntou o dono do boteco.

– É apenas uma velha louca – disse a repórter, sentando-se.

– Ela é uma bruxa – insistiu ele.

– Quem é ela? – perguntou a repórter.

– Ela é o mistério dessa cidade. Vive sozinha numa velha fazenda em ruínas, ninguém sabe como sobrevive assim só no meio de tanta terra abandonada.

– Muita terra?

– Léguas e léguas.

– E ninguém dos sem-terra veio aqui invadir uma propriedade assim grande e improdutiva?

– Vieram sim, moça. Mas nem conseguiram chegar ao portão. Foram atacados por uma matilha de lobos selvagens e alguns deles ficaram seriamente machucados. Saíram rapidinho daqui e foram para o município vizinho, ocupar uma outra fazenda.

– Lobos? Existem lobos nessa região?

– Foi o que disseram, moça. Mas ninguém nunca tinha ouvido falar em lobos por aqui, nem nunca, depois disso, apareceu lobo algum. Mas os homens e mulheres estavam mesmo mordidos, as roupas rasgadas. Pode perguntar lá no PS. Muitos foram atendidos lá e depois se mandaram. Nem queriam ouvir falar na Soledade.

– Soledade?

– É esse o nome da fazenda da bruxa.

– E vocês têm medo dela, dessa tal bruxa? – perguntou o câmera.

– Medo não. Mas ninguém mexe com ela. Como ela também não mexe com ninguém, fica por isso mesmo.

– Mas por que acreditam que ela seja uma bruxa?

– Sei lá. É o que o povo fala.

Assim, pouco a pouco, conversando aqui e ali, a equipe de reportagem ficou sabendo do que a cidade sabia sobre Geraldina. Foram ao caminhão de externa, assistiram a fita que tinham feito dela e ficaram impressionados com as imagens: a mulher tinha mesmo uma presença forte e, no vídeo, isso ficava evidente. Comunicaram-se com a diretoria de jornalismo da rede e obtiveram permissão para ficar mais uns dias ali, tentando, afinal, fazer uma matéria sobre a estranha figura. Na manhã seguinte, carro consertado, estacionaram a poucos metros do portão da sede da fazenda. Já tinham feito várias imagens da casa em ruínas e dos arredores. Parecia cena de filme de terror. Uma estranha névoa pairava sobre os campos da Soledade, tudo era abandono, desolação, não fosse pelo pequeno e vibrante jardim na frente da casa.

O portão enferrujado no centro do muro meio destruído estava semi-aberto. Câmera em punho, resolveram entrar. Empurraram o enorme portão, que rangeu, e mal puseram os pés nas terras da fazenda, viram aquela estranha mancha que se deslocava na direção deles. Foi só um segundo e perceberam que eram enormes cães negros, correndo muito juntos, ameaçadores, mas silenciosos. A visão foi tão apavorante que saíram correndo também e se refugiaram no carro de externa. Rapidamente estavam cercados por dezenas de enormes cães negros, que arranhavam a carroceria, alcançando mesmo as janelas e fazendo balançar o caminhãozinho. Mas, estranhamente, os animais não produziam um ruído sequer, não latiam, e suas enormes patas arranhavam a pintura do carro, sem nenhum ruído. A equipe suava frio, em pânico.

– Filma isso! Filma isso! – gritou a repórter para o câmera que, tremendo, pôs-se a filmar a estranha fúria dos bichos, de dentro do carro.

O ataque dos cães ao pequeno caminhão de externa não durou mais de cinco minutos. Mas foram, certamente, os mais longos cinco minutos da vida daquela equipe. Depois, os animais se afastaram, silenciosos, e sumiram no meio do mato. O caminhãozinho ficou realmente arranhado e até o logotipo da emissora se tornou uma confusão de cores, indistinguível. Os quatro saíram do carro, ainda com muito medo, e foram conferir os estragos.

– Que coisa! – disse o cabo man – Esses cães parecem mesmo ter saído do inferno! Devem ter sido eles que atacaram os sem-terra. Essa velha não quer visitas!

– Bote a fita no tape – disse a repórter. Eu não entendo como pode ter sido isso, eles são mudos, não fizeram um ruído sequer. Vamos ver a fita.

No tape, apenas a imagem, gravada de dentro do carro, da paisagem balançando. Nenhum animal fora registrado.

– Droga! – gritou a repórter para o câmera – Você não conseguiu filmar nenhum deles?

– Juro que eu filmei – respondeu ele, suando frio. – Juro que focalizei o focinho deles, as patas arranhando o carro... Não entendo como não estão aqui.

– Bem, pessoal – disse a moça – é melhor manter a calma... Isso não foi uma ilusão porque o carro ficou bem danificado...Não entendo...Mas também não vou desistir. Ela sai todas as tardes. Vai ter que sair hoje. Ainda é cedo. Vamos à cidade comer alguma coisa, botar as ideias em ordem, vamos voltar à tarde e esperar que ela saia. Eu não acredito em bruxas e ela vai ter que falar comigo, ah, se vai.

– Não acredita? – disse o câmera – E como você explica esses cães invisíveis para a minha objetiva? Isso é coisa do diabo!

– O diabo não existe. E a nossa missão jornalística é também explicar coisas aparentemente inexplicáveis. Vamos lá pessoal. Vamos comer alguma coisa, relaxar e à tarde voltaremos.

O motorista da equipe estava branco de pavor:

– Olha aqui, Célia, eu peço demissão, pego um ônibus, vou embora, mas aqui eu não volto de jeito nenhum!

– O que é isso, Aristides? Você que já esteve até em Israel, no meio das bombas, vai amarelar por causa de uns cachorrinhos?

– Você pode achar que são uns cachorrinhos, mas o que eu vi – e a câmera não viu – aqui hoje só pode ser mesmo bruxaria e dessas coisas, eu que sou cristão, quero distância.

Célia suspirou.

– Tide, você não pode pedir demissão. Você adora seu trabalho na TV e não esconde isso de ninguém. Toca pra cidade, vamos comer e esquecer um pouco essa coisa. À tarde vamos voltar e falar com ela.

– Ela tem razão – disse Machado, o câmera – Vamos comer, tomar uma cerveja e à tarde vamos voltar. A bruxa sai todos os dias, terá que passar por nós. Vou filmá-la e a Célia vai falar com ela. É o nosso trabalho, pombas!

– Eu topo – foi logo dizendo o cabo man, cujo apelido era Bareta. Agora tudo o que eu quero mesmo é uma boa cervejinha!

Voltaram para a cidade tentando fingir que já não sentiam aquele clima de pavor que os invadira ante o ataque dos cães silenciosos.

Almoçaram, falaram de futebol, do Filipão e da Copa recém-conquistada. Queriam esquecer o episódio da manhã, mas ele estava presente dentro de suas almas. Fim de tarde, na hora em que Geraldina costumava sair, dirigiram-se de volta à fazenda. Tide, o motorista, ia rezando em voz alta o que deixava o resto da equipe ainda mais apreensiva. Quando estavam a mais ou menos um quilômetro da entrada da fazenda, uma forte neblina baixou sobre a pequena estrada, cegando a todos.

– Zorra! Como é possível uma neblina dessas a essa hora? – praguejou o câmera.

– Nada demais, Machadão – disse Célia – afinal estamos subindo uma colina, você sabe que a região é montanhosa mesmo e montanhas combinam com neblina.

– Não. Não está certo. Não deveria haver neblina nenhuma aqui – disse o Bareta.

Mas havia. E a cerração ficou tão forte que, mesmo com a cabeça para fora da janela, Tide não conseguia mais ver o caminho. Parou o caminhãozinho:

– Pessoal, daqui pra frente, só se for a pé.

Nem a pé. Não se via um palmo à frente do nariz e perceberam que, se tentassem continuar, inevitavelmente se perderiam um do outro.

– Não é possível – disse Célia. Não podemos continuar. Vamos voltar.

– Voltar como? – explodiu Tide. – Não se enxerga nada nem para frente nem para trás.

Então, de repente, como por milagre, a neblina começou a dissipar-se muito rapidamente e eles puderam ver o vulto da velha, puxando o cavalo, descendo a estrada.

– Aí vem ela. Vamos lá, pessoal – gritou Célia, partindo em direção ao vulto negro. Machadão a acompanhou, câmera em punho.

Geraldina passou por eles, indiferente ao assédio da câmera e da repórter, simplesmente como se eles não existissem. Toda a neblina se fora e Célia se deixou ficar, olhando a bruxa e seu cavalo que desciam a estrada em direção à cidade.

– Que diabo de mulher. Ela finge que não nos vê. Assim, que raios de matéria vamos fazer? Machado, continue filmando. Tive uma ideia. Vamos ao tal hospício, vamos falar com o filho dela. E, além disso, vou entrevistar todo mundo na cidade. Alguma coisa tem que sair dessa história.

Foi então que, três semanas depois, o país inteiro assistiu em rede nacional à história de Geraldina. Cenas dela, da fazenda abandonada e uma entrevista desconexa com o seu filho, dentro do manicômio, rindo muito a cada menção de que sua mãe fosse uma bruxa. Na reportagem, ainda, alguns depoimentos de autoridades do pequeno município, dizendo que Dona Geraldina era uma ótima cidadã, que a fazenda Soledade pagava em dia seus impostos através de um escritório contábil carioca que, todos os meses, enviava o dinheiro para os órgãos oficiais.

Os cidadãos comuns, porém, quando entrevistados, negavam a importância dela e que houvesse uma bruxa na cidade.

Célia chegara mesmo a brigar com o dono do boteco, ao lado da oficina, quando fora entrevistá-lo:

– Mas você mesmo me disse que ela era uma bruxa – insistia ela ao microfone.

– Eu não disse nada, moça, nem acredito em bruxas.

A força da televisão, no entanto, é muita. E, depois da exibição da reportagem, a pequena cidade mineira foi invadida por uma multidão de jornalistas, todos à cata de notícias da tal bruxa. Nem havia acomodações suficientes para toda aquela moçada que inundou a cidadezinha.

Geraldina, porém, não foi vista.

Os jornalistas que se dirigiram à Soledade encontraram apenas uma velha fazenda abandonada, com uma sede em ruínas. Nem sinal de matilha de cães e muito menos de neblinas misteriosas. O povo da cidade apenas ria quando era perguntado sobre a existência de uma mulher de negro que passeava por lá todas as tardes.

Frustrados, os jornalistas concluíram que tudo não passara de mais uma grande mistificação da tal rede de TV. E, pouco a pouco, em uma semana, todos tinham partido, desinteressados pela história.

A cidade, porém, suspirou aliviada ao ver, depois da partida da imprensa, numa plácida tarde de sol, Geraldina e seu cavalo em seu passeio vespertino.

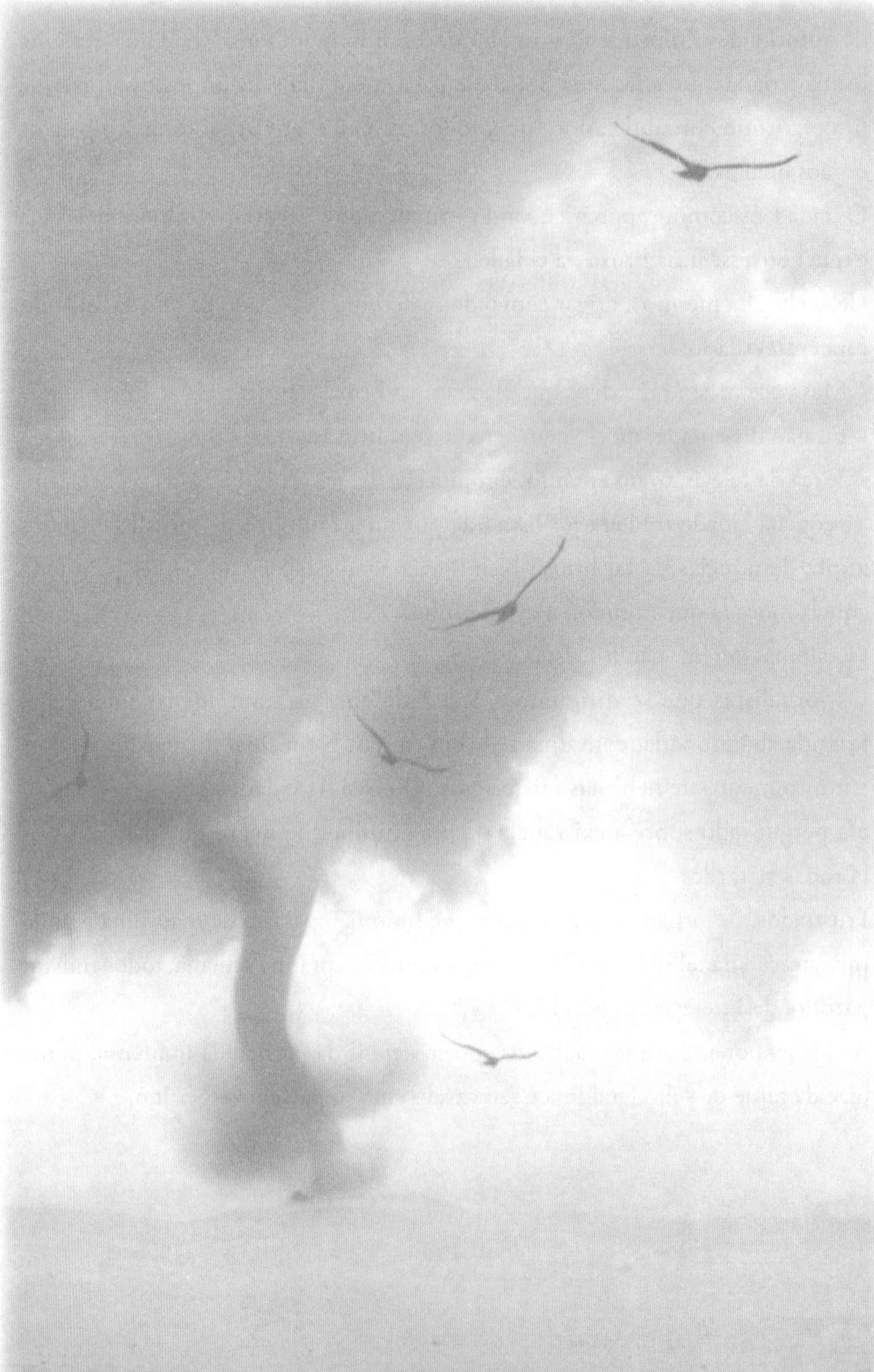

2
Depoimento de uma Bruxa

Sou uma bruxa. O engraçado é que precisei de muitos e muitos anos para admitir isso com essa simplicidade. Agora, por exemplo, pensei que a fumaça do incenso, que está aceso na mesa à direita, estava indo para a direção errada, para longe das minhas narinas. Olhei para ele e imediatamente a fumaça mudou de direção, levemente veio para o lado da sala onde estou sentada e, depois, inclinou-se para atingir diretamente o meu nariz, de forma que posso sentir-lhe completamente o perfume. Há muitos anos, uma amiga, versada nas artes da bruxaria, ao me ver acariciar uma de minhas plantas, exclamou: Não sei se você tem consciência das bruxarias que pratica!

Ser bruxa não é mais do que, intuitivamente, manipular energias segundo a conveniência do momento. Não foram exatamente as correntes de ar desse apartamento que mudaram de direção e trouxeram até mim a fumacinha do incenso. Foi a energia do meu pensamento, através do meu olhar, que atraiu levemente a fumaça.

A educação inclina nosso espírito para a racionalidade, mas existe muito mais do que o mundo científico já pôde perceber e muito mais do que a razão pode conhecer.

Por isso, porque sou uma bruxa, tenho conseguido sobreviver – mais um exemplo – à inveja. Por isso, porque sou uma bruxa, acabo sempre conseguindo aquilo que me é realmente necessário.

Por isso, porque sou uma bruxa, todos os meus bolos crescem e crescem e ficam incrivelmente macios e fofos e eu preparo molhos e cremes, sem saber nada de culinária, e invento pratos e tudo o que sai do meu fogão, do meu tacho e do meu microondas, agrada aos mais exigentes paladares. Por isso, porque sou uma bruxa, faço florescer minhas plantinhas e tenho uma bananeira esplendorosa num apartamento. Por isso, porque sou uma bruxa, encontrei minha alma gêmea (depois de uma longa e frenética busca) e vivo com ela há 30 anos, embora saiba que existem outras almas que também me são gêmeas. Por isso, porque sou uma bruxa, encontro todas as fórmulas para me manter jovem e saudável, elas caem no meu colo, e eu tenho a coragem de executá-las. Por isso, porque sou uma bruxa, minha casa resiste, inundada de música, a todas as intempéries. Por isso, porque sou uma bruxa, escapei das garras da ditadura militar brasileira. Por isso, porque sou uma bruxa, meus amigos se afastam, ficam anos distantes e, de repente, voltam. Por isso, porque sou uma bruxa, meu coração, magoado e cheio de decepções, continua aberto, forte, cheio de amor e carinho para dar a quem quiser. Por isso, porque sou uma bruxa, os olhos de todos os líderes religiosos a quem conheci se enchem de brilho ao olhar nos meus olhos. Por isso, porque sou uma bruxa, sou maldita, criticada, invejada, odiada e amada. Por isso, porque sou uma bruxa, tenho sorte. E coragem, para seguir o meu coração.

E assim será até o dia em que, abandonado esse corpo, eu me reencontre com as estrelas e – quem sabe? – descubra afinal o que é ser uma bruxa.

A casa e o vestido

Sim, a casa tinha vida. Foi percebendo aos poucos, nos primeiros dias da mudança. Estava entusiasmada, aquele seria o seu primeiro imóvel próprio. Trabalhara muito, estudara muito, lutara muito contra todos os preconceitos profissionais que ainda cercam as mulheres, até conseguir alcançar a sonhada promoção dentro do banco. Agora, acabara de fechar negócio com aquele apartamento de cobertura que ela sempre chamava de "a casa", pois era assim mesmo que parecia: uma boa casa térrea, só que no vigésimo terceiro andar do edifício antigo, no centro da cidade de São Paulo. Ninguém queria morar no centro, mas muita, muita gente morava. Por vários motivos: os prédios eram ótimos, construídos em sua maioria nos anos 1940 e 1950, apartamentos amplos, de grandes janelas e pé direito alto, cômodos grandes e preços muito acessíveis, se comparados às áreas consideradas "nobres" pelo mercado imobiliário. Na verdade pagara uma ninharia por aquela enorme cobertura, com terraço, três quartos, sala e sala de jantar, uma bela cozinha, dois banheiros e até um pequeno pátio, que ela inundara de plantas. Comprara também alguns móveis novos, já que vinha de um pequeníssimo apartamento alugado no bairro de Moema, onde morara nos últimos dez anos. Levara mais de três semanas para colocar tudo em ordem em sua nova casa. Estava entusiasmada e feliz. Pôde, afinal, acomodar bem os seus livros em lindas estantes que comprara, acomodar suas roupas em largos armários embutidos que pertenciam ao apartamento e ocupara um quarto para si, no outro fizera um lindo aposento de hóspedes e no outro um sofisticado e bem equipado escritório, do qual, graças à Internet, podia se comunicar com o mundo.

Foi a velha faxineira, que a atendia havia muitos anos, quem primeiro reparou nos estranhos fenômenos que a fariam concluir que aquela velha casa tinha vida própria.

– Dona Mariana, parece que esse apartamento não gosta de aspirador de pó.

Ela rira:

– Como assim, Erundina?

– Veja bem, é uma coisa estranha. Eu passo o aspirador no chão e não fica limpo. Não fica, Dona Mariana. Depois eu passo a vassoura e fica tudo limpinho, isso sem contar que sai um monte de poeira que o aspirador já deveria ter tirado. Mas parece mesmo que esse apartamento não gosta do aspirador...

– Ora – respondera ela – deve ter algum defeito no aspirador. Algum entupimento nos tubos.

– Também pensei nisso, Dona Mariana. Limpei os tubos do aspirador e ele limpa maravilhosamente os móveis ou os tapetes, mas quando eu o uso no chão, o chão continua sujo. Só consigo limpar com a vassoura. Quando eu uso a vassoura, aí, sim, fica limpo.

Mariana não deu muita importância à conversa da faxineira, que achou meio sem sentido. Estava ainda muito ocupada com a arrumação das coisas, já que fazia apenas três dias que se mudara. Naquela mesma tarde foi, com a faxineira, olhar as muitas coisas que tinham sido abandonadas pelos antigos moradores e que tinham sido guardadas no quarto de empregada. A imobiliária lhe dissera que poderia retirar aqueles objetos, já que nenhum dos herdeiros se interessara por eles, mas Mariana sentiu uma forte atração por eles, imaginou que, examinando-os, poderia ter alguma ideia do tipo de gente que habitara aquele imóvel, poderia saber alguma história das pessoas que viveram ali antes dela. E dissera à corretora: – Se ninguém quer essas coisas, não se preocupe, eu mesma me encarrego de jogá-las fora. A moça deu de ombros e esqueceu o assunto.

Mariana também esquecera, naqueles dias de decoração e mudança, do antigo baú que mandara colocar no aposento de empregada. Mas, naquela tarde, sentiu um irresistível impulso de ir mexer naqueles objetos esquecidos. E foi, com a empregada, que agora resmungava outras coisas estranhas:

– Dona Mariana, é muito esquisito. Sabe aquela roupa que eu tirei agora há pouco da máquina?

– Sei, sei. O que é que tem?

– Bom, a senhora sempre quer que eu pendure suas camisas e vestidos nos cabides, para secarem. Mas o apartamento não quis que eu fizesse isso.

– Como o apartamento não quis?!

– Eu não consegui. Cada vestido ou camisa que eu pendurava, caía. Fiquei um tempão tentando colocar os vestidos e camisas nos cabides, mas eles sempre caíam. Não teve jeito. Quando os pendurei simplesmente no varal, eles ficaram lá.

Mariana já estava abrindo o baú, dominada por uma súbita e irresistível curiosidade e também não deu muita atenção ao que a empregada dizia, preferiu pensar que ela era teimosa e não queria de fato pendurar as roupas nos cabides.

Um cheiro de mofo atingiu suas narinas quando ela abriu o baú e, nesse instante, o telefone tocou. Foi atender. Era o diretor do banco, seu chefe, pedindo-lhe que fizesse a gentileza de antecipar sua volta das férias em uma semana, porque houve um pequeno problema com seu assistente e ele teve que demiti-lo.

– Mário, você demitiu o meu assistente sem falar comigo? – perguntou ela, sentindo-se traída.

– Não teve jeito, Mariana. Ele estava desviando centavos dos correntistas, pelo computador. Foi justa causa. Agora, sem ele, estamos descobertos e precisamos que você volte na segunda, no máximo.

– Mas, Mário – retrucou ela – ainda não terminei de arrumar a minha nova casa! – protestou ela, que imaginara mais uma semana apenas curtindo seu novo ambiente.

Mas logo se recompôs:

– Bom, está bem. Se é preciso, eu vou, é claro.

– Obrigado pela compreensão. Nos vemos na segunda – disse ele, e desligou.

Quando entrou na cozinha, a empregada lutava com o microondas novinho.

– Não funciona, Dona Mariana.
– O que houve?
– Não sei. Eu coloquei a carne para descongelar, apertei os botões certos e não adianta, nada acontece. Mas, agora há pouco, eu cozinhei as batatas nele e deu tudo certo.
– Deixa eu ver. Pode ser que a função de descongelar esteja com defeito.
Mariana executou as operações necessárias e o microondas imediatamente começou a descongelar a carne.
– Ué, o que será que eu tinha feito de errado? – perguntou Erundina.
Mariana deu de ombros. Entrou no quarto de empregada onde o velho baú jazia aberto e sentiu, de repente, um perfume forte e adocicado. Subitamente percebeu que perdera a vontade de mexer naquelas velharias; depois do telefonema de Mário sua mente estava ocupada com aquela estranha atitude de seu assistente, que sempre lhe parecera um sujeito muito honesto e de boa formação. "Bem, pensou ela, amanhã é sábado e eu terei muito tempo para examinar as coisas do baú" e foi tomar banho e se preparar para o pequeno jantar que a empregada deixaria pronto para ela: bifes de panela com batatas (que ela adorava) e ia abrir um bom vinho francês para comemorar sua primeira refeição na nova casa que, afinal, estava completamente arrumada e pronta.
Quando saiu do banho, Erundina veio falar com ela:
– Dona Mariana, essa casa é mesmo muito estranha.
– O que foi agora? – perguntou ela já impaciente.
– Lembra daquele vaso de azaleias que a senhora tem e sempre se orgulhou de conseguir fazê-lo florir?
– O que é que tem?
– Eu fui lá fora e, embora já esteja escuro, está acontecendo uma coisa muito esquisita.
– Acontecendo o que, criatura de Deus?
– Ele está cheio de botões, assim de repente, hoje de manhã não tinha nenhum botãozinho.
– Você se enganou, Erundina. Não pode ser. A azaleia floresce em julho e nós estamos em novembro.

– Venha ver, então, a senhora mesma. Eu digo que ele está cheio de botões.

E estava. Mariana ficou olhando, atônita. Examinou a planta, eram sem dúvidas botões e já bem crescidinhos. Mas, como seria possível, em novembro? E como teriam aparecido assim, tão rapidamente?

Naquela noite, depois de se deliciar jantando sozinha e tendo tomado uma garrafa de vinho inteirinha, ouviu um pouco de música, foi para a cama levando um bom livro, que estava devorando (*A Mãe da Mãe da Mãe das Suas Filhas*, de Maria José Silveira) e adormeceu sobre o volume. Sonhou que estava numa fazenda cheia de flores, onde os pássaros nasciam das árvores, como se fossem seus frutos, e ela caminhava, ao lado da grande casa da sede da propriedade, encantada com o espetáculo de tantas e tantas flores imensas e diferentes e tonta com o maravilhoso canto daqueles pássaros que brotavam de árvores enormes, frondosas e lindas. Numa encruzilhada, encontrou uma velha senhora, muito elegante e bem cuidada, toda vestida de preto, com roupas do começo do século XX.

– Mariana – disse a estranha e aristocrática senhora – sempre quisemos que você, afinal, chegasse.

– Mas onde estou? – perguntou ela no sonho.

– Você está na Fazenda Azul. Aqui sempre é o mês de julho e as azaleias jamais deixam de florescer.

Mariana acordou assustada e perfeitamente sentada na cama. À luz do abajur todo o quarto parecia estranhamente azulado e ela aspirou o perfume adocicado que à tarde invadiu-lhe as narinas.

Calçou os chinelos e sentiu um arrepio de frio. Frente fria em novembro? pensou. Abriu o armário de roupas, já tremendo de frio e vestiu um robe. Seus passos a levaram até o quarto da empregada onde o baú, aberto, exalava uma mistura de cheiros: mofo e perfume. Sentou-se e começou a retirar de dentro do baú os objetos empoeirados. Livros. Álbuns antigos de fotografia. Tudo muito cheio de pó. Pegou um perfex e limpou a superfície da capa de um velho e grande álbum. Abriu-o. Fotos do começo do século, algumas com a assinatura do estúdio Tucci, um fotógrafo que, ela sabia, fora famoso por retratar a elite paulistana do começo do século XX. Como alguém poderia não se importar, dessa maneira, com a memória familiar? Eram lindas e raras fotografias e Mariana imaginou porque os herdeiros daquele clã, que lhe venderam a cobertura, não teriam tido sequer a curiosidade de examinar o que havia sido deixado ali? Ficou quase uma hora, ali sentada, examinando velhas fotos de pessoas desconhecidas, fascinada pelas roupas que usavam, pelo excelente enquadramento e iluminação de cada um daqueles retratos. Mas estava com muito frio e resolveu deixar o resto da inspeção para o dia seguinte. Antes de dormir, colocou um cobertor sobre a roupa de cama, pois a noite parecia realmente gelada.

Manhã seguinte, acordou ensopada de suor. Eram apenas seis horas da manhã, mas o sol entrava por uma fresta da cortina e a despertou. Estava muito quente, como nos últimos anos acontecia nessa época do ano, em São Paulo, cidade que há muito se esquecera da fria umidade das garoas.

Mariana levantou-se e foi direto para o chuveiro. Estava se sentindo suja, deveria ter transpirado muito no sono pesado e sem sonhos, debaixo daquele cobertor. Depois foi para a cozinha preparar o café. Colocou o pó na cafeteira e a ligou, mas a máquina não funcionava. O que teria havido? Pegou uma caneca, colocou água, disposta a fazer o café da maneira tradicional. Quando a água ferveu e ela estava pronta a tirá-la do fogo, subitamente o fogão se apagou. Despejou a água sobre o coador e abriu a geladeira, enquanto passava o café, para pegar uma fruta. A geladeira estava escura. Estarei sem energia? – pensou. Apertou o interruptor de luz e... nada. Saiu pela casa, apertando interruptores, olhando aparelhos eletrônicos. Estava mesmo sem energia. Abriu a porta da frente e checou o elevador. Funcionava. Droga – imaginou – o eletricista deve ter feito alguma besteira. Foi à caixa de luz. Todos os disjuntores estavam em ordem, não tinham caído, mas, mesmo assim, não havia energia. Tentou o interfone. Também não funcionava. Decidiu não se deixar irritar por um detalhe desses. Tomou o café, comeu suas frutas, vestiu-se e desceu para procurar ajuda. O zelador subiu com ela para verificar onde poderia estar o defeito, mas quando entraram no apartamento estavam todas as luzes acesas e os relógios dos aparelhos eletrônicos em ordem e marcando a hora certa.

— Bom — disse o zelador — pode ter havido uma queda de energia, mas é muito estranho porque os disjuntores não caíram. A senhora me avise se acontecer de novo. Talvez haja algum mau contato no sistema de alimentação que traz a energia para a cobertura.

Mariana trabalhou algumas horas no computador, verificando as contas e pondo coisas em ordem, entrou na Internet, checou suas mensagens, respondeu a algumas e lá pelas 10 e meia da manhã, resolveu voltar ao tal baú. Quando passou pelo corredor, notou um pequeno monte de pó junto ao rodapé da porta da cozinha. Ué, como tinha sido que a Erundina, tão eficiente, tivesse esquecido de limpar aquele monte? Foi à área de serviço e voltou com o pequeno aspirador manual. Dirigiu-o para o pó, mas nada aconteceu. Checou o bico do cano com a mão: estava puxando. Mas não aspirava aquele pó de jeito nenhum. Lembrou-se do que a empregada dissera sobre o aspirador grande. Voltou com uma pá de lixo e uma vassourinha e recolheu o pó.

Então pensou que a casa tinha um jeito específico de fazer as coisas. Um jeito ao qual estaria acostumada. Mas pela lógica desse pensamento, se a casa não gostava de aspiradores, cafeteiras ou microondas, então os eletrônicos e computadores também não deveriam funcionar... Bah! Estou é devaneando, pensou Mariana. Vou colocar uma música e ir de novo ao velho baú. Mal acabou de decidir isso e aquele perfume adocicado voltou a invadir-lhe as narinas. De onde viria? Foi ao equipamento, colocou o CD do Caetano, aquele que ele gravara na Itália e que ela não se cansava de ouvir, em homenagem a Fellini e Giulietta Masina. Mas, logo na primeira faixa, o CD começou a pular. Bateu os olhos na estante de CDs e sentiu uma irresistível vontade de ouvir o Pavarotti cantando velhas canções populares italianas. O disco estava bem ali, à altura de seus olhos. Trocou o Caetano pelo Luciano e tudo funcionou perfeitamente. Arrastou o velho baú para o escritório, onde também ficava seu equipamento de som, e, de pano de pó na mão, começou a desencaixotar os objetos. Em volta dela, o chão ficou repleto de coisas: uma pilha de grandes álbuns de fotografia, uma pilha de livros jurídicos muito antigos, alguns cadernos antigos com lindas capas de tecido e um estranho vestido preto, de seda, que parecia ser do começo do século e a fez imediatamente lembrar-se dos trajes da mulher que lhe aparecera em sonhos.

Apenas um vestido, que estivera cuidadosamente dobrado e que parecia, ao contrário de tudo o que estava no tal baú, muito, muito limpo. Mariana fitou longamente o traje e, num impulso, tirou o agasalho esportivo que vestia e colocou o vestido preto no corpo. Foi até o espelho e estava perfeito! Parecia ter sido confeccionado sob medida para ela. O tecido brilhava, o caimento era impecável e Mariana começou a rir de pura alegria. Voltou para o escritório e continuou a examinar os álbuns de fotos. Iam desde o começo do século até meados dos anos 1950 e, algumas horas depois, ela já identificava cada personagem daqueles, desde crianças, acompanhando seu crescimento. De repente, topou com uma fotografia de uma velha senhora, vestindo aquele exato vestido negro que agora ela própria vestia e a reconheceu, com um choque: era a mulher de seu sonho. Não, não – pensou – foi apenas um sonho e eu agora estou transferindo a imagem dessa mulher para a lembrança do sonho. As fotos estavam presas por cantoneiras, como se usava nos álbuns antigos. Ela retirou cuidadosamente a fotografia e viu, em seu verso, a inscrição: Maria Amélia, 1914. Passou a examinar cada verso de cada foto e quase todas tinham nomes e datas. Sentou-se ao computador e começou a criar uma árvore genealógica com os dados das fotos. No fim do dia, tinha a história da família na tela de sua máquina. Maria Amélia era a matriarca. Tivera quatro filhos: Turíbio, Ariosto, Desdemona e Rosmunda. Todos com nomes de personagens clássicos. Mas não havia sinal de marido. Nenhuma foto, nada. Foi então que ela abriu um dos cadernos. Era uma espécie de contabilidade doméstica. Examinando seus dados e datas, descobriu que Maria Amélia havia se mudado, de um casarão nos Campos Elíseos, para aquele apartamento no centro da cidade em 1945. Deveria estar, então, com quase setenta anos. Mariana foi acumulando todos os dados da família em seu computador. O dia inteiro passou e ela nem percebeu.

Lá pelas nove da noite ela sabia, por exemplo, através do exame dos registros das contas de Maria Amélia, que sua renda havia diminuído drasticamente nos anos 1930, depois da quebra da bolsa de Nova Iorque. Havia melhorado na década de 1940, vindo a cair novamente na época da Segunda Guerra. No registro de entrada de dinheiro, figurava muitas vezes o nome de cada filho, significando que a família a sustentava, embora ela também tivesse uma renda, que em muitos anos foi considerável, de seu próprio trabalho. Ela fora modista, por anos e anos e, ainda segundo os registros contábeis, fizera mais de cinco mil vestidos entre 1931 e 1954. Havia, porém, uma outra fonte de renda, a maior de todas e a que mais diminuiu nos períodos difíceis, identificada apenas pela letra G. Os quatro filhos de Maria Amélia haviam nascido na década de 1910. Mas era estranho que não houvesse nem fotos nem referências aos netos. É claro que ela deveria ter netos. Mas nenhuma referência a esses? Só havia fotos e dados relativos aos quatro filhos. Desses, quem mais contribuía para o orçamento da Maria Amélia era Rosmunda. Mariana imaginou que ela deveria ter feito um bom casamento. Uma curiosidade muito grande fez com que Mariana passasse o dia todo a examinar os álbuns de fotos e os cadernos, ricamente encapados com tecido, onde Maria Amélia fizera, por décadas, a contabilidade de sua vida. Descobriu que ela tivera alguns empregados, que se resumiram a alguém chamado Adélia, depois que ela se mudara, em 1945, para o apartamento. Mariana imaginou ainda que certamente teria comprado o apartamento de um de seus netos, ou até mesmo bisneto. Foi examinar a escritura que recebera da imobiliária. Comprara de alguém chamado Antonio Luis. Mas não havia como saber se esse ex-proprietário havia herdado ou comprado o apartamento que antes pertencera à Maria Amélia. O sobrenome era diferente e ela não tinha, pelo material que examinara, maiores pistas.

Foi aí que notou os livros jurídicos, que ainda nem vasculhara. Abriu um deles e havia um nome manuscrito na primeira página: Antonio Luís G. de Carvalho. Seria este senhor o misterioso G da contabilidade de Maria Amélia? E seria o Antonio Luis que lhe vendera o apartamento, seu descendente? Não se chamava ele Carvalho, mas poderia ser descendente de uma filha, ou neta, e trazer por isso o nome da família do pai ou do avô.

Rapidamente descobriu que todos os livros jurídicos eram desse tal G. de Carvalho. Entrou na Internet à procura de lista de ex-alunos das faculdades de direito de São Paulo, mas nada encontrou. Procurou também um site das famílias chamadas Carvalho e... nada!

Passava das onze da noite quando Mariana se deu conta de que não se alimentara o dia todo e que ainda trazia no corpo o impecável vestido negro de Maria Amélia. Todos os dados que encontrara terminavam em 1954 e Mariana assumiu que a sua nova amiga do passado falecera nesse ano. Fitou longamente a foto de 1914 e tentou imaginar quantos anos teria ela nessa época. Vinte e cinco? Trinta? Impossível precisar. Imaginou-lhe a data hipotética de 1880 por nascimento. Se realmente assim fosse, ela teria 65 anos quando se mudou para aquela cobertura e 74 ao falecer. Mariana guardou todas as coisas de volta no baú, agora tudo limpo e livre do cheiro de mofo. Tirou o vestido, não sem antes fitar-se longamente, de corpo inteiro, no espelho do armário do quarto. Sentiu pena de tirar o vestido e novamente estranhou o fato de que ele estivesse absolutamente limpo, quando todos os outros objetos do baú não estavam. Deixou o vestido sobre a cama e foi para a cozinha esquentar alguma comida congelada. Retomou a leitura do livro que estava lendo, abriu outra garrafa de vinho, comeu, botou a louça suja na máquina de lavar pratos e foi dormir. Quando entrou no quarto, sentiu novamente aquele perfume adocicado, invadindo todo o ambiente, muito forte. Abriu a janela, tentando descobrir se, afinal, aquele estranho perfume viria de fora da casa. Mas não vinha. Pendurou cuidadosamente o vestido de Maria Amélia no seu armário de roupas e foi dormir.

Novamente estava, em sonhos, naquela fazenda encantada e procurava desesperadamente pela mulher que encontrara e que, agora, ela estava certa de que fosse Maria Amélia. Entrou na sede da fazenda e todos os ambientes eram luxuosos e bem decorados. Nas paredes, retratos pintados que reproduziam as muitas fotos que vira nos álbuns antigos. Chegou a uma cozinha enorme, onde inúmeros negros trabalhavam. Panelões de comida fumegavam num enorme fogão à lenha. Perguntou a eles:

– Onde está aquela senhora de preto?

Nenhuma resposta. Foi de um a outro, sempre perguntando, mas eles a ignoravam, como se não a pudessem ver. No sonho, Mariana sentia uma incrível urgência de encontrar aquela mulher. Saiu da cozinha pela porta dos fundos e deu de cara com uma enorme touceira, toda feita de azaleias, de todas as cores. Sentiu então, com violência, aquele perfume adocicado a inundar toda a paisagem. Acordou, ainda com o perfume nas narinas. Seu quarto parecia impregnado daquele odor. E estava novamente com muito frio. Bateu os olhos no relógio: quatro e meia da manhã. Sem saber bem porque, vestiu o robe e saiu para o pátio da cobertura. Havia névoa e ela, tiritando de frio, se pôs a caminhar entre os seus muitos e queridos vasos. Na escuridão, viu as flores da azaleia, completamente abertas, vermelhas. Acendeu as luzes do pátio para poder ver melhor. Era incrível. Nunca aquele vaso florira dessa maneira, e ainda mais completamente fora da época. Azaleias em novembro? Frio em novembro? O que estaria havendo? Lembrava-se que o dia estivera muito quente mesmo. Como poderia, agora, estar garoando e este frio?

Foi até a amurada do grande terraço e olhou as ruas lá embaixo. O que acontecera com a iluminação? Era pálida e amarelada. Onde estavam os postes das luzes de mercúrio? Avistou um cartaz iluminado: "O Canto da Cotovia, em cartaz no Teatro Maria Della Costa. Prêmio Saci 1954 de melhor atriz para Maria e de melhor autor, para Rachel de Queiroz. Quintas, 21 horas. Sábados e Domingos, às 18 e às 21 horas". Então reparou nos carros estacionados.

Ainda estou sonhando, pensou. Pois tinha à sua frente todo o cenário do centro da cidade de São Paulo como deveria ter sido em 1954. Alguns edifícios traziam a flâmula do quarto centenário da cidade e os cartazes de propaganda vendiam produtos que ela nem mesmo chegara a conhecer, de antes do seu próprio nascimento. Viu nomes de lojas desconhecidos para ela, como Ducal, Galeria Paulista... e os carros? Poucos carros, quase todos escuros... Não, só podia ser sonho. Ouviu a voz da senhora da Fazenda Azul: "aqui sempre é julho".

Tremendo de frio e de medo, voltou correndo para dentro do apartamento, temendo já encontrá-lo com outros móveis, outra decoração... Mas estava tudo em ordem. Era a sua casa. Acendeu todas as luzes, foi ao banheiro, lavou o rosto. Estava acordada. Beliscou-se. Temia voltar lá fora e olhar a paisagem do passado. Deve ter sido uma alucinação... Mas era tão real! Ligou o computador e foi pesquisar na Internet, buscou por uma peça de teatro chamada *O Canto da Cotovia* e descobriu que essa peça ganhara de fato o prêmio Saci, em 1954.

Sem dúvida, concluiu Mariana, eu tive uma visão de 1954. Talvez Julho de 1954. Sentiu-se incomodada, de repente, pelo pesado robe que vestia. Estava fazendo, de novo, calor. Criou coragem e saiu para o grande terraço. A azaleia continuava florida, mas a paisagem lá embaixo era de 2003. Suspirou aliviada. Apagou as luzes todas, desligou o computador e voltou para a cama, ansiando sonhar de novo com a Fazenda Azul.

Na manhã de domingo acordou pensando que tudo não passara mesmo de um sonho. Mas seu computador registrava a pesquisa que fizera de madrugada e lá estava a tal peça do Prêmio Saci de 1954. E, lá fora, em torno do vaso de azaleias, todas as flores jaziam murchas no chão.

Mariana marcara um almoço para que seus pais viessem conhecer sua nova casa, da qual estava tão orgulhosa e a empregada chegou às 10 horas. Seus pais, ao meio dia e trinta. Convidara ainda duas amigas queridas, uma delas com o marido e um amigo íntimo seu, que era padre católico e com quem fizera amizade há muitos anos, ainda no colégio. Pensava em comentar com os seus visitantes os estranhos fatos que vivenciara e um pouco da história da antiga moradora, falar do lindo vestido e até mostrar a eles algumas fotos e o próprio vestido negro. Mas a cada vez que ia se referir ao assunto, alguém começava uma nova conversa e assim passou-se o almoço, toda a tarde e, quando Mariana se deu conta, todos tinham ido embora e ela nada dissera.

Quando se viu novamente sozinha, resolveu sair.

Mariana sempre fora uma pessoa extremamente prática, jamais tivera ou se importara com experiências místicas ou sonhos. Orgulhava-se de ter boa cabeça para matemática e para as ciências lógicas, diferentemente de suas amigas que se inclinavam mais às questões humanas e acreditavam em horóscopo. Não ia se deixar apanhar numa armadilha obsessiva por uma personagem que morara sim, naquela casa, antes dela e nem ia prosseguir com aquela maluquice de tentar descobrir mais coisas sobre uma família com a qual não tinha nenhum vínculo. Fora apenas curiosidade e já passara, concluiu ela em pensamentos. Assim, ligou para uma amiga e resolveu sair.

Segunda-feira de manhã retomou a sua rotina de trabalho. A sede do banco onde trabalhava ficava no centro da cidade, bem próxima da sua nova casa e ela resolveu ir a pé. Trabalhou normalmente, saiu para almoçar com o diretor. No meio da tarde, estava completamente concentrada na tela de seu computador, em seu escritório, quando aquele adocicado perfume a atingiu.

Levantou-se, perturbada e resolveu ir dar uma volta. No térreo do edifício havia uma agência do banco e ela caminhou entre as mesas dos gerentes, cumprimentando a todos com um aceno de cabeça, quando reparou num velho senhor, muito elegante, sendo atendido por uma das gerentes da agência. Aproximou-se discretamente e bateu os olhos na tela do computador da gerente. "Correntista: Antonio Luis Turíbio G. de Carvalho Filho". Quase desmaiou.

A gerente perguntou se ela estava bem.

– Sim, estou. Foi apenas uma súbita tontura.

– Mariana, disse a gerente, quero que conheça o Sr. Antonio Luís Turíbio de Carvalho, titular de uma das contas mais antigas de nosso banco. Sr. Antonio, essa é Mariana da Silva, nossa gerente geral.

O homem levantou-se para cumprimentá-la. Teria ele uns 80 anos de idade, mas ainda trazia uma face bem delineada e seus olhos exprimiam jovialidade. O porte era atlético e o corpo, esguio e esbelto.

– Encantado, senhorita.

Contrariando seus hábitos de conduta profissional, Mariana disse:

– Creio, meu caro senhor, que eu, por coincidência, acabo de adquirir um imóvel que já pertenceu à sua família.

– É mesmo? E que imóvel é esse?

– É uma cobertura na Avenida São Luiz.

Uma sombra passou pelos olhos do homem.

– Sim, é verdade. No edifício Santa Rosa, pois não?

– Esse mesmo.

– Minha falecida mãe morou lá. Mas morreu em 1954 e o deixou, em testamento, para um de seus sobrinhos. Mas, nos últimos anos, creio que esteve alugado ou mesmo fechado. Nunca mais, desde a morte de minha mãe, estive

nesse apartamento. E a senhorita está contente com a aquisição? Vai morar lá?
– Na verdade estou morando há três dias. E estou muito feliz.
– Minha mãe também foi muito feliz nesse imóvel – disse ele com um suspiro.
– De fato é uma agradável coincidência encontrá-lo. Talvez o senhor se interesse em saber que encontrei no apartamento um velho baú que creio ser da sua família. A corretora da imobiliária me disse que o antigo dono não tinha interesse naqueles objetos que lá estavam, mas eu, antes de me desfazer dele, o abri e vi que há alguns livros e também álbuns de fotografias. O senhor teria algum interesse nesses objetos?
– Oh, mas é claro! – exclamou ele. – Eu jamais poderia imaginar que ainda houvesse alguma coisa da família nesse apartamento. Afinal, já se vão quase cinquenta anos da morte da minha mãe.
Mariana sentiu voltar toda aquela curiosidade que a fizera passar o dia inteiro pesquisando a história de Maria Amélia e, num impulso, disse:
– Olhe, senhor Antonio, são quase cinco horas e eu vou sair do trabalho direto para casa. Quando o senhor terminar com a gerente, se quiser me acompanhar até em casa, posso servir-lhe um café ou um aperitivo e o senhor poderá examinar os objetos do baú, porque afinal ele lhe pertence por direito, não é verdade?
– Ah, mas eu não quero incomodar.
– Será um prazer. E, assim, o senhor verá novamente aquele que foi o lar de sua mãe e eu prometo tratar muito bem dele...
– Não tenho a menor dúvida. E, se realmente não for incômodo, eu a acompanharei de bom grado.
A cobertura que Mariana comprara fora um bom negócio também porque grande parte daquele edifício já não se destinava a residências. Muitos escritórios haviam se instalado ali e, no térreo, funcionava uma sofisticada agência de viagens. Antonio Luis comentou, quando entraram no prédio:
– Cinquenta anos é muito tempo! Tudo aqui agora é tão diferente...
Entraram no apartamento, Mariana deu ordem à empregada para preparar alguns canapés, já que, no caminho, ele dissera que aceitaria uma dose de uísque. Serviu-o, pediu licença, foi guardar sua pasta e, quando voltou à sala, ele disse:

– Sabe, Mariana, posso chamá-la de você, pois não?
– É claro.
– Afinal você poderia ser minha neta. Mas eu ia lhe dizer que seu apartamento está muito lindo e bem decorado, muito diferente das minhas lembranças do tempo de moço. No entanto, aquela parede ali, onde você colocou o órgão eletrônico, está muito parecida com o que era quando minha mãe morava aqui. Onde está o órgão havia um piano de armário, minha mãe arranhava nele suas músicas prediletas e a disposição dos quadros, a mesinha, a poltrona, era tudo muito parecido. Claro que o estilo dos móveis era outro, mas a disposição era exatamente a mesma!
– O senhor me disse, lá no banco, que sua mãe foi muito feliz aqui. Ela vivia sozinha?
– Sim, minha mãe mudou-se para cá em 1945. Ela e a sua antiga empregada, Adélia, que ficou com ela até o dia de sua morte. Foram nove anos muito tranquilos para a minha mãe, pois nós, seus filhos, estávamos vivendo dias relativamente prósperos e pudemos proporcionar-lhe o conforto que nem sempre ela teve. Antes morávamos todos na velha casa dos Campos Elíseos, que também era da família, crescemos ali, mas tivemos tempos duros em que minha mãe teve que costurar para prover o nosso sustento.
Mariana ajeitou-se no sofá, morrendo de vontade de perguntar sobre o pai dele, estranhamente ausente dos álbuns de fotos, mas, justamente por isso, sem coragem para fazê-lo. Ele olhou direto nos olhos dela.
– Sabe, minha mãe nunca se casou com meu pai. Quando nós éramos crianças, isso era um grande problema. A sociedade não aceitava filhos bastardos. Mas hoje em dia, depois de anos de análise e diante dos novos costumes vigentes, encaro esse fato com tranquilidade. Nos anos trinta meu pai se mudou com a família dele para a Colômbia. Ele foi um grande jurista, mas abandonou o fórum para dirigir uma fábrica de bicicletas que teve tanto sucesso que abriu filiais em vários países da América. Minha mãe era a sua amante, a "outra" como se dizia então. Pouco vimos o nosso pai, mas ele sempre nos amparou, mesmo em momentos difíceis, como no tempo da guerra, a Segunda Guerra, você sabe.

Nesse momento a empregada entrou na sala trazendo o baú e o depositou ao lado do sofá.

Antonio Luis levantou a tampa e exclamou:

– Mas está tudo tão limpo aqui dentro!

– Eu limpei – disse Mariana e continuou – e se me permite ser sincera, não resisti à curiosidade e olhei algumas fotos. Espero que você não se importe.

– Não, é claro que não – disse ele, já com a atenção voltada para um dos álbuns que abrira.

– Veja, Mariana: esse aqui sou eu...

E ficaram, os dois, olhando as velhas fotos do álbum, como se fossem íntimos e da mesma família. Quando chegaram à foto de Maria Amélia com o tal vestido, ele disse:

– Ah, minha mãe adorava esse vestido. Foi ela mesma quem o fez e o guardou por décadas... Onde terá ido parar? Nós o procuramos quando ela morreu, para vestir nela, mesmo que não servisse perfeitamente, pois ela estava mais gorda, mas pensamos que ela gostaria de chegar ao outro mundo com ele.

– Está no meu armário.

Antonio olhou espantado para ela.

– Sim, o vestido estava guardado aí no meio dessas coisas e eu o pendurei no meu armário, porque não pretendia jogá-lo fora. É um lindo vestido e em perfeito estado.

– Gostaria de vê-lo.

Mariana levantou-se e foi buscar o vestido.

Antonio pegou a peça como se fosse uma relíquia, acariciou o macio tecido, os olhos marejados de lágrimas.

– Mas está lindo! Novo e limpíssimo. Você o lavou?

– Não. Ele estava cuidadosamente dobrado e envolto em papel de seda.

– Está até perfumado! E parece o seu perfume.

Mariana corou.

– Na verdade, Antonio, eu sou mulher e sabe como são as mulheres, eu fiquei encantada com esse vestido e...

– Você o vestiu?

Ela balançou a cabeça numa afirmativa.

– E serviu?

– Sim, perfeitamente.

– Mariana, você está sendo muito gentil comigo, me recebendo aqui, se importando com as minhas velhas lembranças... nem sei como dizer isso, mas seria pedir demais que o vestisse para mim?

Mariana sorriu:

– Com prazer!

Voltou minutos depois, deslumbrante, dentro do vestido.

Antonio deixou correr as lágrimas:

– Perdoe mais essa tolice de velho, Mariana. Mas você ficou muito parecida com a minha mãe, no vestido dela! Parece que voltei ao passado.

Mariana deixou-se cair no sofá e, de repente, começou a contar tudo, tudo a ele: o sonho, o dia que passara tentando recompor a história de Maria Amélia, a estranha visão que tivera de 1954. Levou-o até o computador e mostrou-lhe tudo o que fizera com os dados contábeis e os dados das fotos.

Ele sorria, feliz como um garoto. Disse, por fim:

– Mariana, foi Deus quem pôs você nesse apartamento. Eu sempre fui um intelectual, distante de Deus, agnóstico, eu dizia com orgulho. Mas agora que sou um velho e que a morte está muito próxima de mim, eu admito simplesmente que existe uma inteligência superior que governa o mundo.

Minha mãe sofreu muito porque as pessoas a consideravam não só pouco mais que uma prostituta, já que tinha filhos e amante, mas também uma bruxa. Muitas vezes ela predisse fatos da vida de suas freguesas de costura e nem sempre essas previsões eram bem-vindas. Ela era ainda considerada uma grande jardineira. Suas plantas cresciam e floresciam, a despeito das condições climáticas ou de estação. Tinha, como se diz hoje em dia, o dedo verde. Causava inveja às amigas e conhecidas. Na cozinha era também imbatível. Seus bolos eram mais fofos. Suas receitas davam mais certo do que as receitas das outras mulheres. E, apesar de termos atravessado tempos economicamente difíceis, nunca nos faltou o pão de cada dia. Como se alguma coisa misteriosa viesse sempre em seu socorro, quando ela mais precisava.

Sei que meu pai sempre se comunicava com ela, por carta e mais tarde por telefone, para pedir seus conselhos nos negócios. Ela era dona de uma intuição poderosa. Sempre acertava na escolha dos melhores caminhos. Jovem, eu desprezava todos esses dons maternos, julgando tudo apenas superstição e ignorância. Mas hoje sou mais sábio. Escute, esse vestido é seu. Quero que fique com ele, já que veste tão bem em você.

– Mas Antonio...

– Não tem mas nem meio mas. Minha mãe escolheu você para morar aqui. Não sei como nem porque, mas estou certo disso. As histórias que você me contou, a fazenda onde existiam tantas flores e até a azaleia... Minha mãe tinha vasos de azaleias de todas as cores e dizia que elas eram a flor símbolo dessa cidade que ela amava. Fiquei impressionado quando, anos mais tarde, a prefeitura municipal escolheu a azaleia como a flor de São Paulo. E estou impressionado agora, com tudo o que você me contou e com esse baú e com essa coincidência que, acredite, não é uma coincidência: hoje é 24 de novembro de 2003 e fazem hoje, exatamente, 120 anos que minha mãe nasceu. E tem mais uma coisa: ela detestava aspiradores de pó. Nunca quis usá-los, só acreditava na vassoura e no espanador. Então, minha menina, tudo isso somado...

– É incrível! – exclamou Mariana. – E pensar que eu nunca acreditei em nada de sobrenatural...

– Certamente não é sobrenatural. Deve ser natural, nós é que ainda não conseguimos entender e trabalhar com essas coisas. Mas, depois de conhecer você, eu sei que minha mãe realmente aprovou sua vinda para cá, para essa casa onde ela foi tão feliz com suas recordações e suas plantas. Você certamente terá lindas flores no seu jardim de vasos aí fora. E encontrará, aqui, a felicidade que ela encontrou. Agora vou ligar para o meu chofer, pedir para que ele venha buscar esse baú e agradeço de coração toda a atenção que você dedicou à minha família e também agradeço por ter me resgatado essas lindas lembranças de um passado tão distante que eu quase esquecera.

— Você vai embora? Vamos nos ver novamente? Você nem me contou nada da sua vida...
— Sou um velho solitário, Mariana. Meus filhos se espalharam pelo mundo. O mais velho é engenheiro em Londres, a moça do meio casou-se com um italiano e vive na Sicília, a mais nova é decoradora no Rio de Janeiro e a minha mulher me deixou há um ano. Obrigado mais uma vez por tudo, minha menina e trate de viver feliz. Ah! E guarde a foto da Maria Amélia, com o vestido, como lembrança. É sua. Nos veremos no banco, se Deus quiser.
Mas Mariana nunca mais o viu. Um ano depois soube que ele falecera e mandou flores à família.
Foi vivendo feliz naquela linda cobertura antiga, até que um dia foi convidada para ir a uma festa na Casa das Rosas, na Avenida Paulista, em comemoração aos 115 anos de inauguração da Avenida. Achou que cairia bem ir com o antigo vestido de Maria Amélia. Pegou a antiga foto, levou-a ao cabeleireiro e pediu para que ele a penteasse como a senhora da foto:
— Mas Mariana – respondeu o cabeleireiro – vou ter que mudar o seu corte.
— Mude.
À noite, vestida e penteada como Maria Amélia, foi à festa. Lá, encontrou um belo rapaz, engenheiro e se interessou imediatamente por ele. Quando saíram dançando pelos antigos salões da aristocracia paulistana e ele lhe disse seu nome – Turíbio – ela soube que reencontrara o seu grande amor e que, desta vez, estavam livres para viver plenamente a felicidade.

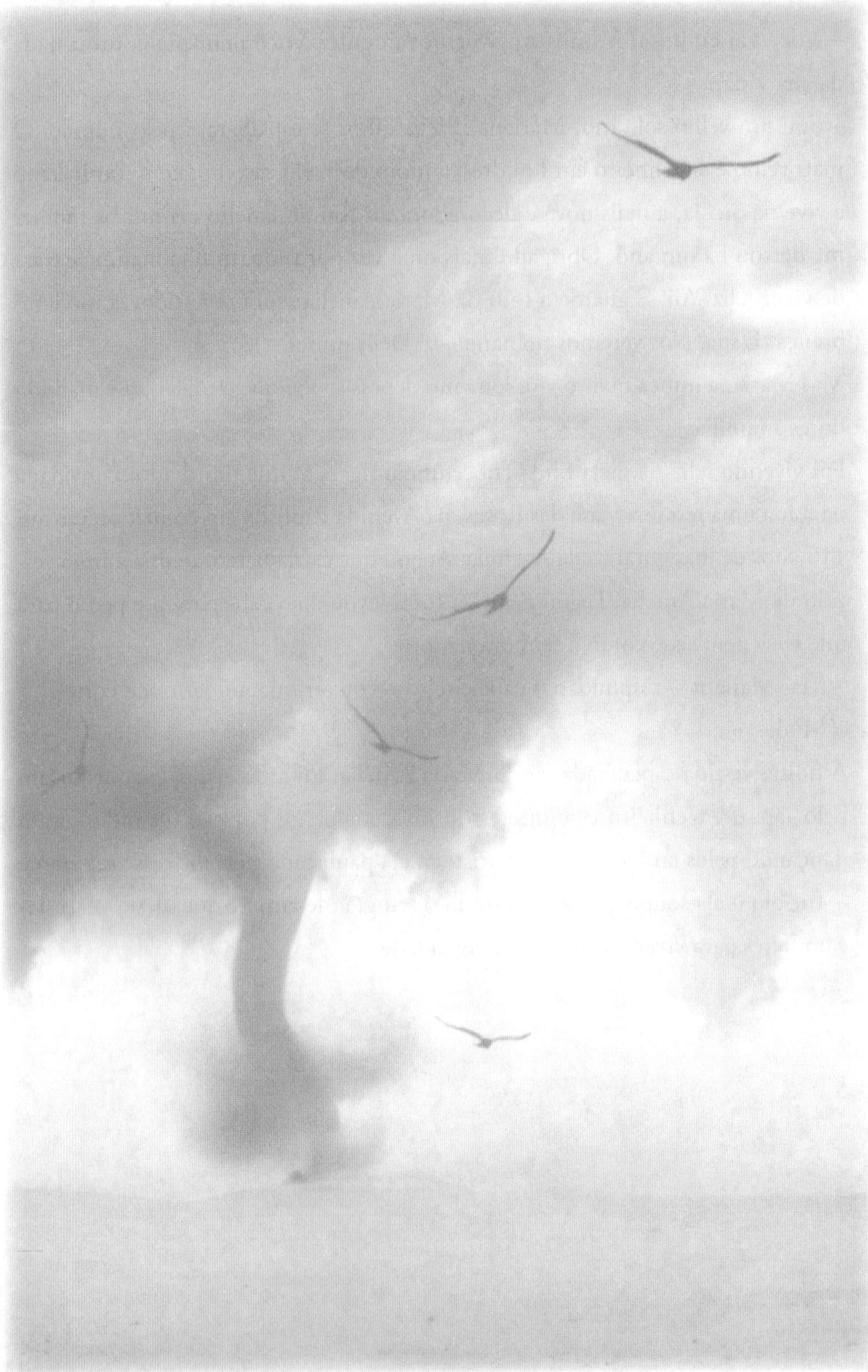

3
Despertando

É preciso compreender que somos parte de um todo, que a sensação de individualidade é dada apenas pela separação de nossos corpos físicos, mas, além de estarmos, de alguma forma, mentalmente unidos, somos somente parte do todo da vida. Nosso planeta – uma migalha vagando no espaço – também é um organismo vivo e tudo o que está nele é que compõe a sua vida. Das pedras às montanhas, dos micro-organismos ao ser humano, tudo o que está sobre a terra é parte indispensável da totalidade de vida e está em equilíbrio. O ambiente e as espécies que nele habitam se completam e se ajustam, num eterno jogo de autorregulamentação.

Nosso ego, nosso eu, nada mais é do que a soma das informações que recebemos ao longo de nossas vidas. Nossa maneira de ser e de pensar e até de se portar são herdadas, primeiro dos nossos antepassados e segundo de todas as pessoas que interagem conosco na vida, pessoalmente e através dos meios de comunicação. Caso tivéssemos nascido na selva, nosso eu seria bem outro.

A humildade que (como dizia Hemingway) é a perda do verdadeiro orgulho, se conquista através da consciência de ser apenas fruto e parte, é uma das portas para o delicado poder das magias cotidianas. Ter consciência não significa apenas tomar conhecimento. É preciso estar sempre pensando nisso, percebendo. Para perceber o que realmente somos, as influências que sofremos e o universo de interações que configuram o nosso eu e, ao mesmo tempo, para perceber que esse "eu" é apenas parte de uma dança da natureza, que tudo cria e destrói eternamente, basta refletir sobre isso e procurar, cada vez mais, informação sobre o que se passa no mundo e sobre como se comporta a Natureza.

Depois é preciso tomar consciência do mundo à nossa volta. Nós pensamos que temos consciência do que nos cerca, mas existe uma infinidade de coisas nas quais simplesmente não reparamos.

Fazemos o mesmo caminho todos os dias para o trabalho ou escola, mas se começarmos a observar cada detalhe desse caminho, que nos parecia tão conhecido, vamos perceber que não estávamos vendo nada.

Simplesmente não nos detemos na observação das coisas. Vamos vivendo e fazendo isso ou aquilo, sem prestar a menor atenção nos detalhes que nos cercam. Dentro de nossa própria casa, mesmo, existem muitos objetos e utensílios e até mesmo quadros que, nesse momento, tentarmos reproduzir mentalmente sua imagem, perceberemos que não sabemos exatamente como eles são. Sua forma, cor ou estampa pode simplesmente nos escapar. É porque nossa atenção está na ação e não na contemplação. Mas podemos fazer as duas coisas. Agir e, ao mesmo tempo, ser contemplativos. Basta focalizar a nossa atenção além da pura e simples ação e começar a observar detalhadamente tudo o que nos cerca: a paisagem, os objetos, os cheiros. Trazer tudo para a consciência.

É uma simples questão de hábito. Você se habituará a fazer tudo isso se começar a se forçar a fazê-lo. É esse processo simples, na verdade, que muitos místicos chamam de despertar da consciência. Não acontece como um estalo, ou como uma revelação mística, mas sim pelo exercício diário da observação e da reflexão.

Decoração

O elevador subia e Cristiana percebia que, de repente, seu otimismo estava voltando. Seria possível, meu Deus, que nunca cessaria de aprender? Só com a morte, talvez. Viver – e ela tinha a cada dia mais certeza – era esse eterno aprendizado. O elevador subia. Quarenta andares. Não é moleza, não. Engraçado que, quando jovem, ela julgasse que, um dia, com a idade madura, chegaria a um ponto de experiência e sabedoria, um ponto final. Como se ficasse pronta. Pronta para quê? – pensa ela agora. Tentava desesperadamente encontrar a velha alegria interior. Está certo que o seu lado racional dizia que não havia reais motivos para se alegrar. Aos sessenta (ia fazer aniversário na semana que vem) estava outra vez quebrada. Não que as dívidas a assustassem muito. Já passara por outras crises financeiras e, de todas, acabara saindo. O importante, sabia ela, era manter a calma. Numa economia instável como a nossa, os negócios flutuavam e o mercado que abastecia seu escritório realmente não andava bem nesse ano de 2002. Nem os ricos, nesse ano, estavam mudando a decoração da casa, que dirá a tal da classe média alta, que constituía o grosso do movimento de seu escritório. Cristiana sabia que precisava cortar despesas, mas sempre resistia às demissões. Sair daquele belo escritório no alto do imponente edifício, nem pensar. Se os seus clientes desconfiassem que havia dias em que ela não tinha dinheiro nem para comer, aí, sim, seria a sua ruína. No mundo das coisas supérfluas, a aparência era tudo. Mas já estava devendo três meses de aluguel do escritório, seis meses do apartamento em que morava, duas prestações do novo carro.

O elevador estanca e Cristiana caminha pelo corredor, os passos abafados pelo grosso tapete. É muito cedo, quase ninguém ainda no prédio. Ela abre o escritório. Luxuoso, grandes janelas para a imensidão da cidade que nunca dorme. Seis horas da manhã e já há algum congestionamento nas grandes avenidas que ela pode avistar lá de cima. Senta-se diante da tela, liga o computador e vai consultar os bancos. A coisa está preta, mesmo. Até agora não precisou dispensar nenhum dos seus oito funcionários e nem atrasou salários. Mas os impostos estão todos atrasados, as duas contas da empresa no vermelho, chegando perigosamente ao limite de crédito. Duas linhas telefônicas cortadas e apenas um único trabalho, não muito grande, em andamento. Uma das funcionárias de Cristiana fora quem conseguira aquele contrato. Era uma pequena emissora de TV que mudara de prédio e precisava decorar salas, camarins e alguns cenários de programas. Tudo na base da permuta. Estavam pagando ao escritório de Cristiana um fixo em dinheiro pelo trabalho mas todos os quadros, móveis, forrações e objetos ela tivera que praticamente implorar aos seus fornecedores, que não tinham grande interesse em anunciar numa pequena emissora. Sorte que Cristiana estava no ramo há mais de vinte anos, já proporcionara bons lucros aos seus fornecedores e alguns lhe deviam favores. Só por isso, por seu prestígio pessoal, o negócio com a TV estava caminhando bem. Mas era o único trabalho que ela tinha agora.

Com o pouco que restava de crédito e mais uma pequena parcela que a TV lhe adiantara, Cristiana pagou as contas mais urgentes, fez um pequeno depósito numa conta pessoal e levantou-se para ir olhar-se no espelho do banheiro, agradecendo mentalmente a Deus pela existência dos computadores e da Internet, que permitiam a movimentação financeira *on line*. Daqui a pouco a equipe da tal TV estaria no escritório para entrevistá-la. Ela ia entrar no ar, ao vivo, no programa matutino e feminino dando dicas de decoração. Pelo menos podia manter as aparências e talvez alguém se lembrasse de entregar-lhe um projeto, vendo-a na TV, ainda que numa tevezinha periférica. O espelho do banheiro lhe devolveu uma imagem bem posta. Quase sessenta, o corpo ainda em forma, os cabelos ainda belos e os olhos, expressivos. Tudo mantido a duras penas: dietas, alimentação controlada, muita ginástica, algumas plásticas e todos os tipos de cosméticos, além da reposição hormonal. Cristiana animou-se um pouco. Afinal, ainda era uma figura bela e elegante.

Já fora uma das mais festejadas decoradoras da cidade. Tempos em que o escritório vivia em ritmo frenético e ela tinha, a seu serviço, mais de vinte pessoas fixas, fora as eventuais, para atender a um ritmo louco de trabalho. Ganhara muito, muito dinheiro. Mas também gastara muito. Frequentava os melhores lugares e, portanto, os mais caros. Nunca se preocupara em comprar nada, a não ser automóveis. Cristiana, desde mocinha, era louca por carros. Morava de aluguel, num amplo apartamento nos Jardins. Sorte que já morava lá há mais de trinta anos, o que, agora, facilitava sua negociação com a imobiliária, por causa dos aluguéis atrasados. Tristemente pensou que poderia pagar as dívidas atuais com uma quantia equivalente ao que gastava, no tempo das vacas gordas, ao promover uns poucos jantares para os amigos e conhecidos. Amigos? Não sobrou nenhum, pensou ela, ainda mais triste. Quase todos aqueles que se fartaram de bebidas finas e importadas, de grandes jantares, em sua casa, agora, sabendo-a em dificuldades, fugiam dela como o diabo da cruz. Mas tudo bem. Coragem nunca lhe faltara e não seria agora que ela desistiria.

Sete e meia. O pessoal da TV só vai chegar daqui a uma hora e seus funcionários, lá pelas nove. Tinha ido cedo demais para o trabalho, mas acordara às quatro, com o foguetório do jogo do Brasil na copa e não conseguira mais dormir. Deu uma olhada no jogo, sem grande interesse. Houve um tempo em que odiara o futebol. Acreditava, então, que a religião e o futebol eram o ópio do povo, coisas para desviar-lhes a atenção da condição miserável, de explorados. Como uma jovem cheia de sonhos de igualdade social, militante da perseguida esquerda da ditadura militar, chegava às portas da velhice como uma serviçal da futilidade da classe dominante? – pergunta ela a si mesma.

Mas resiste às lembranças da juventude, não quer perder esse fio de esperança, de otimismo, que conseguira encontrar dentro de si nesta manhã. Imagine. Ficar animada e esperançosa por causa de uma entrevista na TV! Há poucos anos ela estava em todas as colunas sociais e tivera mesmo por cliente a poderosa rede de TV, na sua filial de São Paulo. Agora... Mas vai passar. Tudo passa. É apenas um momento difícil, tenta ela se convencer. Mas nunca, nesses vinte anos, vira sumir-lhe assim os clientes, nunca passara tanto tempo sem fechar algum negócio. Alguém joga os jornais do dia por baixo da porta. Ela levanta-se e pega os matutinos, mas nem sequer olha direito para eles. As lembranças insistem, na verdade, em tomar-lhe os pensamentos.

Religiosa ela nunca fora, mas acreditava em Deus e sempre recorreu a Ele nas dificuldades. Agora, porém, estava difícil de acreditar que surgiria uma luz no fim do túnel, porque era muito grande a pressão dos juros dos créditos que tinha nos bancos e sua dívida se multiplicava com uma velocidade espantosa. Precisaria de um trabalho muito grande ou de inúmeros pequenos para conseguir se safar. Lembrou-se de como julgara que Deus ouvira as suas preces dez anos atrás quando também passara por uma crise, embora menor do que essa, nos clientes e nas finanças. Já estava começando a ficar desesperada quando fechou um negócio grande com uma cadeia de hotéis no Nordeste. Aí tinha sido uma festa! Todo mundo viajando para praias lindíssimas, pesquisando materiais na própria região, no Recife e em Salvador, usando toda a criatividade e ganhando muito bem para isso! Alguma coisa iria acontecer agora, pensava ela, sabendo que, mais do que acreditava, precisava acreditar nisso. Cristiana amava aquele trabalho e, principalmente, amava aquele escritório, as grandes janelas sobre a cidade, luxuoso e de bom gosto. Ela o alugara assim que o prédio fora inaugurado, inaugurando também o seu próprio negócio. Começar a trabalhar com decoração acontecera quase por acaso na vida dela. Já estava com mais de quarenta anos de idade e acabara de perder o emprego na multinacional farmacêutica onde trabalhara desde a juventude. Um amigo, que estava inaugurando uma cadeia de motéis, convidou-a para decorá-los.

– Não sei nada sobre decoração! – dissera ela.

Mas ele queria porque queria que fosse ela quem fizesse o trabalho, achava que ela tinha jeito para a coisa, já que decorara muito bem, na opinião dele, o próprio apartamento. E fora assim que Cristiana descobrira, aos quarenta, uma rendosa nova profissão. Satisfeito, o amigo do motel a indicou a um restaurante da moda, que estava mudando de endereço. O dono do restaurante a indicou a um dos seus principais clientes e, quando ela se deu conta, era já uma profissional, bem relacionada com fornecedores e conhecedora de seu meio. Daí para o escritório fora um pulo.

Sua vida tinha sido realmente muito diferente do que ela imaginava que seria, quando jovem. Estudara sociologia e julgara, então, que faria uma carreira política. Estava engajada na Ação Popular, movimento católico de esquerda, no começo dos anos sessenta, logo depois da ditadura. Mas quando a repressão cresceu, em 1968 e 1969, seus pais resolveram tirá-la do país antes que fosse presa e lhe arrumaram um curso numa universidade americana. Cristiana, que já vira a organização a que pertencia se desmantelar e muitos de seus companheiros desaparecerem nos porões da ditadura, acabou concordando. A América mudou sua vida. Apaixonou-se pela eficiência americana e deixou de ver os Estados Unidos como o grande vilão capitalista. Anos depois, quando a queda do muro de Berlim acabou revelando ao mundo a pobreza e a desorganização dos países socialistas, Cristiana comemorou o acerto de sua decisão, ao apaixonar-se pela eficácia dos americanos. De volta ao Brasil foi trabalhar no departamento de pesquisa de mercado de uma grande indústria farmacêutica onde fez uma bem sucedida carreira, com salário e benefícios que lhe permitiam viver com o conforto a que seus pais a acostumaram. O pai morreu de desgosto quando sua pequena e até então bem sucedida empresa foi à falência. A mãe teve um câncer em seguida e morreu um ano depois dele. O pouco patrimônio que possuíam (a casa e um apartamento na praia) foi consumido pelo desastre econômico da empresa paterna. Assim, com apenas trinta anos, Cristiana viu-se sozinha no mundo: filha única, uns poucos parentes, órfã de pai e mãe, mas com um bom emprego. Foi por essa época, depois do falecimento de sua mãe, que conhecera o homem da sua vida. Nunca se casaram, porque ele era um solteirão convicto, contrário a constituir família, avesso a dividir sua casa com quem quer que fosse. Mas viveram como amantes e namorados por mais de vinte anos. Ele já era diretor financeiro de um banco internacional quando conheceu Cristiana. Agora, nos últimos cinco anos, tornara-se o presidente mundial do tal banco e se mudara para a Europa. Ela estivera lá algumas vezes, pois ele mandara buscá-la, mas, é claro, a relação deles foi morrendo e hoje se resumia a algumas eventuais conversas telefônicas. Ela, mesmo nos momentos mais difíceis do escritório, jamais aceitara dele qualquer ajuda, exceto seus conselhos, que ela também não seguia. Ele queria que ela investisse, ela gastava absolutamente tudo o que ganhava. "Sou cigarra, não formiga" – costumava dizer.

Agora, no entanto, sente-se sozinha e desamparada.

Cheia de dívidas, sem perspectivas de negócio, tornara-se, na verdade, uma decoradora do passado, alguém que estivera na moda, na crista da onda e passara simplesmente. O homem com quem compartilhara esses vinte e tantos anos já não tinha sequer tempo para ela, ocupado com suas andanças pelo mundo. Nem sequer cogitara de levá-la com ele para viver na Europa e, de fato, ela esperava que isso acontecesse. Afinal ele já estava com 62 e ela ia fazer 60. Ele tinha uma posição invejável e ela sabia que participara dessa conquista, tantas vezes recepcionando gente graúda das finanças e da política, organizando jantares, escutando as dúvidas profissionais dele e até mesmo usando o seu bom senso e a sua intuição para ajudá-lo nas decisões. Agora era tudo passado: o amor, a convivência, os jantares, as colunas sociais, o seu próprio sucesso. Cristiana sabe que está adiando uma penosa decisão que precisa ser tomada: desfazer-se do escritório, dispensar os oito empregados, vender o que for possível, inclusive duas ou três valiosas obras de arte, trocar seu carro por um outro de valor muito menor e levar um computador para casa. Trabalhar de casa, conquistar alguns clientes menores, pequenos hotéis, algumas residências de novos ricos, enquanto ainda é possível fazer isso, antes que os juros, que crescem em proporção geométrica, tornem impagável a sua dívida. Mas, apesar de saber muito bem disso, ainda espera por uma virada. Ainda pede a Deus, em pensamento, que realize para ela o milagre de um grande e importante cliente. Mas será que Deus existe mesmo? Deus, o Cósmico, Energia de Vida, ou qualquer outro nome, por que se importaria com a sua sobrevivência, com os seus pequenos negócios?

Decoração

Cristiana quase se decide. Vai dispensar os funcionários, embora saiba que dois deles já são pais de família. Com as moças é mais fácil. Mel, por exemplo, tem pais em ótima situação financeira. De uma maneira geral, todas elas, mesmo a secretária, têm como sobreviver até conseguirem outra colocação. Depois devolverá o escritório, venderá as obras de arte, negociará o carro e poderá, com o resto do contrato da TV e mais o que apurar, pagar o imediato e urgente. Ainda ficará devendo, calcula ela mentalmente, mas, trabalhando em casa e sem despesas, fazendo uma coisinha aqui e outra ali, conseguirá sobreviver. Sim, é o que vai fazer. A secretária entra nesse momento:
– Bom dia, D. Cristiana. Pensei que o pessoal da TV já estivesse aqui. Desculpe, eu me atrasei porque dormi depois do jogo.
– Não tem problema. O Brasil inteiro vai se atrasar hoje – responde, indiferente, lembrando-se de sua velha secretária, Diva, que trabalhou com ela por mais de quinze anos e acabou por casar-se, já em idade avançada, e mudar-se para o interior.
Quanto Cristiana ajudara a Diva! E quantas outras pessoas não ajudara em seus tempos de sucesso. Agora, teria que demitir os oito funcionários que restavam e que, mal ou bem, dependiam dela para o seu sustento e até de suas famílias. Renunciar ao seu lindo escritório, baixar o seu próprio padrão de vida, trabalhar sozinha, apenas para si, em servicinhos medíocres... Não! Decididamente não. Cristiana levanta-se e vai até as grandes janelas. Olha para o céu, azul puro. Nunca fora uma mulher religiosa, não frequentava Igreja ou seita, mas sempre acreditara em Deus, na Energia Universal de Vida, no Cósmico, na soma de energias... ou seja lá que nome tenha! Mas nunca perdera a fé que tinha na vida. Não tinha se tornado política, como pensara na juventude, mas tinha, sim, contribuído ou tentado contribuir com o mundo, com a sociedade, fazendo suas obrigações, gerando riqueza e empregos, fazendo a sua pequena parte, honestamente e com generosidade. Olhos fixos no céu, sentiu a revolta encher-lhe o peito e, sem querer, fez a sua prece. Que Deus a levasse então! Se daqui para a frente tivesse que viver de maneira medíocre, melhor, como seu pai, morrer de tristeza. Porque no íntimo ela sabia que, sem o seu escritório, definharia, adoeceria, teria um câncer,

qualquer coisa... morreria! Meu Deus, pensou ela, você não pode me abandonar agora! Nem a mim, nem às pessoas que dependem de mim. Eu sempre vivi de acordo com o meu coração e a minha consciência, lutei ingenuamente na juventude para construir um mundo melhor, trabalhei como uma escrava para criar um nome nesse meio de futilidade, inveja e fofoca, sempre me mantendo honesta, sempre guiada pelos meus princípios cristãos. Sempre, mesmo quando de esquerda, eu fui cristã. Sou teu soldado, meu Deus. E você não pode, você não vai me desonrar, você não vai me abandonar, está ouvindo? Não vai!! Quase gritou e as lágrimas vieram-lhe aos olhos.
O telefone tocou.
– Dona Cristiana, é o Dr. Eder do banco SXVI – disse a voz da secretária pelo interfone. Ela atendeu.
– Bom dia, Dona Cristiana. Sou Eder, diretor de patrimônio do banco SXVI. Como a senhora deve saber, nós estamos nos instalando no Brasil e vamos abrir mais de 300 agências em todo o país. Algumas já existem, mas todas precisarão obedecer a um mesmo padrão visual. Estive com o Dr. Jorge, em Nova Iorque, nessa semana, e ele nos recomendou o seu escritório, como um dos mais conceituados de São Paulo, para o projeto visual e de decoração das nossas agências. Se a senhora tiver interesse, vou colocá-la em contato com os responsáveis. Haverá uma concorrência, mas o Dr. Jorge me garantiu que o seu escritório tem todas as condições de sair-se vitorioso. Permita dizer-lhe que já nos conhecemos, embora talvez a senhora não se recorde. Foi num jantar oferecido pelo Dr. Jorge um ou dois anos antes de ele transferir-se para a Europa.
Cristiana não tinha a mínima lembrança de nenhum Dr. Eder, mas disse, mal disfarçando o seu entusiasmo:
– É claro que me lembro, Dr. Eder. Será um prazer fazer negócios com o senhor. Não gostaria a sua equipe responsável de conhecer o nosso escritório e o nosso portfolio para que possamos trocar as primeiras ideias?
– A senhora estaria disponível nessa tarde?
– A que horas?
– Digamos, às cinco. Vou mandar a Srta. Monica procurá-la.

Decoração

– Será um prazer recebê-la, Dr. Eder.

Cristiana desligou o telefone, à beira de um enfarte. Sentiu a pressão subir, a cabeça doer, o coração bater descompassado.

Mesmo distante, Jorge, seu ex-amor, trabalhara por ela. Precisava tomar as primeiras providências: organizar a reunião, o portfolio, mandar posicionar a TV e o telão na sala, chamar o bufê para servir chá e guloseimas, ligar para a assessoria de imprensa e mandar ir preparando a notícia de que ela, Cristiana, seria responsável pela decoração das 300 agências do importante banco internacional que estava se instalando no Brasil.

A secretária avisou pelo interfone que a TV havia chegado e a equipe já estava montando o circo na sala de reunião. Ela poderia dizer, na entrevista, que estava no páreo para a decoração das agências de um grande banco. Sempre ajudava...

De sua sala, fitou novamente a cidade. Sentia-se outra vez poderosa e ouvia seus funcionários chegando. Mal sabem eles que estiveram prestes a perder o emprego, pensou e sorriu como há muito tempo não sorria. Bom, estava na hora de ir para a entrevista.

Saiu da sala e, apesar de estar em plena manhã e no 40º andar de um prédio envidraçado e com ar condicionado, poderia jurar ter ouvido, atrás de si, o canto de uma cigarra.

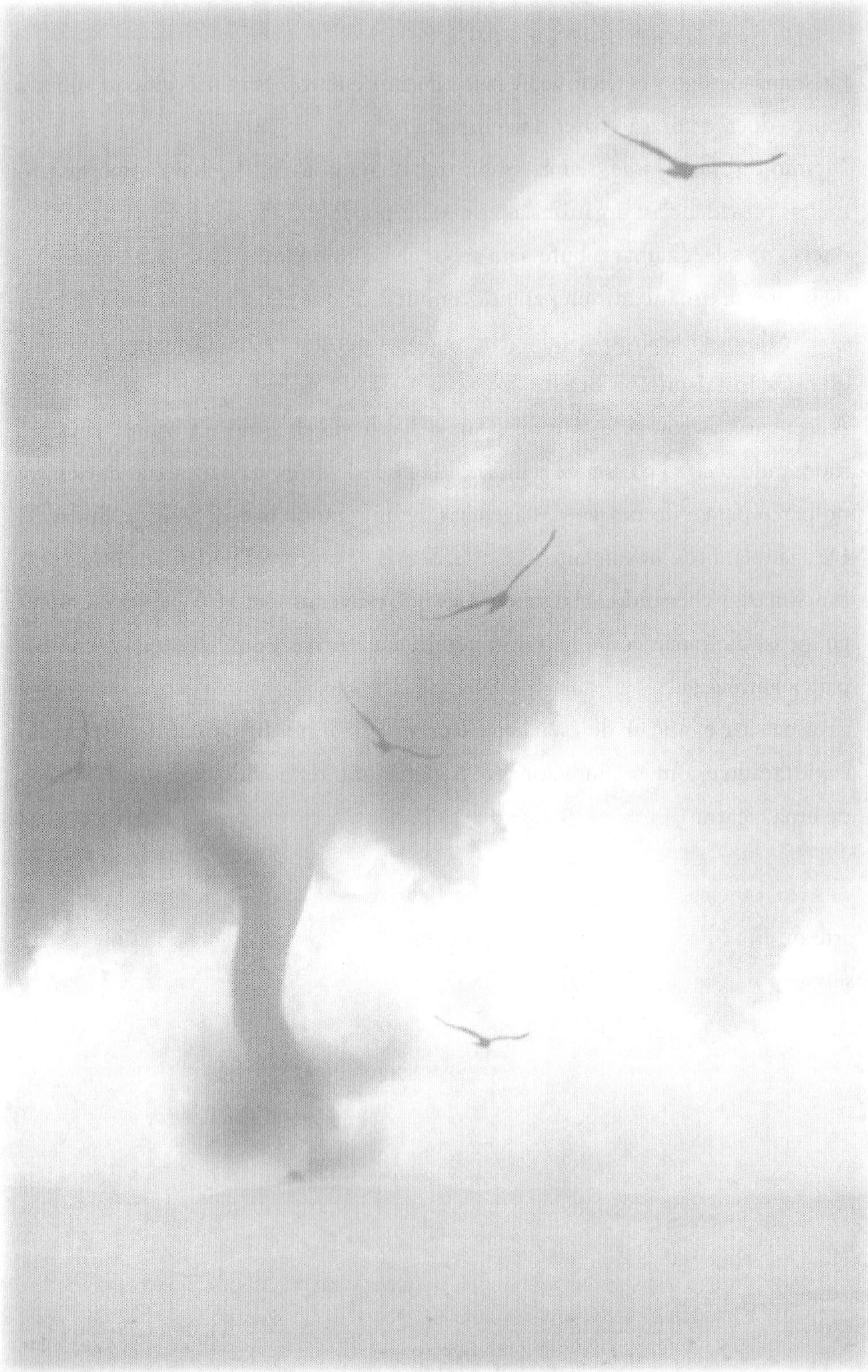

4
Em sintonia

Quem traz tudo para a consciência, está em contato permanente como uma consciência maior, uma coisa sobre a qual estou falando, mas que ninguém pode afirmar que exista, já que não se pode medir, apalpar, demonstrar ou provar. Aqui já é uma questão de fé. A maioria dos seres humanos acredita em alguma força superior e a ela recorre, principalmente, na hora da dificuldade, seja chamada de o Cósmico, Deus, Buda, Alah. Em vez de chamar de Deus, vamos chamar de energia essencial, a que comanda todos os movimentos e leis da vida e do cósmico.

Frequentemente temos vários contatos com esta energia essencial, este Todo do qual somos todos partes. Mas nem sempre nos damos conta disso. Quando uma intuição nos diz para fazer de um jeito, quando pretendíamos fazer de outro e, obedecendo à voz interior, dá certo. Ou quando somos tomados pelo êxtase, de um súbito sentimento de comunhão, diante de um céu estrelado, uma obra de arte ou uma peça musical. Este rápido mergulho na consciência maior deveria ser uma constante no nosso cotidiano. Não estou dizendo que devamos viver em êxtase, deslumbrados e bobos como certos fanáticos religiosos. Mas sim que as pequenas e as grandes decisões do nosso dia a dia deveriam estar em sintonia com o Cósmico. Por exemplo: algumas pessoas religiosas ou místicas o fazem por meio da oração. Nem todas, porque há aquelas que gastam o joelho de tanto rezar e nada conseguem. Conheci uma senhora, já avançada em idade, que, toda a vez que tinha que enfiar uma agulha, pedia ajuda à Santa Luzia e sempre conseguia acertar a linha no buraco na primeira tentativa, contrariando o que seria de se esperar de seus olhos já cansados. Santa Luzia existe? Certamente. Mas não como existimos você ou eu ou as árvores. Mas sim como uma espécie de chave, senha ou código para acessar algum tipo de força ou energia que leva sua mão a acertar a linha no buraco da agulha. Loucura? Talvez. Mas não menos loucura do que o mistério de estar vivo, sem saber porque ou para que ou para onde se vai, se é que se vai, depois da morte.

Ter consciência do que nos cerca, saber que o nosso eu nada mais é do que a soma das informações que recebemos desde o nascimento, viver todos os dias com essa percepção, é um primeiro passo para estar em sintonia. Mas, para a harmonia, ainda falta muito.

Uma coisa importante é manter a casa, ou o lugar onde você mora, seu quarto, quando você mora com outras pessoas, absolutamente em ordem. Tudo tem que **brilhar**, livre de pó. Cada coisa precisa ter o seu lugar e tudo tem que estar arrumado. Parece difícil para quem tem dupla jornada de trabalho e/ou a casa cheia de crianças? Se você é a dona da casa, passe a exigir colaboração de sua família. Mesmo que tenha que dizer-lhes a verdade: que está treinando para ser bruxa e bruxas têm a casa em ordem.

Aliás, dizer a **verdade** é outra coisa importante. No dia a dia é possível perceber, se estivermos atentos, que dizemos uma infinidade de mentiras inúteis. Mentimos por hábito ou comodismo e muitas das nossas mentiras cotidianas não trazem benefício a nós nem a ninguém. Se admitimos que estamos interligados, se percebemos a extrema interdependência que existe entre os seres humanos, veremos que existe um compromisso entre todos nós. Alguém já disse que o que acontece a um homem afeta toda a humanidade. Bruxas estão comprometidas com a busca da verdade, portanto jamais dizem mentiras inúteis.

Também é bom aprender a cuidar de **plantas**. Não porque você vá usar alguma para preparar qualquer espécie de poção mágica, mas porque se aprende muitíssimo através do cultivo de plantas e o contato direto com elas faz bem para a alma, na falta de uma descrição melhor. Plantas são seres vivos e respiram o ar que nos é nocivo, mas para elas, benéfico.

Existe uma forte ligação entre os jardineiros e suas plantas, como se um depositasse no outro a sua energia de vida. Frequentemente vasos cultivados por uma

pessoa definham e morrem na sua ausência. Minha amiga jardineira de décadas passou recentemente por uma enorme contrariedade e, inevitavelmente, algumas semanas bastante triste e deprimida. Todos os sessenta vasos de plantas que ela mantém no apartamento definharam e morreram. Ela usou de todos os recursos que conhece, adubos, inseticidas, mas tudo em vão. Acabou jogando fora sessenta vasos. Mas comprou outros sessenta e hoje tudo vai bem na sua vida e no seu jardim.
As plantas, de alguma maneira, estavam em sintonia com o estado de espírito da minha amiga.
O contato com animais também produz essa mesma troca e todo mundo que tem ou teve um bicho de estimação sabe do que eu estou falando.
Cozinhar é uma coisa importante, mesmo que seja apenas no fim de semana e por pura curtição.
Manter a **vida sexual** em dia ajuda muito no equilíbrio.
E praticar alguma atividade física, ainda que nada mais do que a simples e boa caminhada, é importantíssimo na manutenção da saúde.
A arte, a literatura, a boa música também precisam ser presentes na nossa vida. Elas nos estimulam e fazem a cabeça funcionar melhor, além de abrirem a nossa percepção, pelo impacto que causam em nossa sensibilidade.
Alguns dizem que somos o que pensamos e que somos o que comemos. A água, fonte da vida, tem que circular pelo nosso corpo. É preciso tomar muito mais água do que habitualmente se toma. E a alimentação precisa estar balanceada. Porque as bruxas precisam ser saudáveis.
Falaremos sobre alguns desses passos, isoladamente.
Basicamente, uma vida em equilíbrio e harmonia é absolutamente imprescindível para entrar em sintonia com o Todo e usar isso a nosso favor.

Telefonia

O céu era absolutamente claro, como se fosse dia, mas as estrelas – uma infinidade delas! – eram estranha e perfeitamente visíveis. Moviam-se, revelando as mais belas formas geométricas. De repente, uma linha apareceu no céu e foi desenhando uma mesa. E naquela mesa foram surgindo todos os seus antepassados, conhecidos e desconhecidos. Ali estavam seus avós, já mortos, e de quem ela tão bem se lembrava. Estavam também os seus bisavós, de quem já vira os amarelados retratos de família. Havia um índio brasileiro, um bandeirante, uma velha matriarca, aos quais – nenhum deles – pode reconhecer.

Depois, repentinamente, estava na terra. Dirigia seu carro pela avenida da Praia Grande e, encantada, viu que as ondas do mar tinham mais de quinze metros de altura, mas, ao contrário do que podia parecer, não eram uma ameaça. Eram como uma celebração e morriam à beira da avenida, lambendo docemente os coqueiros. A praia desaparecera: tudo era o mar, o Grande Senhor da Vida, pensou ela, dando título ao oceano.

Então acordou. Assustada com os fogos que explodiam, em plena madrugada, comemorando o gol do Brasil contra a Inglaterra, na distante copa do mundo que se realizava no Japão.

Meio sonolenta e encantada com o espetáculo que vira em sonhos, ligou a TV para ver o jogo. O time do Brasil jogava, naquele segundo tempo, espetacularmente. Incrível, pensou ela e compartilhou com tantos e tantos torcedores a tensão daqueles 49 minutos finais da partida.

Depois, contente com a vitória brasileira, voltou a dormir.

Sonhou que era uma índia, perseguida nas matas por um barbudo português, com roupas de couro, que cheirava mal, muito mal.

Acordou cansada, como se seu corpo tivesse de fato vivido o sonho. Doíam-lhe todos os músculos e ela pensou que estava a poucos dias da menstruação e que era normal, na fase de TPM, que doessem os músculos, assim como, nessas épocas, lhe doía também a alma.

Fez a cama e foi à cozinha preparar o seu solitário café. Estava deprimida, apesar de experimentar um certo encantamento ante a lembrança dos ricos sonhos daquela noite. Tinha tanto trabalho a esperando hoje, na agência, e acordara um pouco tarde. Mas, tudo bem. Todo atraso era desculpável num dia em que o Brasil jogara na madrugada. Mas já estava mal com seu novo chefe, aquele sujeito insuportável e, julgava ela, também incompetente, que fora promovido a diretor de criação apenas por ser sobrinho do dono do negócio. Redatora publicitária, ela teria que criar o tema da campanha de um cliente importante que a empresa recentemente conquistara. Olhou para o relógio do micro-ondas: 8h42. Precisava se apressar. Engoliu o café, na cozinha mesmo, abriu a geladeira, comeu um pedaço de mamão e voou para o chuveiro. Uma hora depois estacionava seu carro na garagem da agência. Subiu, cumprimentou algumas pessoas pelo caminho e sentou-se valentemente diante da tela de seu computador. Mas as ideias não vinham. Começou a escrever coisas ao acaso. O novo cliente era uma grande empresa de telefonia e ela precisava criar uma campanha, para toda a mídia, impressa e eletrônica, que vendesse a imagem da empresa. Mas tudo o que ela conseguia pensar estava relacionado às imensas ondas verdes do mar e ao céu, azul claro, coalhado de estrelas. O que isso tinha a ver com telefonia?

Meio dia. Ela preferiria ficar trabalhando, mas lembrou-se de que prometera ir almoçar na casa dos pais. Estava irritada e o trânsito que enfrentou para ir do trabalho até o Brooklin, onde ficava a velha casa em que nascera, em nada contribuiu para minimizar-lhe a irritação. Foi, o caminho todo, pensando que deveria racionalizar aquela tendência negativa que a dominava, a cada mês, antes da menstruação. Tentou pensar em coisas boas: estava em seu carro, ouvindo música no CD, tinha um ótimo emprego numa conceituada agência de publicidade, tinha apenas 28 anos de idade, estava indo almoçar com seus pais, que gozavam de uma boa situação financeira e moravam numa casa linda, com um belo jardim, que era sua responsabilidade cuidar, nos fins de semana. Gostava de plantas, gostava da natureza, gostava de estar no mundo e tivera uns sonhos lindos essa noite. Mas estava profundamente irritada. E o seu lado perverso dizia-lhe que, apesar de ser bonita e ter um corpo perfeito, malhado, nenhum homem que se aproximava dela queria qualquer coisa além de sexo e, quando satisfeito, acabava por abandoná-la à sua própria solidão.

Chegou nervosa à casa dos pais. Aquele trânsito infernal de São Paulo, a Rubem Berta sempre parada, a moleza incrível dos motoristas que a irritava profundamente, ela que se orgulhava de ser um ás do volante... Pra que, se é pra ficar parada naquele mar de carros e carros com um idiota, cada um, à direção? Uma hora da tarde. Um absurdo! Levara cinquenta minutos para andar os onze quilômetros que a separavam da agência e a casa dos pais. E agora? Chegaria atrasada também, do almoço. E, desta vez, não teria a desculpa do jogo...

Os pais, como sempre, ficaram alegres em vê-la. Mas o mau humor aumentava e ela esforçou-se para ser simpática. Estavam ainda na salada, quando o celular dela tocou. Era o chefe:

– Marina, ainda não recebi os temas da campanha.

– É porque ainda não os encontrei.

– Pois trate de encontrá-los até as cinco da tarde. Aliás, estranhei não vê-la aqui na primeira hora da manhã e estranhei mais ainda que você não estivesse a postos na hora do almoço. Afinal, você sabe o que significa para a nossa agência esse cliente.

E ela, ríspida:

– Eu não sou irresponsável. Mas faço um trabalho criativo e inspiração não tem hora marcada.

– Pois a sua tem. Trate de encontrá-la até as cinco.

Telefonia

E bateu o telefone.

Marina começou a chorar, para espanto dos seus pais. Pressão com TPM decididamente não combinam, pensou ela e saiu para o jardim de inverno, contíguo à sala de almoço.

A sua irritação com o trânsito, com a sua solidão (o gato, Carlos, que conhecera há dois dias não mais lhe ligara), com a sua falta de inspiração para a campanha, a TPM, tudo isso a sufocava, lhe subia pelo esôfago, oprimindo-lhe a garganta. Então, não resistindo mais, gritou. Gritou muito forte e muito alto, fazendo com que seus pais levantassem e fossem abraçá-la, tentando entender a razão de tanta infelicidade numa filha tão bonita. Então, nesse instante, um exército de grandes baratas cobriu a parede do jardim, subindo desesperadas em direção ao telhado da casa. Eram muitas, muitas baratas, cobrindo totalmente a parede com o brilho marrom de seus corpos. Os três pararam fitando o espetáculo. O pai disse, subitamente taciturno:

– Minha filha, talvez fosse bom você ir se benzer...

Ela soluçava, eles a levaram de volta à mesa e foi com dificuldade que ela engoliu o resto do almoço. Benê, a cozinheira, que a conhecia desde que ela era uma menininha, tinha lágrimas mal disfarçadas no rosto, ao servir a comida.

– Tenho que ir, meus queridos. Tenho uma campanha inteira para criar e não sei o que fazer...

– Você pode dirigir, não está nervosa? Quer que seu pai a leve? Pode buscar seu carro à tarde – disse a mãe.

Ela recusou. Saiu e surpreendentemente o trânsito estava manso.

Quase chegava ao seu destino quando o celular tocou novamente. Atendeu, mal humorada, pensando que fosse novamente o chefe. Não era:

– Marina, é Carlos.

Carlos! Afinal, dois dias depois, ele ligava!

– Oi – respondeu seca.

– Desculpe não ter ligado antes. A empresa me fez viajar de repente, fiquei mergulhado num congresso médico em Paranaguá e não queria ligar para você todo esbaforido, entre uma coisa e outra. Mas pensei em você nesses dois dias, a cada instante.

O coração de Marina disparou no peito.

– Também pensei em você – confessou.

– Olha, eu acabei de sair do avião. Vou passar no laboratório, lá pelas 6 estarei livre, vou até em casa e pego você às 8 e meia, você pode, não?

– Sim, claro que posso – suspirou ela, aliviada, já acreditando que não tinha sido apenas cama, desta vez. Embora eles tivessem trepado como anjos.

Toda a TPM, toda a ansiedade a abandonaram como que por milagre. Pegou um trânsito ferrado perto da agência, mas nem ligou. Aumentou o som e ficou ouvindo o Caetano Veloso e pensando em Carlos.

Entrou leve na agência. Sentou-se diante do computador e escreveu:

"Tão certo como as ondas são do mar, tão garantido como as estrelas são do céu, 31 é garantia da comunicação eficiente, por qualquer meio, a mais barata".

Criou um filme onde as ondas do mar tinham 15 metros de altura, as estrelas desenhavam no céu o logotipo do cliente e o número 31, seu prefixo operacional. Na última cena, baratas corriam sobre uma pilha de dinheiro e tudo terminava numa apoteose de ondas do mar e estrelas se fundindo para formar o 31.

Ganhou o Clio, grande prêmio da publicidade internacional, e o chefe passou a engoli-la, cheio de uma admiração invejosa.

5
Porque ser Bruxa

Vi, na Internet, um site que perguntava o que você faria com o poder de ser bruxa. E acrescentava: Ganharia dinheiro? Conquistaria um amor?
Não é exatamente esse tipo de poder que tem uma verdadeira bruxa. Eventualmente ela pode até conquistar o amor ou ganhar muito dinheiro, mas tudo isso é um subproduto. O poder das bruxas não diz respeito, diretamente, às condições da vida material. Não somos de fato como nos pintam na televisão. Não basta mover o nariz para que os eletrodomésticos funcionem sozinhos e limpem a casa para nós. Não se consegue encontrar um amor, ou um simples marido, misturando ervas num caldeirão e servindo sopa mágica no jantar. Isso é ficção. Mas não fique triste, minha amiga, meu amigo, porque o poder das bruxas é muito mais fascinante do que você possa supor à primeira vista. Elas vivem quietas a sua vidinha, ou vidona, e, como quem não quer nada, vão manipulando energias e valendo-se de sua ligação com o todo para tomar as mais acertadas decisões. Vão além do raciocínio e fortalecem as decisões racionais com a intuição. Tudo isso também ainda não é o mais importante. O mais importante é, como diria o Pequeno Príncipe, "invisível para os olhos", está dentro de cada uma. Chama-se Paz Interior. Privilégio de quem está em harmonia, em sintonia, com as leis e princípios que fazem o Universo. Ainda que, por ventura, nem saiba disso. Porque existem as bruxas que são bruxas, mas ainda não perceberam. Praticam naturalmente tudo o que foi exposto aqui, levam uma vida harmônica e em sintonia, usam a intuição, a força do desejo, a comunicação com a Consciência Cósmica, mas não estão conscientes disso. Na verdade, acontece um pouco com todos nós, mais com as mulheres do que com os homens. Todos temos alguma história para

lembrar de uma coincidência que mudou certos rumos em nossas vidas, de uma súbita intuição que nos fez ligar para um cliente numa hora que seria imprópria e se revela perfeita, de um dia em que escapamos de um baita congestionamento de trânsito porque alguma coisa nos fez mudar o caminho habitual e usar uma rota alternativa...e vai por aí afora.

Em algum momento, todos fomos bruxos.

Todos os pequenos procedimentos que levam ao estado de harmonia desfrutado pelas bruxas levam também à morte do ódio, da inveja, gerando uma vida de maior paz e tranquilidade. Não, é claro, uma vida livre das adversidades, mas uma vida capaz de simplesmente enfrentar as adversidades e não se deixar perder por elas.

Por isso, e apenas por isso, vale a pena tentar despertar a bruxa que dorme em você.

Ivete e a chuva

Ivete queria que chovesse. O dia amanhecera de límpido azul, mas fora nublando com o passar do tempo. Agora, à tarde, algumas nuvens negras avolumam-se sobre os prédios e Ivete, que olha o céu pela janela do apartamento, percebe que essas se movem, mas na direção errada. Estão se afastando da região da avenida e, para que haja a possibilidade da chuva, deveriam estar se aproximando e não indo embora. Fixa o olhar nas nuvens. Todo o seu ser anseia pela chuva, depois de tantos e tantos dias de um calor seco e implacável. Ivete quer abrir a janela, mas teme o mar de poeira que há lá fora, tudo seco, sente a secura na própria garganta, pelo ar que respira. Tem urgência de chuva. Não só ela como as muitas e belas plantas do jardim do condomínio, agora empoeiradas e sedentas.
De repente, as nuvens, como que sentindo a urgência de Ivete (e a de tantos outros seres vivos dessa cidade), começam lentamente a inverter o seu curso, ameaçando assim trazer a tão sonhada água. Fixos os olhos nas nuvens, mal podendo crer que elas realmente estavam mudando seu rumo, e que fosse como se a força da sua necessidade, transbordando de seus olhos, puxasse as nuvens, na paisagem, para onde ela as deseja. Depois baixa o olhar para as folhas do coqueiro do jardim, lá embaixo. Elas parecem confusas, como se cada uma estivesse sendo atingida por diferentes ventos que soprassem em direções opostas. Mas logo vão se alinhando, tomando uma só direção ao vento, que assim trará também as nuvens. Todo o processo leva

uns dez minutos. E as nuvens começam a baixar, a chegar, e então desaba a abençoada chuva!

Na TV, ligada no noticiário, o apresentador fala com a moça da previsão do tempo que lhe explica estar sendo a cidade vítima de uma súbita e imprevista mudança na direção do vento, o que faz desabar subitamente essa chuva, tão esperada pelos cidadãos.

Ivete sorri. Janelas e peito aberto para receber a umidade do ar. "Súbita e imprevista mudança na direção do vento uma ova", pensa ela. "Fui eu."

6
Vencendo o Ego

Nosso eu nada mais é do que a incrível e maravilhosa soma de todas as nossas experiências, de nossa cultura, da influência que sofri e sofro a cada dia das muitas ideias e experiências de outros. "Sou imenso: multidões contenho", já diria Walt Whitman. É isso que torna o ser humano rico e, ao mesmo tempo em que somos todos, somos únicos e irrepetíveis, com nossa herança cultural e genética, nunca igual a de ninguém.

Deus (ou o Cósmico) não me criou para o temor, mas para o amor, para a compreensão de que todos somos um e que cada um é uma singularidade, é único. Somos a coletividade e o que acontece a cada ser humano afeta a todos. Somos interdependentes e, enquanto qualquer um de nós acreditar que a sua verdade é superior a qualquer verdade que possa existir em outro, estaremos trabalhando para a guerra.

Até a Bíblia concorda com isso: *Romanos, 12, 4-6*

"Porque assim como num só corpo temos muitos membros, mas nem todos os membros têm a mesma função,

assim também somos nós, conquanto muitos, somos um só corpo em Cristo e membros uns dos outros,

tendo, porém, diferentes dons, segundo a graça que nos foi dada."

A consciência de ser uma somatória e, ao mesmo tempo, ser parte de um todo maior, do planeta e do Universo, gera uma decorrente e lógica humildade. Começa-se a perceber o ridículo de certas atitudes e exigências egocêntricas, como irritar-se no trânsito congestionado ou ofender-se porque alguém discordou de nossa atitude ou opinião, ou ainda não levou a sério aquela nossa ideia genial. Fica-se mais tolerante porque se percebe que é como se todos os seres humanos fossem nossos irmãos, feitos da mesma matéria que a estrelas e frutos do mesmo ventre, a grande Mãe Terra, divindade principal de tantas antigas religiões. Não queremos que aconteça nada de ruim a nenhuma parte do nosso corpo. Assim, percebemos que um membro doente na sociedade contamina-nos a todos. O sofrimento de um se reflete no outro. A alegria de um encontra eco no outro.

Depoimento de Bruxa nº 2

O cheiro do pão, assando no forno, invade a casa.
É um cheiro maravilhoso, milenar. Completo o clima com um gole de vinho.
E, de repente, me invade o sentimento da comunhão.
Comunhão com tudo o que de simples e maravilhoso a humanidade criou.
Maravilhoso como o pão e como o vinho. Ou como o computador.
Não sou apenas um grão de areia entre os bilhões de pessoas que estão vivas, nesse momento, na Terra. Sou consciência. Consciência do pão. Consciência do vinho. E da comunhão. Sou a soma de alguns conhecimentos daqueles que viveram antes, muito antes, de mim. Sou a minha cultura, a minha herança genética e social. Sou um pedaço do amor. Um soldado da beleza. Eu sou tudo isso e tenho muito orgulho do que sou. Porque sou muito, muito mais, do que apenas Eu. Dentro de mim, vivem vários. Dentro de mim pulsa a vida. Sou Maysa. Sou Portinari. Sou Caetano. Sou Elis. Sou o pão. Sou o vinho. Sou a luta pela liberdade. Sou todas as músicas que ouvi, todos os livros que li, todos os momentos de plenitude e beleza que vivi e os que ainda viverei. Sou dó, sou ré mi fá, sou sol la si. Todas as notas à minha disposição e eu sei, ah se sei, tocar. Que a minha música seja apenas bela, bela, bela, absolutamente bela.

Falando com Deus

Foi num daqueles raríssimos momentos em que o Deus, meio enfastiado, deixou-se abrir para uma de suas crianças, uma humana do planeta Terra, Sistema Solar meio escondido num cantinho da Via Láctea. Aconteceu no mesmo dia, 11 de setembro, em que atentados terroristas derrubaram as duas torres do World Trade Center em Nova York. O Deus ficou aborrecido de ver, mais uma vez, humanas criaturas destruírem em seu sagrado nome. Não que isso fosse novidade para Ele. Acontecia com frequência demais naquele planeta e talvez fosse essa a razão de Seu fastio. Aborrecido, transferiu-se para o Brasil, um recanto particularmente abençoado por Ele, onde a Natureza era exuberante e, ao mesmo tempo, gentil; onde havia uma amostra de cada uma das espécies daquelas crianças de deus, chamados Homens, gente de cada canto do planeta e todos vivendo em paz. Ou, diria Ele, numa relativa paz. Mas, ao menos, no Brasil não se olhava raça ou origem, cada representante de cada povo era, antes de qualquer coisa, um brasileiro. Chateado com a estupidez dos aviões chocando-se contra prédios, lá foi Deus plantar-se em plena Avenida Paulista, em São Paulo, a maior cidade daquele país. Foi logo atraído pelo exuberante corpo bem feito de Maria Antonia, que atravessava, naquele instante, o farol de pedestres defronte ao Conjunto Nacional. A moça morava logo ali, sabia o Deus porque, claro, Ele sabe Tudo. Num prédio semirresidencial da Rua Augusta. Mas o Deus não se lembrava de ter imaginado, quando escreveu os códigos genéticos, que a combinação de tantas raças pudesse resultar num espécime de fêmea tão absolutamente perfeito, exalando sensualidade, encantando os nossos olhos com a pureza de suas curvas, movendo-se como uma garça, em meio à multidão furiosa. Assim, plantou-se na sala (elegante, pensou Ele ao chegar lá) do pequeno e aconchegante apartamento dela, confortavelmente instalado no sofá, a esperar por ela. Quando entrou, Maria Antonia deu um grito:

– Quem é você? O que quer aqui?

– Sou o Deus – disse Ele traquilamente. – Acalme-se e sente-se aqui ao Meu lado. Vamos conversar.

– Olha, você tem três segundos pra se mandar daqui – respondeu ela, ofegante, e já discando 190 no celular.

O Deus estendeu a mão e trouxe-a flutuando para o seu lado.

Seus olhos se encontraram. E Maria Antonia sentiu a presença do Sagrado. Uma certeza invadiu-lhe o peito, uma paz, uma confiança... e então ela simplesmente soube, como jamais soubera coisa alguma, que aquele mulato estupendo que estava instalado em seu sofá, com aquele carisma irresistível e aquele corpo de deus era realmente o Deus. Uma mansidão tomou conta dela, quando ele disse:

– Sei que não é comum falar Comigo, Eu jamais me revelo aos humanos. Fiz isso apenas três ou quatro vezes nos últimos quinze mil anos. Mas hoje não é um dia comum.

– Não, hoje não é um dia comum, disse ela ainda meio atônita com aquela maluca certeza de estar com o Deus, e pensando no atentado terrorista, no símbolo de poder que ela vira ruir essa manhã tirando tantas vidas e derrubando a segurança do povo americano, junto com as paredes dos monumentais e imponentes edifícios. Pensando assim, logo emendou:

– Ora, se você é Deus, não acha que a Sua presença estaria sendo muito mais necessária em NY do que aqui na minha sala, nesse momento?

– Não se zangue, Maria Antonia (sim, é claro que Eu sei o seu nome). Sou o Deus, portanto é claro que estou em toda a parte todo o tempo. Estou em cada coração e em cada alma, neste e em todos os planetas, nesta e em todas as galáxias do Universo. E estou também aqui e agora, com você.

– Então Você existe mesmo. E está aqui falando comigo, dentro desse corpo tentador como o di... desculpe, Senhor. Não quis ofendê-lo.
– Infelizmente ele também está sempre presente, quase tão poderoso quanto Eu, o nosso inimigo, Diabo. Mas você, Antonia, sempre soube como fugir dele.
O peito de Antonia inflou-se de orgulho. Sabe lá o que é ter o Deus elogiando a gente assim?
– Você acha mesmo? – perguntou ela, imediatamente lembrando-se de seus mais recentes pecados.
– No geral, Eu diria – respondeu o Deus, adivinhando-lhe os tais recentes pecados – que você tem vencido, nos pequenos embates cotidianos.
– E o que eu, uma simples mortal, fiz para merecer uma deferência que só foi dada a um ou dois seres humanos nos últimos quinze mil anos?
– Nada de especial. Resolvi aparecer para você porque suas formas perfeitas chamaram atenção quando me coloquei na Av. Paulista. Você é um espécime surpreendentemente perfeito. Eu nem imaginava ser possível uma tal combinação genética que gerasse um corpo assim. Não se esqueça que Eu posso ver, ao mesmo tempo, por dentro e por fora. O seu organismo, além de belo, tem uma harmonia absoluta internamente. Os órgãos estão funcionando afinadíssimos.
– Bom, eu procuro mesmo ter uma vida saudável, me alimento direito, faço ginástica e sexo regularmente, essas coisas que as revistas femininas tanto recomendam... Mas eu pensei que o Seu critério de escolha fosse outro, que não o físico...
O Deus fez um largo gesto de conformismo:
– O que se há de fazer? Esses são tempos materialistas.
– Quer dizer então que basta um corpo perfeito para ser digna de conhecer ao Deus? Pensei que fosse necessária uma vocação mística, uma alma especial.
– Em outros tempos. Hoje darão mais ouvidos ao seu belo corpo do que a uma mente especial, metida num corpo capenga. Essa é a dura realidade do seu tempo e de sua gente.
– Olha, eu vou ser muito sincera: estou lisonjeada com a sua visita mas se Você pretende me passar alguma mensagem para a humanidade, tipo a tábua da lei de Moisés ou qualquer coisa assim, não sei não. Eu duvido que me levem a sério se

eu sair por aí dizendo que falei com o Deus. O mais provável é que me tranquem num manicômio, ou melhor, num hospital-dia, como está na moda.
– Fique tranquila, minha filha – apaziguou o Deus – eu vim apenas espairecer, me livrar do fastio que senti com esse ataque aos EUA. É um mero capricho meu, desta vez. Eu, como o Deus que sou, posso sentir todas as emoções e todos os sentimentos do Universo. Assim, fiquei enfastiado e resolvi vir ao Brasil, que é uma terra que talvez valha a pena no futuro.
– Bom, Deus, você vai me desculpar, mas eu tenho uma prova brava na faculdade essa noite e tive também um dia bravo no trabalho. Preciso me arrumar e ir embora.
– Foi um prazer e um privilégio conhecê-Lo – finalizou, estendendo-lhe a mão.
– Igualmente, Maria Antonia – disse o Deus, já se levantando e endireitando o seu lindo terno Armani.
Deu-lhe um beijo na testa, ao chegar à porta.
Maria Antonia sorriu de puro prazer, tal o frescor que lhe invadiu a alma:
– Vá com Deus – disse ela sem pensar e fechando a porta.

1
Harmonia com a natureza

Vivemos o calendário convencional, mas a Natureza vive o calendário lunar. Na verdade, nós também, pois fazemos parte da natureza, mas a nossa vida social é diferente. Treze meses, 365 dias, esse é o calendário baseado nos ciclos da Lua, de 28 dias, quatro fases. Como o antigo calendário maia: 13 meses de 28 dias cada um. Pescadores, agricultores, jardineiros e até cabeleireiros baseiam-se nas fases da Lua para dirigir as fases de suas atividades. Não existe nenhuma comprovação científica de que a Lua exerça as influências que consideramos que exerce na hora de plantar ou de cortar o cabelo. Mas as pessoas juram que funciona. Sementes brotam com mais facilidade e vigor, quando plantadas na Lua Nova. Cabelos ganham volume, se cortados na Lua Cheia e demorarão mais a crescer, se cortados na Minguante.

Estar em sintonia com os ciclos da Natureza, como as estações do ano, é imprescindível para as bruxas. O ciclo lunar corresponde ao ciclo reprodutivo e sexual das mulheres: gravidez de nove luas e menstruação a cada 28 dias. Desde as mais antigas culturas, a Lua é o símbolo feminino e o Sol, masculino.

Sobre isso, diz M. Esther Harding que, como se sabe, era discípula de Jung: "A adoração da Lua é a adoração dos poderes criativos e fecundos da Natureza e da sabedoria que é inerente aos instintos e à harmonia com a lei natural. Mas a adoração do Sol é a adoração daquilo que conquista a Natureza, que organiza e subordina seus poderes... Nossa atitude do século XX é o resultado dessa mudança de ênfase dos valores simbolizados pela Lua para os simbolizados pelo sol. O resultado foi a convicção de que o intelecto é o maior poder e que tudo poderia ser organizado corretamente se as pessoas usassem a inteligência."

O feminino passou séculos sendo associado ao sentimental, ao fútil, ao supérfluo, ao descontrole emocional, à exacerbação dos sentimentos.

O que se propõe não é a recuperação desse estereótipo cultural feminino, mas, sim, da verdadeira natureza das mulheres.

A indiscutível capacidade intuitiva feminina se revela como uma ferramenta eficaz em nossas vidas, quando entramos na tão falada harmonia.

Como eu já disse, estar em harmonia não significa ter uma revelação mística ou viver uma experiência transcendental. Trata-se apenas do resultado da combinação daquelas atitudes que já enumeramos aqui. É um exercício cotidiano de mudança de hábitos e adoção de uma vida mais saudável e em maior sintonia com a Natureza e com o mundo que nos cerca.

1. Saber-se parte do todo
2. Perder o orgulho vão do ego e ter consciência de que se é apenas o resultado das influências que se sofre
3. Praticar a observação de cada detalhe que nos cerca
4. Prestar atenção às mudanças de clima e estação e fases da Lua
5. Manipular a matéria (esculpindo, pintando, cozinhando ou praticando jardinagem)
6. Manter a casa e os objetos em ordem
7. Beber muita água
8. Alimentar-se corretamente
9. Fazer sexo
10. Praticar uma atividade física regular

E, de repente, eis a tão sonhada harmonia.

Sintonizada com o mundo, você desenvolverá um contato mais amplo com ele, com a vida, com esse todo do qual você faz parte. A intuição a fará mais segura. A vida sadia, claro, mais livre das energias negativas da doença.

Estar em contato com a Natureza, nem que seja tomando um ônibus para ir até um parque público, caminhar entre as árvores, observando cada detalhe da vegetação, a forma das folhas das árvores, a cor das flores; a lenta mudança em muitas plantas causada pela troca das estações; o caminho do vento e das nuvens e ouvindo atentamente o canto dos pássaros, você descobrirá um mundo que antes não percebia. Essa não é uma revelação?

Sonia e a cobra

Sonia estava triste. Há vinte anos resolvera largar tudo, a correria da cidade, o bom emprego na empresa internacional, o apartamento e o automóvel, o diploma universitário. Vendera tudo, comprara uma pequena casa, quase uma tapera, nos limites de um pequeno município litorâneo (onde o verão era eterno), aplicara todo o seu dinheiro e passara a viver do que o grande quintal da casa lhe proporcionava. Arrumara licença da prefeitura para vender em feiras livres e cultivava uma grande horta, algumas frutas (tinha, inclusive, uma parreira) e flores. Acabou ficando conhecida no local pelos magníficos arranjos de flores que produzia e que os poucos turistas que visitavam a praia consumiam avidamente. Assim, hoje em dia, tinha ainda algum dinheiro aplicado, conseguia o necessário para sua sobrevivência com suas atividades no próprio quintal, empregava duas pessoas que a ajudavam na manutenção da horta, pomar e canteiro, e vivia feliz na pequena casa que, com o passar dos anos, se transformara numa bela e aconchegante residência, com uma decoração pouco convencional, rústica, ornada por plantas de interior. Ela renunciara à vida mundana, mas não aos confortos da modernidade. Tinha computador, ligado à Internet, uma caminhonete para transportar seus produtos da terra, um ótimo conjunto de som no qual ouvia os amados clássicos, e usava até forno de microondas, embora preferisse, muitas vezes, preparar as refeições no fogão à lenha que ela própria construíra. Tivera alguns casos de amor com turistas eventuais e até com alguns homens da cidade, mas nada de muito sério ou envolvente. Agora o povo do lugar estava acostumado com ela, (também, pudera, depois de vinte anos), mas no começo a chamavam de hippie, prostituta e coisas piores. Imagine, numa pequena cidade litorânea do Brasil dos anos 1980, uma mulher, sozinha, vinda de um grande centro urbano, livre e independente, ainda causara um certo furor.

O motivo da atual tristeza de Sonia, no entanto, estava justamente nos novos habitantes locais. Nos últimos dois anos, a pequena cidade sofrera uma verdadeira invasão de pessoas que, como ela fizera há duas décadas, procuravam uma vida mais natural, mais simples e mais sadia. Eram os hippies do ano 2000. Até aí, nada demais. Nada demais também que eles procurassem se aproximar dela e com ela conviver. Afinal, aquela nova tribo poderia muito bem considerá-la, e de fato considerava, como uma pioneira de seu suposto estilo de vida. E justamente o que a entristecia era constatar que quase todos eles se revelavam, depois de um tempo de convivência, como uns molóides, uns sujeitos e sujeitas que apenas estavam tentando fugir de suas responsabilidades como cidadãos e das pressões inevitáveis da vida moderna. Todos eles, de um jeito um, de um jeito outro, mostravam personalidades fracas. Tinham inflamados discursos contra os absurdos da vida urbana, contra o consumismo e o materialismo desenfreados da sociedade, contra o excesso de individualismo e contra a competição feroz dos mercados de trabalho. Mas toda essa revolta, pensava Sonia, se olhada mais de perto, parecia apenas covardia. E, além disso, tudo que eles diziam condenar, pareciam ambicionar. Alguns mesmo eram completamente favoráveis à apropriação (que Sonia chamaria simplesmente de roubo) de terras, imóveis ou até produtos, justificando suas convicções pelo fato de a sociedade brasileira ser absolutamente injusta na distribuição de renda e de oportunidades (o que Sonia tinha que admitir que era verdade, essa injustiça, mas não podia engolir que isso desse, a quem quer que fosse, o direito de surrupiar o que era dos outros).

Logo que começaram a chegar esses novos habitantes, atraídos pela súbita fama que alguns turistas promoveram da tranquilidade do local, e a elegeram como uma espécie de "mãe" da tribo, Sonia se entusiasmara. Pensara que, enfim, outras pessoas estariam fazendo uma opção como a sua, por uma vida mais simples, mais ligada à natureza e sem tantas exigências de status ou de consumo. Mas logo viu que se enganara. Muitos deles, se conseguissem acesso aos bens que pretendiam espoliar (mas ainda bem, pensava ela, que era só na teoria), certamente se tornariam iguaizinhos aos senhores de terra, aos capitalistas malditos, aos membros da elite econômica que eles próprios criticavam.

Por causa deles, Sonia começou a se perguntar, até que ponto, ela própria, quando escolhera aquela vida de simplicidade, estivera também fugindo das responsabilidades da vida na cidade grande? Até que ponto era semelhante a eles? Mas, examinando bem a sua consciência, não conseguia se identificar com aquele bando de neo-hippies, que passavam metade do dia fumando maconha e jogando conversa fora e a outra metade tentando conseguir alguma "boquinha" que lhes proporcionasse facilidades e vantagens em troca de pouco esforço.

Por isso, por sua decepção com aquelas pessoas que, no começo, lhe haviam trazido a esperança de uma vida menos solitária, Sonia estava triste.

Vira e mexe um deles aparecia em sua casa e ela, que tivera uma educação conservadora, ficava bastante incomodada com a sem-cerimônia pela qual eles se deixavam ficar, abriam a geladeira, se serviam e ainda atrapalhavam a rotina que ela, nesses anos todos, construíra para a sua vida.

Até os pássaros, que antes vinham comer na sua mão, pareciam fugir da casa quando algum deles estava lá.

Um deles, chamado Simão, era um ex-comunista, já cinquentão, que viera para a cidade com a mulher atual, pouco mais que uma menina, tinha um poder incrível de realizar aquilo que os judeus diziam ser o maior pecado que se pode cometer: destruir a felicidade alheia. Era tão negativo que, quando aparecia, Sonia podia jurar que os pássaros batiam em retirada, saindo em bandos das árvores do quintal. Ele jamais dizia qualquer coisa boa, só tinha críticas e insatisfações. Até com os pássaros ele implicara, dizendo que era um absurdo ter uma horta, uma parreira e permitir que os pássaros frequentassem o quintal. Fingindo uma gentileza que Sonia sabia que ele não tinha, oferecera-se para fazer um espantalho. Aquilo fora demais, lembra ela, ficara tão ofendida que não pudera se conter e respondera:

— Só se for para espantar você!
Sonia lembrava com prazer como começara sua grande amizade com os pássaros. Certa manhã, havia muitos anos, ela voltava de uma feira, lá pelas 11 horas, quando ouviu, bem forte, um guincho agudo. Pensou que fossem as pastilhas de freio da velha caminhonete. Depois ouviu outro. Abaixou o rádio do carro, abriu a janela e começou a ouvir, muito alto, o canto dos pássaros. Estranhou. O que estaria havendo? Nunca, antes, ouvira tantas aves por ali. Teria chegado um novo bando? Seria época de migração? Ou de acasalamento? Acabou parando o carro, desligando o motor e descendo, no meio da pequena estrada de terra que levava à sua casa. Era como uma sinfonia. Ficou ali ouvindo, encantada. Em toda a escala, todos os cantos, mais ou menos agudos, mais altos, mais baixos. Os pássaros estavam em festa! Podia ouvi-los, mas não os via. Entrou pelo mato, tentando vê-los, mas as árvores frequentemente os camuflavam. Experimentou imitar seu canto, com a própria voz. E, quando voltou para o automóvel e deu partida, logo um pequeno bando de pássaros passou em frente ao seu parabrisas. Depois outro. E outro. Nunca mais a tinham abandonado. O seu quintal, desse dia em diante, ficara cheio de pássaros e ela podia observá-los nas árvores. Mais tarde, já vinham comer em sua mão. Eram periquitos, quero-queros, bem-te-vis, canários, azulões, tico-ticos... E, em muito pouco tempo, prejudicavam-lhe as plantações. Às vezes, quando ela estava na cozinha preparando alguma coisa, eles vinham pousar no parapeito da janela e até mesmo a brindavam com seu canto. E aquele idiota do Simão a querer construir um espantalho!
Sonia pensava na sua amizade com os pássaros como fruto da sua amizade com as plantas. Nunca prestava atenção às plantas quando vivia na capital. Mas quando se mudou para aquela pequena cidade, logo percebeu que as verduras vinham de muito longe, de um município maior, que ficava a quilômetros de distância. Também, pudera! O povo daquele lugarejo era um povo do mar, não da terra. Seu trabalho era basicamente a pesca, toda a sua cultura, incluindo a alimentação, girava em torno do mar. Por isso, resolvera plantar. Começara pela horta, mas logo tomara gosto, então vieram as frutas e, mais tarde, as flores e era dessas últimas que tirava, agora, o dinheiro maior, que lhe permitia mesmo viver

sem preocupações financeiras. Seus ajudantes (e foram muitos, ao longo desses anos) sempre se espantavam com a facilidade que ela tinha para plantar e fazer brotar as sementes, com o verde esplendoroso de todos os vegetais nos quais ela punha diretamente suas mãos. "Dona Sonia tem o dedo verde", diziam dela, em referência a um livro antigo que a maioria deles nem tinha lido. Aliás, a maioria mesmo do povo local nem sabia ler. Sonia ensinava, nas horas vagas, alguns grupos a ler, na Igreja. Tanto adultos quanto crianças, pois nem todas conseguiam um lugar na única escola pública local. Tentara mesmo interessar alguns dos seus novos conhecidos, os neo-hippies, como ela os chamava, por esse trabalho, mas eles não demonstraram ter a necessária paciência para tanto.

E, pensando nisso tudo, Sonia ficava realmente muito triste. Foi então que percebeu que, há muitos anos, não ficava triste. Bom, é verdade que vivera algumas decepções com as pessoas mas, depois que se mudara para a cidadezinha, não conseguia lembrar-se de nenhuma. Nem mesmo com os eventuais namorados, que como chegaram se tinham ido, sem deixar mágoas ou grandes tristezas. O povo com o qual convivia, todos esses anos, ali, embora a tivesse estranhado nos primeiros anos, era, na sua maioria, afável, gentil e nenhum motivo de tristeza ela encontrara neles. Agora, por causa dos neo-hippies, estava vivenciando um sentimento há muito banido de sua vida. Por isso, desconfiava que alguma coisa neles a tinha tocado com uma intensidade há muito não sentida. Está certo que ela esperara deles muito mais do que tinham a dar. Esperava encontrar os mesmos sentimentos, a mesma necessidade de uma vida simples, tudo, enfim, que a movera na decisão de abandonar a cidade grande e vir viver, com simplicidade, naquele lugar então esquecido do mundo. Mas neles encontrara uma revolta, um inconformismo, um sentimento de exclusão, que nela nunca existira. A verdade é que eles a incomodavam e, agora, não sabia como se livrar daquelas presenças que, sem cerimônia alguma, invadiam a sua casa, a qualquer hora do dia ou da noite. Pensando nisso, saiu, quase sem querer, para o quintal onde, porque era domingo, não havia ninguém. Estava só com suas plantas e seus pássaros. O céu era de um azul esplendoroso, naquele começo de primavera. Foi então que avistou a cobra, estranhamente equilibrada sobre um galho do chorão, no jardim.

Sonia já vira e já até matara algumas cobras, se bem que preferisse fazer com que elas se fossem, usando uma velha técnica de rodar as saias para hipnotizar o bicho e espantá-lo. Sabia distinguir as inofensivas das venenosas, pelo formato da cabeça e da cauda. Mas alguma coisa, naquela cobra, era muito diferente. Muito colorida, a cabeça não era triangular, como nas peçonhentas, mas a cauda afinava repentinamente, o que também não combinava com a cabeça.

Sonia observou o bicho de longe, sem saber muito se deveria ir buscar uma arma ou se podia se aproximar, sem correr riscos. Foi então que uma voz aveludada soou dentro de sua cabeça:

– Gosto de comer pássaros.

Sonia olhou em volta. Não havia ninguém.

– Você não me ouviu, Sonia? – insistiu a voz.

Seus olhos então encontraram os olhos da cobra, que parecia fitá-la fixamente e estava absolutamente imóvel sobre o galho.

– Você está falando comigo? – perguntou ela ao bicho, com determinação.

– E estaria falando com quem? Que eu possa ver, só você está aqui.

– Não sabia que as cobras falavam.

– Nunca leu a Bíblia, meu bem? Por minha causa, todas as cobras passaram a ser malditas, coitadas, sendo que o único mal que podem causar está seu veneno...

– Ah, você está dizendo, então, que é a cobra do Éden?

– Eu mesma, com muita honra. Sou uma das raras personificações do Mal.

– E o que veio fazer no meu jardim?

– Eu já disse: gosto de comer pássaros.

– Pois vá comê-los em outro lugar. Porque estou aqui para defender meus bichinhos.

– Não sei porque você agora quer me expulsar, se foi você mesma quem me chamou.

– Imagine! Não chamei coisa nenhuma!

– É claro que chamou, embora possa nem ter percebido. Aliás, já fazia muito tempo que eu estava tentando entrar aqui nesse quintal. Principalmente depois que você conseguiu reunir aqui espécies tão suculentas como esses seus pássaros. Mas não dava, você sabe, não dava.

— Por que não dava?

— Ora, porque você, sua mulher nojenta, não tinha sequer um mau pensamento, nem unzinho assim que fosse, por onde eu poderia começar a tentar abrir a passagem.

— E agora você conseguiu abrir a porta, por quê?

— Você é burra ou o quê? Não percebe que foram os seus maus pensamentos que me abriram a porta? Espero que você continue pensando assim, porque eu ansiei muito pelo seu jardim, toda essa perfeição me irrita e, além disso, seus pássaros parecem mais saborosos que outros que porventura eu tenho encontrado em minhas andanças.

— Ora, sua cobra do inferno! Você é que pensa que vai comer os meus pássaros — gritou Sonia, já saindo para ir buscar a espingarda.

— Ei, volte aqui! — gritou a cobra — Você não conseguirá me matar com essas armas. Muito menos me expulsar. É melhor me assumir, como uma presença constante no seu jardim. Além disso, que diferença farão alguns pássaros? Nascem outros e eu não preciso comer todos.

Sonia voltou:

— Está querendo negociar, agora?

— Negociar o quê?

— Ora, se você conseguiu chegar aqui por causa de alguns maus pensamentos que andei tendo — disse Sonia, refletindo que deveria ter sido mais tolerante com os neo-hippies — então, basta deixar de tê-los e eu nem precisaria mesmo da espingarda...

— Ah — respondeu a cobra, com um risinho irônico — não é tão simples assim.

— Se foi tão simples trazer você aqui, certamente deve ser simples expulsar você também — respondeu, já começando a rodar as saias.

— Chi... Você acha mesmo que esse velho truque vai funcionar comigo? Sou muito mais sábia do que você pensa.

— E isso significa que eu vou ter que conviver com você aqui, devorando meus pássaros e assustando meus empregados e meus amigos?

— Só você pode me ver.

– Como assim?

– Exatamente assim. Eu sou visível apenas para você. Ninguém vai perceber que estou aqui.

– Ah, mas eu vou me livrar de você, ah, se vou! – exclamou Sonia, virando as costas para o horrível animal e voltando para dentro de casa.

Foi para o computador e entrou na Internet, tentando se distrair. Mas a cobra não lhe saía da cabeça. Maus pensamentos. Só podiam ser os que andara sentindo com relação aos neo-hippies. Deveria ter sido mais compreensiva e tolerante para com eles. Afinal, desde que se mudara para aquela cidade, tinha aprendido a paciência, com as plantas e a tolerância, com os habitantes locais. Por que não pudera exercer essas duas virtudes com os seus novos amigos?

Afinal, eles estavam tentando achar um caminho melhor para as suas vidas. Poderiam ser exagerados, um pouco infantis, mas eram bem-intencionados, na sua maioria, sinceros nas suas tolas interpretações do que chamavam "o mundo dos porcos capitalistas". Por que se deixara consumir pela tristeza? Apenas porque eles não correspondiam aos seus sonhos? Apenas porque, embora a tivessem elegido como uma espécie de "guru", não eram o seu reflexo no espelho?

Estou ficando velha e intolerante, concluiu. Mas essa cobra do inferno não vai comer os meus pássaros, ah, não vai não.

Levantou-se, foi buscar a espingarda, decidida a acabar com a raça daquela cobra maldita.

Mas quando chegou lá fora não havia cobra nenhuma.

E nunca mais houve.

8
Brilhar

Um professor de medicina me disse certa vez que a palavra estrogênio, que designa um dos mais importantes hormônios femininos, significa brilho. Explicava ele que a mulher, em seu ciclo menstrual, passa por duas fases bem distintas: numa predomina o estrogênio e então ela fica mais sexy, se produz mais, sente-se atraente e atraída; noutra, predomina a progesterona, hormônio que faz a mulher ficar mais maternal, mais doméstica, voltada para as coisas do lar e dos filhos. Poder-se-ia então imaginar que a fase estrogênica é como a Lua Cheia, brilhante e poderosa, e a progesterônica, como a Lua Nova, um tempo de recolhimento.
Seria de supor, dadas as características da fase em que domina o estrogênio, que nela estivéssemos também mais dispostas para o sexo.
A energia sexual é poderosa produtora de endorfinas cerebrais (a grosso modo, a substância do bom humor) e o prazer sexual é fator determinante de equilíbrio físico, mental e psíquico.
Por isso, depois do sexo bem feito, pele e cabelo brilham, os olhos faíscam e mulheres satisfeitas são mulheres atraentes, porque "passam" a sua sensualidade. A energia do sexo é importantíssima para o nosso equilíbrio e nós viemos de séculos e séculos de dominação sexual e mentalidade machista. Sexo vinculado com amor e reprodução é apenas mais um de nossos preconceitos.
Geralmente as mulheres, embora tenham conseguido desvincular o sexo da reprodução, ainda o ligam ao amor. Admitem fazer sexo, sim, mas só com amor. O nosso recém conquistado direito ao prazer não se traduz em prazer desde que se esteja vivendo um amor. Direito ao prazer é apenas direito ao prazer, oras. Isso quer dizer que não é necessário amar um homem para se fazer amor com ele.

Pode-se ter prazer com amigos, quando não se tem a felicidade de viver um amor. Quando entramos na menopausa e nossos ovários param de fabricar estrogênio, nossa pele resseca, nosso cabelo enfraquece, nossa vagina fica seca e podemos até ver muito diminuído o nosso desejo sexual. Por isso, e por outras razões da manutenção da saúde, muitas mulheres optam pela reposição hormonal que traz de volta os benditos estrogênios, o hormônio do brilho!

No entanto, brilhar de verdade é bem diferente de brilhar na TV ou na capa de revista, brilho de purpurina, miçanga e photoshop.

Para brilhar é preciso se amar. Poucas mulheres se amam. Desvalorizadas por milênios, consideradas cidadãs de segunda classe, seres pouco racionais e excessivamente emotivas, com quase nenhum direito à educação, nenhum direito à propriedade, divididas em duas categorias (a que é pra ser mãe e esposa e a que é pra dar prazer os homens), seria mesmo de se esperar que fosse muito difícil as mulheres darem o devido valor a si próprias.

É importante considerar que só nos últimos 50 anos é que o sexo feminino começou a se libertar de todos esses grilhões e, mesmo assim, apenas em algumas partes do planeta. Condenadas a esta humilhante condição de seres humanos menos capazes, as mulheres – que são de fato tão capazes quanto os homens – passaram a desenvolver estratégias diversas para conquistar o que desejassem, fosse o poder, o conforto ou a simples ilusão da felicidade.

O nosso saudoso Prof. Dr. Pinotti costumava dizer que "todo estamento social discriminado é desunido".

Claro. Quem se acostumou a ouvir, do mundo, que é inferior e acredita nisso, não poderá acreditar que o seu igual também não o seja.

Daí as mulheres não confiarem em profissionais mulheres, não votarem em mulheres, odiarem as chefes mulheres e por aí afora.

Além da falta de confiança no próprio taco e, por conseguinte, no taco da outra, as mulheres foram historicamente desleais entre si. Afinal, para conseguir o melhor homem do pedaço, valia tudo, até veneno.

No filme "A Duquesa", a personagem principal leva para viver em seu palácio uma amiga arruinada, desonrada pela separação matrimonial e infeliz por estar afastada dos filhos. É essa amiga que a duquesa vai descobrir um dia na cama do duque, o seu marido. A justificativa da amiga: "ele tem poder para trazer de volta os meus filhos".

Mas nem precisa recuar tanto no tempo. Elizabeth Taylor "roubou" Eddie Fisher de sua amiga Debbie Reynolds.

Não existe, até hoje, entre as mulheres, a sadia cumplicidade que rola na amizade entre dois homens.

Tudo o que estou dizendo é cultural. Está dentro de todas nós mesmo que, racionalmente, não queiramos ser assim ou acreditemos que realmente não somos. Talvez até consigamos não ser mais assim. Mas os vampiros culturais do nosso passado ainda estão bem vivos em nosso inconsciente e no inconsciente coletivo. Foi num passado muito distante que os homens descobriram que tinham um papel ativo na concepção. Antes disso, acreditavam que a mulher era um ser mágico, que expunha seu ventre à luz da lua e gerava uma criança.

A descoberta da paternidade coincide com a instituição da propriedade.

Foram elas – a paternidade e a propriedade—que fizeram com que os homens inventassem a monogamia. Sim, porque, como garantir que o filho de sua mulher, que herdaria a terra, era mesmo seu filho e não filho de outro homem? A única maneira era fazer com que a mulher fosse só dele, mais uma propriedade. Porém, para garantir isso, era preciso que a mulher não se interessasse muito por sexo. Ideal seria que ela não conhecesse o prazer. A mulher que o homem colocaria em sua casa deveria ser apenas a mãe. Para o prazer dele, outras mulheres estariam disponíveis. (Por exemplo, até hoje, em cerca de 80 países africanos, as meninas tem seu clitóris extirpado a sangue frio. Isso para que jamais conheçam o prazer e, portanto, não traiam seus proprietários. A modelo Naomi Campbell confessa que foi vítima desse bábaro costume, com a intenção de denunciá-lo ao mundo).

Assim se dividiu a mulher em duas categorias: uma, a mulher direita, a mãe e esposa, pura, assexuada; outra, a mulher à toa, a que serve para dar aos homens o prazer "impuro" que eles não podem ter com as esposas.

Pode parecer incrível, mas até hoje existe muita gente que pensa assim e que vive assim.

Privadas também da alegria do sexo, as mulheres esmeraram-se em tirar o máximo possível de vantagens dessa chatíssima obrigação que se tornou ter relações sexuais, fosse para procriar ou fosse para dar prazer ao seu companheiro. E passaram a usar o sexo como moeda.

Nunca vou me esquecer de uma conversa que escutei no cabeleireiro. Duas mulheres idosas:

– Você viu a Fulana? Vai se casar com o Sicrano. Ela tem 65 e ele 82.

– E ele é podre de rico, né?

– Biliardário. Mas você não sabe da melhor: além de operar a próstata por causa de um câncer ele toma mil remédios pro coração, tem 8 pontes de safena e... ah,ah,ah... não pode nem tomar viagra e, portanto, ah,ah,ah... não faz mais sexo!

– Nossa! Que maravilha! Que sorte a dela. Vai levar um vidão e nem vai precisar dessa chateação.

Para essas e para muitas outras mulheres, mesmo mulheres jovens, ainda hoje em dia, o sexo não passa de uma chateação. Elas fazem pra agradar os homens, fazem até porque amam seus homens sinceramente, mas não tem a menor ideia do que seja o prazer.

Como fazer sexo é estar na moda, no nosso meio, poucas mulheres admitem essa frigidez. Algumas têm coragem de procurar serviços de sexologia nos hospitais e nas clínicas. Mas não são a maioria.

Um estudo realizado no Hospital Pérola Byington (hospital paulistando especializado no atendimento integral à saúde da mulher), no setor de Sexologia, em 2009, mostrou que apenas 13% das mulheres que procuram ajuda por frigidez sexual tem problemas orgânicos, como distúrbios hormonais ou outras patologias. A maioria tem problemas socioculturais e psicológicos.

O mito do amor romântico, criado no século XVII, a farsa do "instinto" maternal e a idolatria da maternidade (tão bem analisados pela pensadora francesa Elizabeth Badinter) contribuíram em muito para a falsa imagem do sexo "sujo" ou "pecaminoso" e acabaram fazendo com que hoje muitas mulheres ainda acreditem que "sexo, pra mim, só com amor", o que leva a uma enorme confusão entre amor e sexo e maternidade.

Nem sempre que você deseja um homem está apaixonada por ele.

Nem todas as mães amam seus filhos.

Nem todas as grávidas estão felizes.

Mas a ideia geral é a de que o estado gravídico é semelhante a uma benção, a um êxtase e que a maternidade é o amor incondicional, tudo isso cercado por uma aura divina.

É claro que a maioria dos seres humanos recebe sua prole com amor e alegria. É claro que o sexo feito com amor é ótimo.

Mas é preciso se libertar dos mitos. Sexo é bom sempre: com o amigo ou com o amor e até com esse cara maravilhoso que você acabou de conhecer na balada.

Ter um filho, hoje em dia, não é mais contribuir para eliminar a escassez de mão de obra no planeta. Ao contrário. Vivemos tempos de superpopulação mundial. Ter um filho não vai transformar nenhuma mulher em "especial". Ter um filho é uma grande responsabilidade. É trazer ao mundo mais uma vida, uma vida que precisará de amor, cuidado, educação... enfim... tudo.

Envolta em todos esses mitos românticos com relação ao seu papel no mundo, a mulher de hoje ainda tem, sim, conflitos a superar, fantasmas a exorcizar e vampiros a destruir.

A questão sexual tem uma enorme importância nessa jornada em direção à descoberta da essência de nós mesmas, da essência do verdadeiro feminino.

Pode parecer chocante, mas, para a saúde física e mental, o sexo é mais importante que a maternidade.

Do sexo depende o trânsito sadio de nossos hormônios e, por conseguinte, de nossos neurotransmissores cerebrais. Mães realizadas sexualmente educam melhor os seus filhos.

Além disso, o sexo é a maior força criativa do ser humano e se reflete em todas as suas atitudes e atividades.

Na mulher, a abstinência sexual ou mesmo a ausência de prazer sexual, gera, entre outras coisas, a famosa prisão de ventre feminina. Sorte dos fabricantes de iogurtes laxativos, que têm um enorme público consumidor. Mas sorte só deles. Apesar da eficiência dos antidepressivos modernos, os médicos psiquiatras sabem que estes medicamentos não agem na produção de alguns neurotransmissores necessários à alegria e ao bom humor: só a atividade física regular e a atividade sexual são as produtoras deles.

Enquanto o sexo, para nós, for apenas uma moeda, um instrumento para ascensão social ou para garantir que o amor continuará ao nosso lado ou para qualquer outro objetivo que não seja o prazer, nossas potencialidades intuitivas, nossa capacidade mental, nossa feminilidade verdadeira... nada disso se revelará por inteiro.

As antigas bruxas celtas faziam sexo por prazer. E esta foi talvez a mais forte das razões que as levou para os seis séculos de fogueiras da Inquisição.

Muitas de nós, mulheres modernas, fazemos sexo por inúmeras outras razões que não o prazer.

As mulheres da civilização celta, que floresceu na Europa na Baixa Idade Média por alguns séculos, estavam em igualdade absoluta com os homens. Tinham os mesmos direitos e deveres na sociedade, algumas eram sacerdotisas, outras políticas, mas, enfim, não havia diferença entre os sexos. E também, é claro, não havia diferença no sexo.

Muita gente não sabe, mas a nossas festas juninas têm origem nas celebrações e ritos de fertilidade praticados por séculos pelo povo celta. Eram rituais celebrados na floresta, com muitas fogueiras, danças, caldeirões e casais fazendo amor, em honra da fertilidade da terra, comemorando a passagem das estações, os solstícios e os equinócios*. Uma dessas festas era a da Deusa Dana, no equinócio do verão do hemisfério norte, em 24 de junho, que os romanos cristãos, impotentes para eliminar, acabaram assimilando e transformando na Festa de São João.

Até hoje dançamos em volta das fogueiras nas festas juninas, a diferença é que não fazemos amor porque isso virou pecado.

Às mulheres celtas são atribuídas várias capacidades: a da visão (que as capacitava

---

*Chama-se de solstício às posições em que a Terra se encontra em 22 de dezembro e 22 de junho. Por exemplo, dizemos que dia 22 de dezembro é solstício de verão no hemisfério sul e solstício de inverno no hemisfério norte.
Chama-se equinócio às posições em que a Terra se encontra em 23 de setembro e 21 de março. Por exemplo, dizemos que dia 23 de setembro é equinócio de primavera no hemisfério sul e equinócio de outono no hemisfério norte.

a ver, numa superfície brilhosa – água, espelho ou cristal – o que acontecia em lugares distantes); a capacidade divinatória e a premonição; a manipulação das ervas para a confecção de unguentos e remédios; os conhecimentos do parto e a capacidade de transferir sua consciência para o corpo de um animal.

Bem, hoje temos a TV e a Internet que nos mostram o que acontece em lugares distantes e, brevemente, instalaremos chips nos nossos cérebros que nos permitirão a comunicação instantânea com outros cérebros.

A ciência acaba sempre se aproximando das tradições da Magia.

Mas o fato é que a igualdade das celtas e suas capacidades e também a sua liberdade sexual as transformavam numa grande ameaça aos dogmas romanos cristãos que viam a mulher como agente do Mal, como a Tentação, e consideravam o sexo feminino menos capaz e menos racional que o masculino e, ainda por cima, só entendiam o sexo como atividade reprodutiva.

Daí em diante, nós, herdeiras da civilização judeo-cristã, fomos de fato proibidas de ter prazer sexual. Quando escapávamos dessa "proibição" cultural éramos muito mal vistas pela sociedade, quando não condenadas aos hospícios ou aos conventos. No Brasil dos anos 1940, Luz Del Fuego, uma mulher de família rica do estado do Espírito Santo, antes de se tornar vedete e famosa por sua sensualidade, foi algumas vezes trancafiada, pela família, em hospícios, pois sua liberdade se assemelhava, para os conservadores de então, à perda da razão.

Leila Diniz, duas décadas depois, apesar de viver nos anos 1960, quando, supostamemte, se pregava a liberdade no sexo, também foi perseguida e discriminada pelos moralistas de plantão.

Até hoje, já segunda década do século XXI, o sexo ainda é praticado dentro do manto negro da mais completa hipocrisia. Raras são as pessoas – e mais raras ainda as mulheres – que conseguem ver o sexo como a nossa força mais criativa e encarar o prazer do corpo como bom e positivo. A ideia preconceituosa de sexo como uma coisa animal, bestial ou primitiva afasta muita gente da verdadeira plenitude sexual.

Ninguém é pleno, realizado, completo, sem a alegria do sexo.

Presságios

Sabia que alguma coisa ia acontecer.
Algo diferente e muito grande, que quebraria a rotina e talvez mudasse o destino. Sabia. Tinha certeza. Porque, naquela semana, estavam a ocorrer os mais estranhos absurdos.
Houve aquela manhã em que o bule de café saltou, sem aviso e sem estímulo, da boca do fogo para o chão, fazendo uma sujeira dos diabos; e a tarde em que o canário – morto há meses – cantou por mais de dez minutos na gaiola vazia e abandonada a um canto, no quintal. Ah, sim... e as aranhas!...Uma invasão delas. Foi só quando apareceram, fora de propósito, aquelas aranhas espalhando-se aos montes por todos os cantos da casa, foi só então que se deu conta das muitas coisas estranhas que estavam acontecendo nos últimos dias. A lata de lixo, por exemplo, não exposta ao sol ou a eventuais passantes, que pegara fogo por combustão espontânea... Mistérios.
Então, quando as aranhas invadiram-lhe a casa, lembrou-se.
Há anos não tinha presságios.
Houvera tempo em que eles eram comuns e vinham sempre acompanhados pela invasão de aranhas.
Sorriu à lembrança.
Os presságios! Tivera-os quando esperava o primeiro filho. Quando esperava, por noites intermináveis, que o marido voltasse da roça distante onde arranjara

um trabalho. Sabia sempre, na ausência dele, qual seria o momento de sua volta. As árvores lhe diziam. Ou as aranhas. Ou os pequenos desarranjos da Natureza. Então ela se enfeitava, arrumava melhor a casa e ia esperá-lo no cruzamento da estrada principal. E ele talvez pensasse que tinha uma mulher sempre arrumada... Era engraçado. Mesmo que ele levasse semanas para voltar, ela sempre sabia...
Mas e agora? Tantos anos passados, morto o marido, crescidos os filhos... para que presságios? Tudo na vida tinha que ter uma razão, uma necessidade...
Alguma coisa grande estava para acontecer. Tinha certeza. Sabia com os nervos, sabia com o corpo cansado, sabia com os olhos que estranhavam as tardes, sabia com os ouvidos, a identificar novos ruídos no farfalhar do vento nas folhas. E, lá bem dentro, temia.
O que estaria a Natureza tentando dizer-lhe agora? Coisa boa é que não poderia ser. Os longos anos de trabalho, os olhos que já viram de tudo um pouco, desmentiam qualquer esperança. Temia pelo filho mais novo, que partira para a cidade. Temia pelo outro filho, pela nora e pelos netos, que moravam ali com ela, trabalhando a terra já gasta. Seus filhos, temia por eles, pela menina, a única que tivera e que Deus já levara. Temia pelos filhos que não tivera, aqueles que botara pra fora de seu corpo, graças àquela mistura de ervas...
A terra, o que estaria querendo dizer-lhe a terra agora, produzindo seus absurdos presságios fora de hora?
Que o mundo andava de pernas pro ar, sabia. Tinha rádio em casa. Mas hoje quase nem ligava o aparelho, cansada de ouvir tristezas. Na vila próxima podia ver televisão, às vezes. E por estas e outras sabia que o mundo andava torto. Ouvia histórias... Mas não! Não era isso. Por um instante pensou que talvez fossem as máquinas as responsáveis pelo desaparecimento dos presságios. Quem precisaria deles, quando se podia saber tudo pelas máquinas? Tudo o que acontecia em todas as partes do mundo podia-se saber pelas máquinas...
Por mais que pensasse, não podia atinar. Por que, afinal, teriam sumido e, de repente assim, ressurgido os presságios? Por que o bule a mexer-se sozinho, o canário morto a cantar, a roupa no varal teimando em não secar, as aranhas brotando por entre as frestas, dos ralos?

No fim do dia sentou-se lá fora e escutou atentamente o vento a soprar. Temia que ele lhe trouxesse a notícia de mais um de seus filhos... morto? Havia conflito nas terras. Armas. Brigas. Invasões... Não. Também não era isso...

Foi deitar-se, intrigada.

Sonhou que era jovem outra vez. E que passavam aranhas pelo chão da casa, como um pequeno exército, milhares delas. E que o bule caía sozinho de cima do fogão. E que os pássaros voavam de costas. Então vestiu o vestido mais novo, ferveu uma erva para passar nos cabelos (negros, de novo, os cabelos) e ajeitou flores no vaso, enfeitando a casa e fazendo-se bonita para ir esperar o marido à beira da estrada. Para a sua alegria, lá vinha vindo ele. Caminhava devagar e parecia muito bonito e alegre. Acenou para ele, sorrindo como se houvesse na vida motivo para tão largo sorriso.

Acordou.

Amanhecia.

Olhou-se a si mesma e notou qualquer coisa diferente. Saltou da cama e foi se olhar no espelho. Tinha de novo trinta anos. Mas podia ouvir a respiração dos netos para além da cortina divisória e ouvia os filhos em seus afazeres matinais.

Foi então que olhou pela janela.

Do outro lado, o marido lhe sorria.

Ágil como uma gata saltou para fora. E se foi com ele.

9
Um pouco de história com o Sol e a Lua

Os celtas foram um povo poderoso e começaram a se expandir por volta de 400 a.C. No auge de seu poder, eles se estendiam das Ilhas Britânicas até a Turquia. Foram sendo derrotados pelos romanos a partir do século I a.C. e também pelos germânicos, ficando assim restritos à Península Britânica.

Também eles, como os maias, usavam o calendário lunar: o ano com 13 meses, o mês correspondendo ao ciclo completo da Lua.

Na sociedade celta, como já foi dito, homens e mulheres eram iguais em direitos e deveres. Mas as sacerdotisas celtas tinham a visão. Ou seja, eram capazes de visualizar não só o que ocorria em algum lugar distante, como de experimentar a visão premonitória, capaz de indicar os caminhos do futuro. Além disso, tinham a capacidade de transferir sua consciência para o corpo de um animal. Essa ideia também está presente no xamanismo e muitos feiticeiros afirmam que cada um de nós tem uma espécie animal que nos é semelhante e com a qual nos identificamos. Não parece muito louco ou absurdo, se admitirmos que somos parte de um Todo, que compartilhamos de uma mesma energia mental que rege a natureza e todos os seres vivos.

Era também das mulheres, em tempos antigos, o domínio das artes da cura, pela manipulação das ervas e pelo preparo de poções curativas. Vem daqui, parece claro, a história das bruxas preparando poções em caldeirões.

Quando os cristãos começaram a dominar os povos celtas, no início da Idade Média, reprimiram violentamente o poder feminino e suas artes curativas. Tudo isso está bem descrito, por exemplo, na obra de Marion Zimmer Bradley, *As Brumas de Avalon*, que conta a lenda do poder das mulheres na corte do Rei Arthur.

O culto dos druidas e das feiticeiras celtas é o culto da harmonia com a Natureza e o respeito por tudo o que está vivo.

Assim são as bruxas. O poder não significa muito para quem acredita ser parte de um Todo e irmã de todos os seres vivos. O poder, no sentido que hoje damos a ele, é um tanto absurdo para essa mentalidade.

Por isso, se você quer ser uma bruxa para exercer o poder como os homens o entendem, esqueça. Não é nada disso. As bruxas estão atrás é da Harmonia entre o Sol e a Lua.

A literatura está cheia de simbolismos e deusas que têm tudo a ver com a Lua. A mulher e seu ciclo menstrual de 28 dias sempre, nas religiões antigas e nos credos modernos, é associada ao nosso satélite. Existem dezenas de deusas da Lua. As sereias, a nossa Iara e a Grande Mãe, dos credos chamados Wicca têm tudo a ver com o movimento das águas, das marés e da Lua, portanto. As fases da Lua são associadas às três faces da Grande Deusa Mãe: a crescente é jovem, a cheia é a mãe, a minguante é a velha anciã carregada de sabedoria e a nova é o aspecto tenebroso da Grande Mãe... Em muitos e muitos credos, por toda a parte do globo, acontece de as mulheres se recolherem na lua nova, ou se recolherem no período menstrual. Existem estatísticas mostrando que a maioria das mulheres está fértil na lua cheia e menstrua na lua nova. Mas não existe nenhuma prova científica de nada disso.

O que é verdade é que o humor feminino tem a ver com os nossos hormônios e basicamente somos dominadas pelos estrogênios na primeira fase do nosso ciclo (logo depois da menstruação) e pela progesterona, na segunda (logo depois da ovulação). Segundo alguns médicos e estudiosos, sob a influência do estrogênio, somos mais brilhantes, mais sensuais e mais ativas. Quando predomina a progesterona somos mais maternais, menos sensuais, mais cansadas e mais inchadas, ou seja, mais cheias d'água, o que facilitaria também os efeitos negativos do humor daquelas que sofrem de TPM. Somos muito diferentes dos homens, em matéria de humor e disposição, pois somos seres cíclicos. Como a Lua.

Maria Esther Harding, em seu famoso livro *Os Mistérios da Mulher* traça uma longa correlação entre a Lua e a menstruação feminina. Afirmando que, em todas as culturas, a mulher é a Lua e o homem é o Sol, ela conclui que, quando o poder político e social saiu das mãos femininas e passamos a viver, nas sociedades, sob o regime patriarcal, tudo mudou: valorizou-se a conquista, ao invés da compreensão e da conciliação; valorizou-se a força e o domínio da natureza, ao invés da busca pela harmonia com a Terra e com tudo o que está vivo.

O princípio feminino (a Deusa) é a energia estática, magnética, de polaridade negativa, Terra e Lua. O princípio masculino (Deus) é a energia de polaridade positiva, ativa e móvel, Sol. Ambos se completam e se equilibram.

Carl Sagan popularizou, através de suas obras para leigos, o conceito dos dois hemisférios cerebrais: o direito é intuitivo, responsável pelos sonhos e presságios, é o guardião da alma; o esquerdo, racional e lógico. Por esse pensamento, na mulher predominaria o lado direito e no homem o esquerdo. Mas ambos têm ambos.

O mundo de sonhos e intuição das mulheres acabou sendo simplificado como sentimental, irracional e pouco digno de importância.

Os bruxos, para manifestar o seu poder espiritual, usam o lado feminino e nada mais fazem do que lidar com as forças arquetípicas da alma humana, que são forças presentes no inconsciente coletivo da humanidade, uma energia que não pode ser provada, estudada, medida. Ainda não pode. Mas que todos nós sabemos que existe e lhe damos nomes diferentes, atribuímos a divindades ou as explicamos com qualquer sistema de crença. Bruxos manipulam positivamente essas energias.

Contemporaneamente, existe no mundo o movimento Wicca, que reúne 13 bruxos num *coven* e pratica os princípios das antigas sacerdotisas e druidas celtas. Existem ainda centenas de grupos esotéricos. Alquimistas, rosacruzes, budistas, astrólogos e adivinhos, ciganos e as pessoas que praticam uma religião, certamente desenvolvem alguns poderes místicos. Mas uma bruxa não precisa estar necessariamente ligada a grupo algum. Pode ser absolutamente solitária em sua magia, pois esta é também absolutamente individual e independente e ainda uma conquista pessoal, intransferível. Cada um tem o seu caminho na vida, único e irrepetível.

É importante narrar uma passagem descrita por Louis Powell e Jacques Bergier em seu famoso livro dos anos 1960, *O Despertar dos Mágicos*. Contam os autores que um pesquisador encontrou uma aldeia onde as mulheres, quando queriam se comunicar com seus maridos que estavam na lavoura distante, dirigiam-se a uma árvore. Por que uma árvore? perguntou o pesquisador. E as mulheres responderam: Porque não temos telefone.

Muitas das conquistas tecnológicas de hoje em dia pareceriam (como já aconteceu ao longo da História) mágicas aos olhos de seres humanos do passado. Muito da informação que veio junto com a Tradição está contaminada por interpretações de culturas alheias à origem dessas informações.

O inconsciente coletivo, porém, não se engana. É no inconsciente coletivo, no fundo da alma das mulheres, talvez mesmo até em seus genes, que estão as nossas antepassadas bruxas ou magas, detentoras da sabedoria da Lua e das Plantas, dos animais e dos seres mágicos, manipuladoras das ervas, transformadoras do mundo.

Só você pode descobrir a sua Bruxa, a que mora em sua alma e em seu coração. É preciso apenas coragem para se despir dos muitos condicionamentos da sociedade patriarcal que nos criou. Talvez esse seja, afinal, o caminho de um novo feminismo.

Limpeza

Desde que se formara na faculdade de administração, Tatiana vinha trilhando o caminho do sucesso. Ainda estudante, fora admitida na importante empresa de papel e lá fizera uma brilhante carreira, chegando ao seleto clube dos executivos. Não que tivesse sido fácil. Sua condição de mulher ainda enfrentava velhos olhares machistas e interpretações idem. Lutara como uma leoa, em cada promoção. E fora subindo. Seu sucesso pessoal e interno, porém, não se refletia no desempenho da empresa. Toda a diretoria vinha, há alguns anos, fazendo esforços no sentido de ganhar um lugar ao sol no competitivo mercado, mas todas as iniciativas pareciam fadadas ao fracasso. Melhoravam um pouco a posição, enchiam-se de esperança, mas logo perdiam o pouco que haviam conquistado. Diversificaram os produtos, mudaram as embalagens, viviam brigando sobre o próximo passo. Tatiana vivia sob uma forte tensão, sendo frequentemente pressionada a atingir melhores resultados em sua política de marketing. Vice Presidente executiva de relações institucionais, viu seu mundo desabar quando aprovou uma campanha publicitária, de verbas altíssimas, que resultou num tremendo fracasso de vendas. Muito se discutiu, entre a agência de propaganda e os executivos de marketing, sobre o desastrado enfoque da campanha em questão.
Resumindo, aos 36 anos de idade, depois de 12 anos acumulando promoções, Tatiana se viu desempregada. Num mercado de trabalho que não estava para peixe.

Feminista de carteirinha, Tatiana nunca se casara. Mantinha um relacionamento estável, já havia dez anos, com Carlos, um produtor de TV, mas cada um na sua casa. Ela acreditava que o casamento formal suprimia seus direitos de cidadã e considerava a obrigatoriedade da maternidade como mais um dos muitos mecanismos de redução das mulheres a uma escravidão branca.

Mas nem mesmo a segurança e a tranquilidade do amor de Carlos pareciam capazes de enfrentar a violenta depressão que se seguiu à perda do emprego.

Embora numa situação financeira confortável, já que recebia um alto salário, tinha apartamento próprio e algum dinheiro investido, que ora se somava aos três salários e fundo de garantia, que recebera quando da demissão, Tatiana nunca antes enfrentara um fracasso e atribuía a este o poder de torná-la, para sempre, uma derrotada. Carlos conversava longamente com ela, tentando animá-la e fazer com que ela afinal tivesse coragem de candidatar-se a um novo emprego. As reservas que ela acumulara não durariam para sempre e, mesmo que durassem, ele sabia que Tatiana não seria capaz de levar uma vida doméstica, que precisava da profissão e da vida profissional como do ar que respirava.

Os esforços de Carlos também resultavam vãos. Nada conseguia tirar Tatiana daquele estado meio apático, contemplativo, em que ela se metera. Levantava ao meio dia, tomava o café reforçado de Eva, sua empregada fiel, ia para a ginástica. Depois passava a tarde inteira lendo, jantava e via televisão até de madrugada. Isso todos os dias, semana após semana. Mantinha alguns vasos de plantas no apartamento, dos quais cuidava pessoalmente e só permitia que Eva os regasse. Nem mesmo o cuidado com as plantas a motivava. Só queria ler e ver TV e recusava-se a discutir com quem quer que fosse os assuntos profissionais. Carlos também não conseguia mais fazer com que ela se interessasse em sair, ir a festas, ao cinema, ao teatro. Nada. No máximo, cabeleireiro a cada quinze dias.

Passadas as primeiras quatro semanas da demissão de Tatiana, Eva começou a notar que algumas plantas estavam perdendo as folhas muito rapidamente e nem era outono. Foi por essa época também que começaram a aparecer as baratas.

Então, enquanto Tatiana se entregava a um desânimo crônico, Eva começava uma guerra implacável e feroz contra as baratas e as folhas caídas. Nesse último item, teve que pedir ajuda à patroa, já que esta não permitia interferências no trato de suas plantas.

— Ah... disse Tatiana desinteressada — jogue um pouco de inseticida de plantas nelas. Deve ter algum bichinho, alguma praga.

Eva usou todo o inseticida, adubou, trocou a terra de alguns vasos... Nada. As plantinhas continuavam a definhar e a morrer, como que refletindo o estado de ânimo de sua dona.

E as baratas então! Pareciam surgir do nada, inexplicavelmente. Estavam nas gavetas, nos armários e passeavam descaradamente pelas paredes. Era um duro golpe no orgulho profissional de Eva, que mantinha a casa absolutamente limpa e em ordem e, portanto, não conseguia explicar aquela súbita invasão dos insetos. Saiu pelo prédio, perguntando se algum apartamento próximo estava em obras, se houvera algum problema nos encanamentos, se o vizinho tinha chamado os homens da dedetização e colocado as baratas em fuga. Mas nada houvera. Tudo estava absolutamente normal e nada justificava aquela multidão de baratas a macular-lhe a casa limpa.

Depois vieram aquelas minúsculas formigas, aparecendo primeiro na pia da cozinha e, depois, dentro do armário do banheiro do quarto de Tatiana.

Eva lutou mais umas duas semanas, mas, certa manhã, ao acordar e se deparar com a cozinha totalmente tomada pelas baratas e pelas formigas, tomou uma decisão: ia conversar com a patroa.

Esperou pacientemente que ela levantasse, serviu-lhe o café, deu-lhe os jornais do dia (que atualmente ela pouco andava lendo) e, quando achou que era o momento disse:

— Dona Tatiana, a senhora me desculpe, mas eu preciso falar francamente. Já faz um tempão que a senhora não trabalha, anda triste, com a cara enfiada no livro ou na TV e só sai para ir à ginástica. Eu não sou de ficar reparando, mas até o seu Carlos anda macambúzio e preocupado. Isso não pode fazer nenhum bem para a senhora. Olha, dona Tatiana, a vida é assim mesmo. Perde-se um emprego, arruma-se outro. A senhora é jovem e importante, não tem sentido ficar aqui em casa trancafiada.

Tatiana arregalou os olhos para a empregada. Em todos esses anos, nunca permitira maiores aproximações da funcionária, nem dera ouvidos às menções que ela eventualmente fizera sobre os seus próprios problemas pessoais. Tatiana criara horror de empregadas que ficavam muito íntimas, como invariavelmente acontecia na casa de sua mãe, que era uma mulher quase tão simples quanto as domésticas, cujo marido comerciante alcançara uma posição social de classe média alta, e acabava tornando a relação com as empregadas muito pouco profissional, pois permitia a troca de confidências e intimidades. O resultado final era sempre desastroso: o lado pessoal acabava interferindo no desempenho profissional e, a cada dois anos no máximo, sua mãe se desentendia com uma empregada, ficava magoada, fazia um drama, despedia a moça, pagava todos os direitos, lamentava e punha outra, de quem logo se tornava "amiga" e a história, assim, se repetia, anos a fio.

Em sua casa, pensava Tatiana desde jovem, isso não aconteceria. E não aconteceu mesmo. Mantendo a relação nos moldes estritamente profissionais, Tatiana já contava com os serviços de Eva há mais de 10 anos, desde que fora morar sozinha. E Eva costumava comentar com suas amigas que trabalhar para Tatiana era como trabalhar para um homem que morasse sozinho. Por isso, o espanto de Tatiana. Que liberdades seriam essas agora, que a empregada estava a tomar? Respondeu ríspida:

— Isso não é problema seu, Eva. Está lhe faltando alguma coisa para o serviço da casa?
— Não, dona Tatiana. Não falta nada não, mas, para ser franca, o seu estado atual está interferindo no trabalho da casa.
— Como assim?
— A senhora não tem cuidado das plantas, mas eu tenho. Faço tudo como, em todos esses anos, vi a senhora fazer. Molho, aduba, ponho inseticida, todos os dias tiro folhinhas velhas. Mas elas não param de morrer, primeiro as folhas, depois o vaso todo... Elas estão morrendo da sua tristeza, dona Tatiana. Faz falta para elas a sua alegria. E, de umas semanas para cá, as baratas invadiram tudo, estão por toda a parte, e também as formiguinhas, e por mais que eu limpe e ponha inseticida e armadilhas, parece que cada dia tem mais e mais.

— Chame a companhia de dedetização – disse Tatiana, com indiferença e baixou os olhos para o jornal, dando o assunto por encerrado. Mas veio-lhe à cabeça um trecho de uma música do Roberto Carlos: "As flores do jardim da nossa casa morreram todas de saudades de você".

Eva saiu cabisbaixa. No dia seguinte, pediu demissão.

Tatiana não ligou. Pagou a moça, dispensando-a do aviso prévio e telefonou para a agência de empregados domésticos.

Passou-se, porém, uma semana e nenhuma empregada veio para a entrevista. Tatiana não percebeu bem o tempo passar. Quase todas as noites Carlos ia ao seu apartamento. Conversavam sobre o trabalho dele, sobre política, sobre os livros e filmes que Tatiana lera e assistira, sobre isso ou aquilo que acontecera na academia de ginástica. Às vezes ele dormia lá e faziam um amor meio mecânico, meio sem graça. Mas nesta semana Carlos fora fazer uma matéria na Amazônia e Tatiana mergulhara de vez nos filmes da TV a cabo. Também tinha procurado um velho amigo, dos tempos da faculdade, que fumava maconha e ele lhe dera um pouco da erva. Ainda mais contemplativa e desmotivada pelo efeito da droga, naquela semana em que o namorado estava fora, Tatiana mal se deu conta dos dias. Alimentou-se do que havia na geladeira e deixou a roupa suja da ginástica acumulando-se no cesto do banheiro.

Na segunda-feira, porém, acordou subitamente cedo, 7 horas. Por um segundo, pensou que tinha que ir para o trabalho, mas logo caiu em si e, como acontecia frequentemente, começou a chorar. Depois, ainda meio tonta de sono, saiu caminhando pelo apartamento. O cheiro da maconha parecia ter grudado nas paredes e ela, de repente, percebeu que os móveis estavam empoeirados, que a roupa acumulada no banheiro, fedia. Viu as baratas passeando sobre os seus caros tapetes, agora opacos pela poeira. Viu os vidros dos quadros meio embaçados... E foi tomada de uma enorme vontade de colocar tudo em ordem. Vestiu um agasalho velho, ligou a cafeteira e foi para a área de serviço carregando a roupa de ginástica e as toalhas do banheiro, que há uma semana, no mínimo, não eram trocadas. Teve que ler as instruções no tampo da máquina, para saber como lavar a roupa. Despejou tudo lá e foi ao armário da dispensa. Parou alguns instantes para analisar os produtos e os instrumentos. Escolheu um espanador, um pano com veja, o vaporeto e o aspirador. Primeiro jogou todos os vasos fora e foi limpar os cachepôs. Depois, tirou cuidadosamente a poeira dos móveis, estantes, cadeiras. Aspirou o pó dos tapetes, passou vapor nele e os dobrou. Tirou cada quadro da parede, limpando-o cuidadosamente. Limpou o chão com aspirador e depois passou vaporeto e enceradeira. Na cozinha e nos banheiros, usou o vaporeto e desinfetantes. Lustrou o piso do hall de entrada. Estendeu a roupa que a máquina lavara e colocou nela toda a roupa que estava em sua cama. Escolheu cuidadosamente novo jogo de cama e toalhas, pensando em Carlos que, certamente, chegaria de viagem e iria querer dormir lá. Trocou também a toalha da mesa de jantar, os panos de cozinha e, quando olhou no relógio, eram cinco horas da tarde. Esquecera da ginástica, não comera nada, mas estava estranhamente feliz. A casa toda brilhava e tinha aquele delicioso cheiro de limpeza. Cantarolando, meteu-se no chuveiro (o Box brilhava, depois da faxina), vestiu-se distraidamente e pegou o carro para ir à loja de plantas. Pegou a loja fechando, mas era freguesa habitual e o dono não se arrependeu de tê-la deixado entrar. Comprou sessenta vasos, de todos os tamanhos, lotou o carro e, às nove da noite, tinha acabado de arrumar tudo. Acendeu todas as luzes do apartamento e ficou admirando a sua obra. Depois de tanto tempo sem atividade, o esforço e a recompensa de ter limpado a casa a deixaram alegre e bem disposta. O telefone tocou. Era Carlos, que acabara de desembarcar do avião e avisava que ia em casa tomar um banho e só estaria no apartamento dela mais tarde, lá pelas dez e meia ou onze da noite.

Tatiana caprichou na mesa de jantar, abriu um vinho francês e descongelou uma refeição mais sofisticada. Pela primeira vez, depois de perder o emprego, ligou o aparelho de som e a voz de Caetano Veloso inundou o ambiente:

"enquanto os homens exercem seus podres poderes, motos e fuskas avançam os sinais vermelhos e perdem os verdes, somos uns boçais".

Sem saber porque, ante a palavra boçais, Tatiana percebeu que, em todas aquelas semanas, desde que perdera o emprego, nenhum amigo a procurara. Refletiu então que todas as suas amizades estavam, direta ou indiretamente, ligadas ao trabalho, à sua atividade profissional.

Limpeza

Durante o jantar, Carlos, que a vira servir a mesa, perguntou:
– Você ainda está sem empregada?
– Estou.
– Mas hoje veio a faxineira, a casa está brilhando.
– Fui eu mesma que limpei.
Ele quase engasgou com o susto:
– Como? Você, limpando a casa?
Ela riu:
– Por que não? Você acha que eu não sou capaz?
– Não... – balbuciou ele – não é isso, é que não combina com o seu estilo e, além disso, você tem andado tão sem vontade...
– Mas tive vontade de limpar a casa.
– E a empregada?
– Eu sei lá. Liguei para a agência há uns dias e eles ainda não me retornaram – disse ela percebendo e omitindo que já se passara mais de uma semana, uma semana que ela passara meio sonhando, a fumar maconha dia e noite. Engraçado, percebe, hoje não tinha fumado.
Naquela noite, depois de lavarem a louça, quando foram deitar, Carlos se surpreendeu com um apetite sexual que, há muito, não encontrava na companheira.
Manhã seguinte, depois que Carlos saiu para a TV, Tatiana foi lavar a louça do café. Reparou que o bule estava precisando ser areado. Saiu pela casa catando todas as peças de prata e lustrou-as. Depois foi guardar a roupa que lavara no dia anterior e percebeu que as gavetas não estavam em ordem como ela gostaria. Passou toda a manhã arrumando todas as gavetas de todos os móveis da casa. E esqueceu-se novamente de comer, porque resolveu colocar as pastas de documentos em ordem e então se lembrou de que há muito não pagava nenhuma conta e entrou no banco, pela Internet, para fazer os pagamentos. Depois, navegando pelo site do banco, leu algumas informações sobre investimentos e fez algumas reaplicações. Então percebeu que, se continuasse naquele ritmo, seu dinheiro acabaria em seis meses. Nesse instante, viu a barata, enorme, parada sobre o monitor, como que a desafiá-la. Sem pensar, matou a barata a tapa, sentindo

asco ao perceber a estranha gosma que ficara em sua mão. Foi ao banheiro, lavou as mãos e voltou com um pedaço de papel higiênico para tirar o que restou da barata. O telefone tocou. Era da agência de empregados:

– Dona Tatiana, finalmente consigo falar com a senhora. Nós só tínhamos o telefone do seu antigo trabalho e, na casa da sua mãe, nos informaram que só ela poderia fornecer o seu telefone e, a senhora sabe, ela estava viajando, voltou hoje, por isso eu pude ligar para a senhora. Tenho três ótimas moças aqui, para a senhora escolher. Espero que a senhora ainda esteja precisando.

– Ótimo – disse Tatiana. – Não se preocupe, também passei a semana fora e voltei ontem – mentiu ela. Você pode trazer as moças aqui, amanhã, digamos, a partir das nove? Se eu gostar da primeira, já fico com ela.

Deu o endereço à moça da agência e saiu cantarolando, feliz, pela sala.

Na manhã seguinte acordou novamente cedo. Sonhara que estava de volta ao seu trabalho e, no sonho, odiara estar de volta. Olhou o relógio. Oito e meia. Não iria se atrasar para receber as candidatas ao emprego. Engoliu um café, meteu-se no chuveiro e, depois, ligou para um velho amigo seu, que era *head hunter*. À tarde, depois de escolher a nova empregada, foi a duas empresas que estavam procurando profissionais com o seu perfil. Em uma semana, estava empregada. Nunca mais limpou a casa e sua nova doméstica jamais viu, passeando pelo apartamento, nenhuma barata ou formiga.

10
A interação e as plantas

Popularmente se sabe que os alquimistas foram os antecessores dos modernos químicos e procuravam a pedra filosofal, que transformaria toda a matéria que tocasse em ouro puro. Na verdade, alguns historiadores sabem que os alquimistas não tinham um propósito materialista e sim espiritual. Manipulavam a matéria à exaustão e visavam, com isso, a própria transformação interior.

Estamos em constante e ininterrupta interação com a matéria. Só que fazemos isso sem ter consciência de que estamos fazendo. Cozinhando ou cultivando plantas, estamos manipulando a matéria. Para entender melhor isso, é preciso mudar a maneira de ver a nós mesmos e ao mundo.

Há muitos equívocos na nossa maneira de ver o mundo.

Por exemplo, dizemos "o ar que nos cerca" quando, na verdade, o ar não nos cerca coisa nenhuma, somos nós que estamos mergulhados dentro dele, assim como os seres marítimos estão mergulhados no oceano.

Pensamos que temos um corpo, mas já tivemos vários. As células do nosso corpo vão se substituindo todo o tempo, de maneira que o corpo que temos hoje não é o corpo que tínhamos há dez ou vinte anos passados. São novas células moldando a mesma forma.

Achamos que estamos sozinhos em nossos corpos, mas, só na superfície da nossa pele, habitam milhares e milhares de vidas microscópicas, isso sem contar os microorganismos que estão dentro de nós.

Acreditamos que realizamos todas as nossas tarefas do dia, mas parte delas é realizada sem a nossa colaboração consciente. Da mesma maneira que se dirige um carro "automaticamente" (sem ter que prestar atenção nos movimentos necessários para mudança de marcha, etc.), alguma inteligência dentro de nós realiza todas as funções diárias do nosso corpo, como respirar, digerir alimentos, etc.

Julgamos ter o controle de nossos pensamentos e os sonhos nos surpreendem, revelando o que é impensável.

Assim é também com a nossa noção de individualidade. Acreditamos que somos seres separados e independentes quando na verdade é enorme a nossa interdependência. Tudo o que fazemos depende diretamente da ação de muitas outras pessoas. Por exemplo, para que eu esteja aqui escrevendo, alguém está trabalhando para fazer funcionar a central de eletricidade que abastece a minha casa. Muitas pessoas trabalharam para criar e fabricar o computador. Alguém fabricou a mesa e a cadeira que estou usando e assim vai por aí afora. Por isso todos os trabalhos são dignos e importantes. Porque eles mantêm a máquina do mundo funcionando para que possamos viver, agir, pensar e praticar a bruxaria.

Sofremos diariamente um bombardeio de influências. Não só da informação, mas também da convivência. Um colega de trabalho que chega incrivelmente mal humorado afeta o humor de todos que estão no local, só para dar um exemplo. Palavras ditas por colegas, amigos ou familiares podem mudar nossas decisões ou nosso estado de espírito ou de ânimo. Por isso, porque querem a harmonia, os bruxos evitam as palavras ríspidas e as críticas agressivas.

Bom, mas além de tudo isso, sofremos as invisíveis influências do clima e de outros seres vivos aos quais muitas vezes mal prestamos atenção.

A jardinagem, o cultivo das plantas ornamentais e das ervas pode ser um caminho também, para a transformação do nosso ser interior, assim como a manipulação da matéria o era para os alquimistas. Através do contato com as plantas, aprendemos principalmente a ser pacientes porque a planta tem o seu tempo exato de desenvolvimento, frutificação e floração. Elas nos ensinam a perceber nitidamente a passagem das estações do ano, a observar a mudança de suas necessidades de acordo com as condições climáticas. E florescem maravilhosas quando tratadas com carinho. Estão vivas, não estão? E nelas está a maravilhosa energia essencial, essa misteriosa força que faz brotar da terra as sementes. Podemos produzir, em laboratório, uma semente idêntica à natural, mas ela não brotará.

Essa energia primordial, que dá a vida, está nas plantas e está em nós. Estamos trabalhando com ela quando proporcionamos a uma plantinha as condições exteriores necessárias para seu pleno desenvolvimento.

Já o uso de ervas medicinais pode ter sido útil no passado, mas, convenhamos, a indústria farmacêutica não precisaria investir bilhões de dólares em pesquisa se todas as curas estivessem ao nosso alcance em qualquer canteiro de ervas. Lembre-se, por analogia, da história da árvore e do telefone.

A vingança de Valentina

Valentina sempre fora um prato cheio para as futriqueiras da pequena cidade do sul brasileiro. Casara-se aos 18 anos com o mais rico comerciante local, dono de um próspero armazém que dominava o abastecimento de gêneros de primeira necessidade do município.
As más línguas de plantão diziam que a fortuna de Homero Fontoura fora construída por seus antepassados às custas de muitas pilhagens e outros atos ilícitos. Havia até uma história misteriosa sobre o suposto assassinato de um outro comerciante que fazia, em velhos carros de boi, a mesma rota comercial do avô de Homero. Mas, a despeito de todos os boatos sobre um passado obscuro, o dono do Armazém Geral fora, na década de 1930, o mais cobiçado partido entre as filhas casadoiras dos próceres do município.
Para a surpresa de muitas famílias, que cobiçavam unir-se ao prestígio e ao dinheiro dos Fontoura, o jovem preferira casar-se com Valentina, filha da costureira que atendia as famílias ilustres. Era uma moça bela, é verdade, e dona de uma famosa cabeleira negra que lhe batia à cintura. Sempre bem vestida, graças ao profissionalismo da mãe que a usava, inclusive, como modelo, herdara do pai anarquista um estranho gosto pelas questões políticas, cultivava o hábito da leitura e outros hábitos incomuns para as moças de então, como mandar vir da capital, todas as semanas, os jornais. Bem informada, identificada com as lutas feministas que campeavam no Rio de Janeiro e em São Paulo, fora vista muitas

A vingança de Valentina

vezes defendendo o direito do voto para mulheres e, por tudo isso, assustava um pouco os rapazes que poderiam se interessar por ela e que, certamente, prefeririam ter por esposa uma moça mais recatada, mais dentro dos moldes submissos e decentes.

Por tudo isso foi uma surpresa o casamento de Homero com Valentina. Apesar de sua origem de classe média baixa, a sociedade local a engoliu bem, já que sua mãe frequentava as melhores famílias, embora em posição serviçal.

Os Fontoura celebraram a união com uma festa que ficou nos anais da história local. Mandaram vir uma orquestra de Buenos Aires e abriram os portões de sua mansão para todo o povo, indiscriminadamente.

Quatro anos depois do casamento, todos se perguntavam porque o casal, que se instalara numa bela casa de quatro cômodos no mais chique bairro da cidade, ainda não tinha filhos. Alguns diziam que Homero era na verdade infértil ou, pior, impotente. Outros, que era ela, Valentina, que tinha alguma doença que a impedia de conceber. E ainda havia a versão de que ela, com suas ideias libertárias, acreditava que os filhos significassem a escravidão feminina, negando-se, portanto, a dar a Homero o tão sonhado herdeiro. Corria mesmo uma história de que ela abortara em uma de suas frequentes viagens ao Rio de Janeiro.

Indiferentes aos boateiros de plantão, Homero e Valentina levavam uma vida alegre. Os negócios só prosperavam, as viagens ao Rio, São Paulo, Porto Alegre e Buenos Aires eram constantes e, nestas, eles frequentavam cassinos, teatros... O pequeno jornal local dedicava grandes espaços aos hábitos sociais e culturais do casal, os jovens procuram imitar-lhes a maneira de vestir, portar-se, falar.

Em 1934, quando as brasileiras conquistaram, afinal, o direito de votar, Valentina foi alvo de uma grande reportagem no jornal da cidade e quem antes a criticava passou a dar-lhe razão, pelo menos neste quesito. Por causa dessa reportagem e da grande simpatia que se estabeleceu entre ela e o repórter, que era também o editor, acabou ela ganhando uma coluna na edição semanal, sobre literatura, coisa que conhecia bem.

Foi por causa dessa coluna que, em 1935, algumas senhoras católicas se reuniram e foram, indignadas, protestar na redação. Que a dona Valentina fosse uma figura importante da sociedade, que escrevesse sobre literatura, que tivesse ideias avançadas demais, tudo isso estava muito bem, mas que ela se atravesse a escrever sobre livros pornográficos, isso não era admissível e as senhoras em questão ameaçavam forçar os seus maridos a retirarem a propaganda que faziam no jornal, caso a colunista não se retratasse publicamente, negando o valor da obra que comentara, o livro *Lucíola* de José de Alencar, um péssimo exemplo para as moças da cidade, no entender daquelas senhoras.

Pressionado, o editor foi falar com Valentina, cuja reação foi uma bela gargalhada.

– Se a minha coluna incomoda, Messias – disse ela então – sugiro que você a elimine.

– Não, dona Valentina. De modo algum. Mas a senhora sabe, o jornal não sobrevive sem os reclames locais. E a senhora poderia escrever sobre o mau exemplo de Lucíola e sobre a conduta ideal para moças de boa família, embora sem negar o valor literário dessa obra do nosso grande Alencar.

– Eu não vou fazer nada disso, Messias. Afinal, se os maridos delas anunciam no seu jornal é porque precisam dele, precisam dos anúncios para sustentar seus negócios. Façamos o seguinte: vou pedir ao meu marido que ocupe todos os espaços que porventura sejam cancelados.

– Mas o sr. Fontoura não poderá sustentar eternamente o meu jornal e eu não desejo perder os meus anunciantes.

– Não perderá, Messias. Eles é que vão ter as vendas diminuídas à medida que seus anúncios sumirem. Na verdade, é bem provável que Homero desista de anunciar no seu jornal caso você resolva me submeter a essa humilhante censura. Já não basta a ditadura de Getúlio nesse país? Onde está o seu decantado espírito democrático, Messias? Olha, vamos fazer o seguinte. Pra amenizar a revolta delas eu prometo que, na próxima edição, escreverei sobre a Biblioteca das Moças, da Companhia Editora Nacional. E vou telefonar a algumas dessas mulheres, como quem não quer nada, quase me desculpando, falando na ousadia de Alencar. Além disso, encontro todas na missa de domingo e darei um jeito de me penitenciar com elas. Confie em mim, você não vai perder os seus anunciantes, não.

De fato, Valentina conseguiu acalmar as mulheres e, na semana seguinte, muitas estavam mesmo dispostas a perdoá-la, depois de ler o artigo, que soava realmente como uma penitência. Na outra semana, quase todas aceitaram o convite de Valentina para um rico chá da tarde, servido em sua casa.

O tempo ia passando e pouca coisa mudava na rotina dos jovens Fontoura.

Em 1937, Homero foi convidado a fazer parte do Conselho Consultivo do Estado que, na ditadura de Getúlio Vargas, supostamente deveria acompanhar e criticar a ação dos Interventores. Era uma grande deferência. Incomodado pelas insinuações de seus colegas na vida política e também de seus parceiros comerciais sobre o fato de ainda não ter constituído família, Homero chamou Valentina para uma conversa e foi absolutamente taxativo. Ele a amava, é claro, estava contente com sua brilhante condução da casa, das recepções sociais e chegava mesmo a se orgulhar de sua erudição, mas duas coisas, segundo ele, estavam erradas naquele casamento. Primeiro, ela deveria calar-se publicamente no que dizia respeito às críticas políticas ao governo, fosse ele municipal, estadual ou federal. Deveria passar a ocupar-se de coisas mais condizentes com o seu sexo, literatura estava bem, mas política definitivamente não. Segundo, ela teria que dar-lhe e, rápido, um filho. Afinal, isto não estava certo. Ele, um próspero comerciante, o mais próspero aliás, da cidade, iniciando uma vida política, tinha que ter, como todo mundo, herdeiros. E chegou a ameaçá-la dizendo que se ela insistisse em deitar fora uma eventual gravidez, usando as tais ervas da velha Ernestina (conhecida curandeira local) ele, mesmo com graves prejuízos sociais, se desquitaria dela e se casaria, no Uruguai, com uma mulher mais adequada aos seus propósitos.

– E para provar que estou decidido, minha cara, – arrematou ele – fui conversar esta tarde com o Dr. Ananias. Ele me explicou que as mulheres concebem entre o décimo e o vigésimo dia depois de seu sangramento mensal. É a época certa. Então, a partir de hoje, eu irei ao seu quarto todas as noites e você vai me dar, queira ou não queira, esse filho. Já estou cansado de ouvir insinuações sobre o nosso casamento ou até mesmo sobre a minha masculinidade. Tenho sido um bom marido para você, faço as suas vontades, você tem tudo o que quer. Agora vai me dar o que eu quero, está bem?

Valentina sentiu a raiva explodir-lhe no peito. Então era assim? O ato sexual, que sempre fora prazeroso para ambos, agora seria com hora marcada e com o único objetivo da concepção? Por que, só por ser mulher, ela teria a obrigação de dar um filho a ele? Para provar publicamente a sua masculinidade?

Não era ela, porém, dada a grandes arroubos de humor e sabia muito bem que diplomacia era o melhor caminho na resolução de conflitos. Assim, fingiu-se submissa, aproximou-se dele, deu-lhe um beijo na testa e disse com falsa resignação:

– Está bem, Homero. Se é tão importante para você, eu lhe darei um filho.

Homero ficou radiante de alegria, a tomou nos braços e levou-a, ante espanto dos empregados que ainda retiravam a louça do jantar, para o quarto.

Valentina casara-se com Homero sem amor. Gostava dele, é verdade, o moço era bonito e simpático e, sem dúvida, um dos melhores partidos disponíveis na pequena cidade. Sabia que, com ele, teria uma vida confortável e abastada. Mas, com o passar dos anos, só viu crescer sua afeição pelo marido. Descobriu com ele a alegria do sexo, pois Homero era um ótimo e atencioso amante. Além disso, ele apreciava a inteligência dela e, diferentemente da maioria dos homens de então, respeitava a sua opinião e frequentemente ouvia seus conselhos.

No entanto, a insistência dele em torná-la mãe pôs por terra todos esses sentimentos de afeto e respeito. Valentina decididamente não queria ser mãe. Era com uma revolta insuportável que se imaginava grávida, doente, enjoada, com uma horrenda barriga a crescer-lhe mês a mês.

Por isso esperava, todas as noites, que ele dormisse e ia sorrateiramente ao banheiro para fazer suas lavagens de mostarda, receitadas pela eficiente Ernestina. Suspirou de alívio quando, vinte dias depois daquela conversa, suas regras vieram. Não comentou com ele, mas ele, não se sabe como, percebeu e disse a ela:

– Ainda não foi dessa vez, mas para garantir que não passe de um mês agora vamos ter ato sexual à noite e pela manhã, todos os dias.

Foi por essa época que surgiu o Professor Marcondes. Vindo diretamente do Rio de Janeiro, causou grande alvoroço na pequena cidade.

O professor, designado para dar aulas de Língua Pátria para os cursos normal e clássico do colégio mais importante, logo virou alvo de grandes paixões entre as moças que disputavam sua atenção em todas as ocasiões sociais. Marcondes era o grande assunto da sociedade local. Um verdadeiro dândi, sempre muito bem vestido, os cabelos louros, os olhos claros e o seu sotaque, com aqueles esses puxados, deixavam alvoroçadas as moças. Era um tal de trocar bilhetinhos nas aulas, de corações disparados a espera de ser a escolhida para uma dança, nos bailes dominicais do clube... As mães redobravam a vigilância em cima das jovens. Mas de nada podia ser acusado o professor. Sempre muito respeitoso e educado, dando atenção a todas sem favorecer nenhuma, na verdade ele só tinha olhos para Valentina.

Na semana em que chegara à cidade o professor, Valentina e Homero estavam em viagem para a Capital, mas ele logo ficou sabendo da existência daquela senhora com hábitos considerados avançados demais e interessou-se pela coluna que ela publicava no jornal. Três semanas depois ele também conquistara um espaço no pequeno matutino e já se apaixonara intelectualmente por ela quando, numa festa da prefeitura, que comemorava a passagem do General Góis Monteiro pela cidade, foi finalmente apresentado ao casal Fontoura. Desde então o pobre professor perdeu o sossego. Apaixonou-se perdidamente pela figura forte e esguia daquela mulher e atormentado pelo desejo passava as noites em claro, andando pela praça principal, doente de paixão e torturado pela consciência da impossibilidade desse amor. Emagrecia a olhos vistos, os lindos olhos delimitados por profundas olheiras e os poemas que publicava no jornal local foram se tornando cada vez mais emocionados. Não tardou muito a cidade desconfiar que o professor padecia de paixão. Muitas moçoilas suspiravam e sonhavam ser elas o alvo do amor de Marcondes. Mas nada indicava que o moço estivesse caído por qualquer uma delas. Valentina, porém, percebeu. Lia nos olhos deles quando se encontravam socialmente. Embora ele nada fizesse ou dissesse que não pudesse ser dito e feito na frente de qualquer um, foi impossível para a sensibilidade de Valentina ignorar-lhe o interesse. E ela começou a prestar atenção nele. Lia seus apaixonados poemas, publicados na coluna ao lado da dela no jornal. Certo dia mesmo, com o jornal nas mãos, ouviu do marido:

– Esse Marcondes não passa de um romântico maricas! Veste-se como um efeminado e ninguém jamais o viu com mulher alguma!

Valentina não fez comentários. Efeminado, ele? Com aqueles olhos apaixonados? Com aquelas mãos fortes e belas?

Vira e mexe, quase sem perceber, Valentina começou a arrumar pretextos para ir ao colégio. Uma palestra sobre literatura para as moças. Ajudar as voluntárias a fazer fraldas para as mães pobres. Participar da organização da Festa dos Estados e outros eventos cívicos. E sempre que Marcondes estava presente, seus olhos encontravam os dele e ela lia, nesses olhares, o fogo da paixão.

Cada vez mais seus pensamentos voltavam-se para ele. E começou a ansiar pelas edições do jornal local para ler os seus poemas. Comprou um rico caderno e começou a colecionar-lhe as poesias impressas, recortando-as cuidadosamente e colando-as nas páginas decoradas com flores.

Num fim de tarde de sexta feira, Homero chegou mais cedo em casa e encontrou Valentina terminando de colar um poema no caderno:

– O que é isso? Colecionando os poemas daquele maricas?

– São lindos poemas, Homero. Gosto de poesia, você sabe.

– Mas nem rimam! Ora, o que vão dizer se souberem que a minha esposa coleciona poemas de outro homem?

– Homero, todos sabem que eu gosto de literatura.

– E você chama essa palhaçada romântica de literatura? Esse homem é um hipócrita, Valentina. Sei de fonte segura que ele tem fortes ligações com o DIP e que veio aqui apenas para espionar os estudantes que sejam porventura contrários ao Getúlio.

– Calúnias! – explodiu ela. Um homem sensível como esse não pode ter ligações com aqueles brutamontes do Gregório!

– Você está muito interessada em defender esse professorzinho.

– Homero – disse ela subitamente calma – não vamos brigar por causa dele. Eu apenas gosto das poesias dele, nada mais. E além disso, justo hoje, que eu ia lhe dar a tão sonhada noticia...

— Você engravidou! — exclamou ele, com súbita alegria.
— Estive hoje no Dr. Ananias. Já estou de três meses.
— E por que você não falou nada antes? Não lhe faltaram as regras? Não sentiu nada? Enjoo, essas coisas? Ah, que alegria, minha Valentina!
Mas para ela, era um terror. Estava enjoada, sim, mas de Homero e não por causa da gravidez. Sentia que já odiava aquele filho e, por três meses, tomara toda a sorte de misturas de ervas que a velha Ernestina lhe preparara, tentando se livrar daquilo. Em vão. Hoje tivera a confirmação, depois de examinada pelo médico da família. Este lhe dera os parabéns, mas ela preferiria que ele tivesse lhe dado pêsames.
Naquele sábado foram a uma recepção na casa de um importante e tradicional político da cidade. Valentina estava entediada até a morte, com a conversa tola das mulheres, ela que gostaria de participar das discussões dos homens que comentavam a nomeação de Oswaldo Aranha para a pasta de Relações Exteriores. Foi naquela festa que o professor criou coragem e, num dado momento, pedindo licença a Homero, tirou-a para dançar, sob o olhar invejoso de todas as jovens presentes.
— O sr. Fontoura é um homem de sorte — disse ele — tendo por esposa uma criatura tão bela, meiga e, sobretudo, inteligente. É para mim uma grande honra poder publicar meus poemas ao lado de tão sensatas observações literárias contidas em seus artigos.
— Gentileza sua, professor — respondeu ela subitamente tímida.
A ousadia de Marcondes, ao escolher Valentina para uma dança, indignou muitas mulheres. Todas a invejaram, é claro e, por isso mesmo, trataram de maximizar a importância de um ato que poderia ser encarado como uma rotina social. Logo a cidade comentava: por que Valentina, que antes nunca se interessava pelas atividades do colégio, agora participava de todas as iniciativas de lá? Por que emagrecera, se estava grávida finalmente? Por que o professor, já há tanto tempo na cidade, ainda não se resolvera a arrumar uma namorada? Por que o professor e Valentina tinham colunas juntinhas no jornal?

E a coisa foi crescendo.

– Valentina – disse-lhe Homero certa noite, à mesa do jantar – agora que você está esperando o nosso filho, não deve mais se cansar com essas atividades no colégio. Telefonei à diretora esta tarde e disse que você não vai mais participar de nada, que precisa repousar durante a gravidez.

Valentina, que já andava enjoada do marido e tentava evitá-lo de todas as formas, sentiu o ódio invadir-lhe o coração. Teve vontade de dar a ele uma resposta estúpida, dizer que afinal ele não podia decidir por ela, mas, sabiamente, calou-se. Disse apenas:

– É, acho que você tem razão.

Mas uma profunda tristeza atingira-lhe a alma. Até então jamais cogitara a possibilidade de ficar sem encontrar-se com o professor. Não era nada demais. Trocavam breves frases, comentários literários, coisas inocentes, quase sempre na frente de tantas outras pessoas... Mas Valentina percebeu que eram aqueles breves encontros, aqueles apertos de mãos (sempre tão quentes as mãos dele...), o olhar apaixonado, todos aqueles pequenos rituais cotidianos, que estavam dando a ela forças para aceitar a maldita gravidez, a indiferença cada vez maior que sentia por Homero...

Naquela noite, trancou-se no quarto, alegando uma horrível dor de cabeça, fugindo da presença do marido que, agora ela sabia, odiava.

A súbita ausência de Valentina das atividades do colégio, ao contrário do que pretendia Homero, causou ainda mais comentários maldosos nos fuxiqueiros da cidade. Diziam que ele descobrira a paixão do professor, diziam mesmo que Valentina o traíra.

No fim daquela semana, Homero já se preparava para sair do armazém, quando um desconhecido o abordou:

– Parabéns, seu Homero, pelos lindos cabelos da sua esposa.

Intrigado, foi para casa e encontrou Valentina com o jornal, recém publicado, nas mãos. Arrancou o exemplar das mãos dela e leu o poema de Marcondes, lá estampado:

A vingança de Valentina

Os Cabelos de Tua Filha

professor Marcondes

Os cabelos de tua filha
são como um mar todo feito
de brilhantes fios de seda.
Toda a luz, num repente, volta-se para eles
e é por eles absorvida.
(Só uns poucos raros raios escapam
do negror dos cabelos dela e
aí então se refletem, a pontilhar de luzes
este mar de escuros, que brilha.)

Ah! Sonho afogar-me
nos cabelos de tua filha.
(Destes se desprende
o mais verde cheiro de erva)
Ah! Sonho embriagar-me
dos cabelos de tua filha.
(São macios – intuo ao vê-los
à carícia do vento da tarde)
Ah! Sonho tocá-los,
os dedos neles mergulhados!
Ah! Sonho senti-los
deslizando sobre o meu corpo,
sob o corpo de tua filha.

Ah! Os negros cabelos de tua filha,
sonho com eles, penso só neles,
vivo da lembrança deles.

E tanto vivo, tanto penso, tanto sonho

que vejo surgir em minhas mãos
uns tantos fios de cabelos negros,
que crescem assustadoramente
e brilham, como brilham
os cabelos de tua filha.

Então, o rosto vermelho de raiva, a respiração ofegante, Homero arrastou Valentina até o quarto dela. Jogou-a sobre o banco em frente à penteadeira e gritou para a cozinheira:
– Benedita, traga uma tesoura!
– O que há, Homero? – protestou Valentina, levantando-se.
Ele deu-lhe um tapa violento no rosto.
– Sente aí e cale a boca se não quiser que eu a amarre numa cadeira!
Valentina começou a chorar, assustada com uma violência que nunca antes sequer vislumbrara no marido. Obedeceu.
Benedita, assustada, trouxe a enorme tesoura. E ele começou a cortar os cabelos dela, rente com a cabeça, enormes mechas negras inundando o chão do quarto.
Valentina chorava.
– Pare de chorar – disse ele, com voz soturna e autoritária.
Depois, ela quase careca, deixou-a jogar-se na cama e chorar, chorar, chorar. Calmamente ele abriu o armário de roupas e foi empilhando, um a um, os caros vestidos dela nos braços. Saiu carregando a enorme pilha de roupas, dirigindo-se ao quintal.
– Traga o álcool – ordenou à cozinheira.
E pôs fogo em todos os vestidos, saias, anáguas, casacos.
No guarda roupa restaram apenas duas grandes batas rústicas, que ela usava dentro de casa, e um pesado casaco de lã.
Homero voltou ao quarto onde Berta, a arrumadeira, recolhia do chão aquele mar de cabelos negros.
– De agora em diante, essas serão suas roupas. É isso que você vai usar, é tudo o que precisa – disse ele apontando para o armário.

E voltando-se para a arrumadeira:

– Pegue a caixa de joias da sua patroa.

Valentina soluçava.

– Homero, você quer que eu me vista como uma mendiga?

A empregada trouxe as joias e ele foi trancá-las no cofre. Ainda disse, antes de deixar o quarto:

– Você tem se portado como uma qualquer. Mas vai ser a mãe do meu filho, por isso, de agora em diante, trate de se portar com dignidade e simplicidade. E nada mais de escrever em jornal. Vou dizer ao Messias que se eu vir mais algum poema daquele maricas ou artigo seu no jornal, mando empastelar aquela porcaria, está ouvindo?

No domingo, arrastou-a para a missa. Quase sem cabelos, os olhos e o rosto inchado de tanto chorar, um deselegante casaco abotoado até o pescoço, nenhuma joia, Valentina foi o centro das atenções.

O professor, apavorado e temendo pela própria vida, na segunda-feira pediu demissão de seu cargo na escola e pegou o primeiro trem que apareceu na estação.

O tempo foi passando. Os cabelos e a barriga de Valentina cresciam, assim como, calado, crescia o ódio em seu coração.

A cozinheira e os outros empregados estranharam o súbito interesse de sua patroa pela culinária, mas atribuíram-no ao fato de ela estar passando a maior parte de tempo em casa, sem quase nada para fazer, a não ser alguns vestidos, que ela mesma cortava e costurava, usando velhos moldes de sua mãe e tecidos que estavam há muitos guardados num baú. Era natural que, privada de seus passeios, compras e viagens, a patroa encontrasse no preparo das refeições um certo consolo.

Homero, que sempre fora um sujeito saudável, começou a sofrer do estômago. Tinha dores horríveis, injustificáveis para o Dr. Ananias, que acabou diagnosticando uma úlcera.

– Homero – dissera o médico então – muitos colegas acreditam que as úlceras são de fundo nervoso. Você é jovem, rico, saudável. Não posso explicar como conseguiu essa doença. Talvez fosse bom você perdoar a sua mulher. Desculpe-me por tocar nesse assunto, mas eu sou afinal seu médico desde que você nasceu. E Valentina é uma boa esposa, está grávida. Vocês ainda podem ser felizes.

– Ela nunca mais falou comigo, doutor. Ela cuida da casa, costura lá uns vestidinhos, o cabelo até já cresceu, mas ela ficou muda, só fala com os empregados, responde ao que eu digo por sinais...

– Ora, isso é apenas um desentendimento de casais. Chegue em casa, dê um abraço nela, bem apertado, diga que você a ama. Passe numa loja, compre uns vestidos novos pra ela, leve flores. Enfim... faça as pazes. Lá na Madame Sarita agora tem até uns vestidos especiais para grávidas, já prontos. Vá lá. Faça isso. Não deixe que seu casamento se destrua por um episódio bobo de ciúmes...

Homero resolveu seguir o conselho do médico. A diaba da mulher estava ainda mais bela com a gravidez. Não tinha engordado quase nada, os cabelos agora curtos ainda tinham o mesmo brilho e o rosto era corado.

E ele já se arrependera, há muito, da violência com que reagira ao tal poema do tal maricas...Afinal, ela não tivera mesmo culpa. Chegou em casa carregando desajeitadamente as flores e os embrulhos com os mais lindos vestidos. Valentina estava sentada no mesmo banco da penteadeira, ajeitando os cabelos que agora, alguns meses depois, já lhe chegavam à altura das orelhas. Ele disse:

– Vim pedir o seu perdão, Valentina. E lhe trouxe uns vestidos novos.

Ela levantou-se, pegou as flores, cheirou-as e saiu, sem dizer palavra, para colocá-las num vaso. Homero ficou lá, parado, até que ela voltou, abriu os embrulhos, pendurou os vestidos no armário, tudo com aquela irritante indiferença.

– Valentina, falei com você.

Ela aproximou-se, acariciou-lhe a face, deu-lhe um breve beijo no rosto e disse apenas:

– Eu o perdoo, é claro.

Ele a abraçou:

– Vamos voltar a ser como nos velhos tempos.

– Claro, Homero. Mas vamos esperar o bebê nascer, está bem?

Naquela noite, pela primeira vez depois do episódio dos cabelos, conversaram à mesa de jantar. Homero estava preocupado com a possibilidade de Getúlio finalmente instalar no país aquelas leis trabalhistas que o Governo vinha estudando desde a Constituinte de 1934 com aquele tal de salário mínimo que Agamenon Magalhães propusera em 1936. Se a tal história virasse mesmo realidade, Homero temia os problemas que enfrentaria com seus empregados. Ela, como sempre o fizera, conseguiu tranquilizá-lo dizendo que Getúlio, por mais que favorecesse os trabalhadores com leis paternalistas, jamais teria interesse algum em desagradar as oligarquias a quem ele próprio dera todo o poder na sociedade.

– O que ele quer – dissera ela então sobre o ditador – é acalmar o povo para que este não caia nos braços vermelhos do partido comunista ou do Prestes que, mesmo preso, ainda é um mito. Ele vai posar de bonzinho, pai dos pobres, tudo isso. Mas nenhuma reforma profunda, nada que abale o poder estabelecido ou faça com que o dinheiro mude de mãos. (O que, acrescentou mentalmente, é o seu grande temor!).

Lentamente, com o passar dos dias, Homero via sua mulher voltar a ser sua companheira, mas sentia nela, ainda, alguma distância.

No entanto, ao contrário do que o médico imaginara, a relativa volta da tranquilidade familiar em nada estava contribuindo para o alívio das dores estomacais e dos vômitos constantes que acometiam o pobre Homero. Ele parecia definhar a olhos vistos e nem mesmo conseguia comer as papinhas, os delicados pratinhos que Valentina preparava, com suas próprias mãos, para ele.

– Então Homero – disse o médico em uma de suas muitas visitas domiciliares – parece que a coisa, com a Valentina, está caminhando bem, não é?

– Ah, Dr. Ananias, foi um sábio conselho esse seu. Mas não consigo entender porque essa diaba dessa úlcera não melhora... Eu diria mesmo que está piorando, dia a dia.

O velho doutor saiu preocupado da casa dos Fontoura. Medicado, Homero deveria estar apresentando alguma melhora. No entanto, contrariando todos os seus prognósticos, o rapaz parecia piorar e o quadro estava se agravando. Sua mulher, por outro lado, parecia cada vez mais bem disposta e feliz, com aquela gravidez calma, que mal lhe deformara o corpo, ela ainda bela e desejável.

Anos mais tarde Dr. Ananias ainda se recordaria do grande fracasso que tivera com aquele paciente, que tinha tudo para recuperar-se, que tinha uma excelente compleição física e fora alvo de seus mais cuidadosos esforços. Um caso aparentemente inexplicável.

Homero morrera, de hemorragia interna, apenas um dia antes do nascimento de seu tão sonhado filho.

Valentina enfrentara velório e enterro com compostura, embora estampando na face uma expressão de profundo pesar. Saiu do enterro direto para a sua cama, onde a parteira a aguardava. O menino, feliz e sadio, nasceu algumas horas depois, na madrugada seguinte.

Berta, a arrumadeira que normalmente sofria de insônia, abriu a porta para deixar entrar aquela que ela julgava feiticeira e maldita, Ernestina, a velha curandeira. Sua patroa a queria por perto. Era natural, pensara Berta já que, durante todos esses últimos meses de gravidez, vira, na calada da noite, a Ernestina entrar e sair daquela casa. Por que precisara a patroa da presença da curandeira e por que sempre no meio da noite? Mas Berta não perderia seu tempo pensando nisso. Confiava em Valentina. E o que ela fizesse, para Berta, estaria sempre bem feito.

11
Amor e ódio

O ódio é uma armadilha da vida. A maioria absoluta das pessoas, se perguntada sobre o ódio, dirá que ele não faz parte da sua vida. Mas são essas mesmas pessoas que vivem praticando pequenos ódios cotidianos, sem se dar conta disso. A buzina do carro que soa estupidamente porque um senhor de idade lhe deu uma fechada no trânsito. A raiva que você tem do seu chefe, porque ele não reconhece o seu valor e vive pegando no seu pé. O discurso inflamado e passional contra o governante e o governo aos quais você atribui todas as suas dificuldades de sobrevivência. A intolerância com outras correntes de pensamento e/ou outras culturas porque não combinam com o que você julga ser A Verdade. A irritação com a empregada doméstica que insiste em repetir o que você considera um erro. A bronca que você tem do seu cunhado. Ou da sogra.

"Ah, Isabel, mas tudo isso não chega a ser ódio" – deve estar pensando você, leitor. Desculpe, mas chega sim. As pequenas broncas do dia a dia, às quais damos ou não vazão, vão envenenando o seu cotidiano e se solidificando dentro de você. Elas são sementes de ódio. E podem crescer a ponto de você dar um tiro na cara de um sujeito que bateu no seu carro ou humilhar seriamente a sua empregada ou perder a cabeça (e o emprego) despejando na orelha do seu chefe a raiva acumulada por anos. E assim por diante.

Recentemente fui testemunha de uma briga familiar que ilustra bem isso. Numa festa de Bodas de Ouro, quando os velhinhos que, casados há 50 anos, comemoravam o sucesso de sua união, depois de muito uísque e outras coisas, os filhos do casal agrediram violentamente um novo cunhado, contra o qual vinham destilando esses pequenos ódios há muito tempo. O ódio, porém, dos irmãos, se voltava contra a própria irmã e, consciente ou inconscientemente, era a ela que eles queriam atingir. É uma bronca antiga que remonta à infância de todos, quando a tal irmã era, sem dúvida, a filha predileta do pai deles. E isso eles nunca conseguiram perdoar na irmã. Então, porque o cunhado em questão é diferente deles, tem outra cultura, outros hábitos, vem de outra cidade, está armada a desculpa para o festival de agressão. E de ódios. Ódios acumulados nos corações, ao longo de décadas.

Se alguma coisa desagrada no outro, devemos relevar. Se não gostamos de alguém, devemos dar a esse alguém apenas a nossa indiferença. Nunca o nosso ódio. O ódio nos transforma em nosso inimigo. E geralmente odiamos no outro aquilo que reconhecemos como ruim em nós mesmos e não conseguimos admitir. É preciso ter a humildade de perceber que não temos sempre razão e ainda, que razões diferentes da nossa têm todo o direito de existir e de se manifestar.

Você jamais conseguirá ser uma bruxa, se tiver ódio no coração. É preciso mergulhar fundo nos nossos sentimentos e perceber a grande armadilha do ódio. Livrar-se dele. Perdoar. Dar de ombros e seguir a nossa vida, sem se importar com as diferenças, enormes, que existem entre nós e os outros.

"O Inferno são os outros" – dizia Jean Paul Sartre.

Quando alguma coisa irrita você na atitude do outro, esse outro tem poder sobre você. Poder de irritar você. Só você pode impedir que ele tenha esse poder.

Isso não significa ser um babaca, que leva desaforo pra casa. Quando agredido, você tem que reagir e se defender. Mas isso é muito diferente de nutrir ódio pelo agressor em questão.

Policiar o nosso ódio é como se obrigar a prestar atenção nas coisas que nos cercam: um exercício diário. Se conseguirmos identificar esses sentimentos e rejeitá-los, aos poucos, nos livraremos totalmente desse tipo de atitude. Um truque é descobrir alguma coisa positiva naquele que odiamos. E se concentrar nela, só dar importância a ela. É preciso dar ao outro o direito de existir e exercer a sua própria verdade, ainda que a verdade dele nos seja repugnante.

Só assim poderemos construir um mundo de maior tolerância, compreensão e justiça. Se um assassino matar o seu filho, você não poderá amá-lo, você o odiará.

No entanto, na ordem cósmica, alguma coisa você terá que aprender com a desgraça. Para alguma coisa, a dor de perder um filho há de servir. Só não servirá para nada o ódio que você passar a nutrir pelo assassino. A justiça dos homens é absolutamente imperfeita e não vou perder tempo dando exemplos disso aqui. Mas há uma justiça cósmica. Há um balanço, um equilíbrio, e tudo o que nos acontece na vida encerra uma lição e é uma consequência dos nossos próprios atos. Quantas vezes nos revoltamos contra os acontecimentos, dizendo que não fizemos nada para merecer isso. Mas, como diria Poincaré, não acontece a um homem (ou a uma mulher) o que ele merece, mas sim o que é semelhante a ele. Os acontecimentos da nossa vida são o reflexo dos nossos pensamentos. Se fomos vítimas do ódio de alguém, certamente cultivamos dentro nós algum ódio que equivale ao que nos atinge. Isso é muito difícil de admitir, afinal temos a mania de achar que estamos sempre certos e que nossas atitudes e sentimentos são plenamente justificáveis. Se caminharmos na trilha do amor, ao invés de na do ódio, dificilmente seremos atingidos por grandes desgraças. Afinal, nós colhemos o que plantamos. Se vivermos semeando esses pequenos ódios cotidianos, será o ódio, grande e pequeno, que haveremos de colher.

Por isso, os bruxos semeiam o amor, a compreensão, a tolerância. Porque é exatamente isso que pretendem colher.

Quando os cristãos dizem: que seja feita a Vossa vontade, estão admitindo que Deus (a Vida, O Cósmico) os levará pelos caminhos que tiverem que ser, estão admitindo que tudo o que acontece de ruim, de adverso, na vida da gente, encerra em si uma lição e, no meio do sofrimento, é preciso saber extrair essa lição. Tenho uma grande amiga, Vera Krausz, que costuma dizer, simplificando, que a pedagogia de Deus é às vezes muito, muito dura.

Mas o mundo é dos corajosos. Os covardes sucumbem à adversidade. Os corajosos acabam dando a volta por cima. E a maior coragem que podemos praticar é identificar claramente os nossos sentimentos.

Câncer e conveniência

Clarice recebeu o diagnóstico de câncer no consultório do Dr. Carlos, seu amigo de infância. Não foi uma cena fácil. Embora acostumado a administrar os mais duros casos, o médico oncologista estava muito pouco à vontade para dizer, à sua colega de escola básica, que ela, aos 32 anos, tinha 70% de chance de morrer no próximo ano se não fosse capaz de se submeter às mais duras sessões de quimioterapia.

– Clarice – perguntou o médico – por que você deixou ir tão longe?

Sim, por que não fora antes procurar a ajuda médica?

Porque, refletia agora Clarice, sua intuição lhe dizia que seus sintomas eram de alguma coisa simples ou mesmo pura imaginação. Agora, porém, percebia que não fora sua intuição e sim sua vontade de enganar a si mesma.

Aliás, esse é o grande problema com a intuição: muitas vezes o nosso próprio desejo se mascara em intuição e o desejo é mau conselheiro.

A perspectiva da morte fez com que ela, imediatamente, perguntasse ao médico se poderia engravidar, mesmo com a doença.

Era delicado, ele respondeu. Mas poderia. Só não poderia se tratar com a quimio no primeiro trimestre para evitar malformação do feto. Mas, se ela queria tanto um filho, poderia haver outras soluções: reprodução assistida e barriga de aluguel e até mesmo adoção. Ele ainda explicou que ela é quem correria o maior risco adiando o melhor tratamento para não prejudicar o feto. Ele aconselharia mesmo, veementemente, outra solução, como adoção ou barriga de aluguel. Mas nesse caso ela teria que congelar seu óvulo imediatamente, antes de iniciar qualquer tratamento.

Foi por isso que Clarice gastou todas as suas economias congelando óvulos e, logo depois, decidiu que iria a Argentina procurar um antigo namorado que se transformara num executivo internacional e que, ela sabia, tinha deixado a família no Canadá, último país onde trabalhara. Sabia também que a esposa dele se recusara a ir morar na Argentina e que, portanto, o casamento deveria estar balançado.

Não que Clarice tivesse saudades ou ainda se sentisse apaixonada por Ernesto, esse tal ex-namorado. Ela o detestava.

Quando se conheceram, há alguns anos, ele já estava noivo de Jessica, mas ficara instantaneamente atraído por Clarice. Tiveram um caso tórrido, de uma paixão sexual arrasadora. Porém Ernesto era, acima de tudo, um sujeito prático. Estava muito interessado em sua carreira e Jessica, com sua dupla cidadania, americana e brasileira, era muito mais adequada, como esposa, aos seus interesses. Disse isso com todas as letras à Clarice e propôs que continuassem sendo amantes depois que ele se casasse com Jessica.

Clarice o odiava. Sabia que ele a amava e, mesmo assim, ele ia se casar com a americana, mais conveniente para os interesses dele... Era um horror! E, ainda por cima, tivera a coragem de propor que ela, Clarice, se transformasse na "outra", na amante, na que era apenas para o prazer... A decepção de Clarice fora tão grande que seu amor se transformara em ódio.

Agora via aberta a possibilidade de não apenas se vingar dele, mas também de usá-lo para conseguir, no tempo que lhe restasse, levar a vida que sempre sonhara: luxo, muitas compras e viagens pelo mundo. Ela não sabia quanto tempo lhe restava: sem tratamento, 70% de chance de morrer em um ano. Com o tratamento, períodos alternados de sofrimento e bem estar, talvez por cinco ou dez anos. Mas, a não ser que a Medicina descobrisse algo novo, sua vida seria curta.

Clarice também fizera uma carreira como jornalista, tinha seu próprio espaço numa importante revista econômica e poderia continuar escrevendo, fosse de uma cama de hospital ou a bordo de um avião ou navio, em qualquer hotel do mundo... Com o que ganhava na revista e mais o polpudíssimo salário de um executivo internacional como Ernesto, estaria feita.

Ela tinha certeza de que poderia manipular Ernesto, ainda mais agora, quando ele deveria estar emocionalmente abalado com o casamento que não dera muito certo. Sabia tudo sobre ele. Odiava-o tanto que havia usado de todos os meios, das redes sociais às fofocas de outros executivos, com quem ela mantivera casos sexuais de interesse, para monitorar cada passo dele. E agora... era chegada a hora. Nem precisava da sua famosa intuição para saber disso.

Ernesto tivera um filho com a esposa. Por isso, engravidar era urgente para Clarice, se quisesse conquistá-lo. Nem que, para isso, tivesse que subornar fosse quem fosse numa clínica de reprodução.

Dr. Carlos ficou desesperado quando ligou para ela para iniciar o tratamento e ela atendeu o celular na Argentina.

— Isso é hora de viajar? Você enlouqueceu? Seu problema é grave. Precisa imediatamente iniciar o tratamento.

Mas Clarice só queria encontrar "por acaso" o seu odiado Ernesto.

Naquela tarde mesmo fizera plantão na empresa dele, conversara nos arredores e já sabia que ele saía pelo portão 4, do estacionamento, por volta das 17h00, dirigindo um audi cinza grafite.

No dia seguinte, às 17h00, atirou-se, completamente bem vestida, bem maquiada e penteada, usando uma *ankle boot* salto 8, na frente do carro dele. Caiu sobre o capô, ele freou, assustadíssimo e...

Na mesma noite jantaram juntos.

Duas noites depois já trocavam juras de amor.

Ernesto percebia agora, mais do que já vinha percebendo nos últimos tempos, que fora um grande erro o seu casamento com Jessica, que a simpatia, a amizade e os interesses comuns não eram suficientes para segurar a barra do convívio cotidiano e nem da criação de uma criança. Achava-se então um privilegiado pela sorte por ter quase atropelado Clarice. Ah... como amara Clarice quando ainda estava noivo de Jessica. Ainda bem, refletia, que o destino lhe dera uma segunda chance, que poderia finalmente viver o amor verdadeiro.

Clarice era uma *expert* na cama. Conhecia e praticava todas as técnicas que enlouqueciam os homens na hora do sexo. Não foi difícil começar a dominar aquele Ernesto fragilizado emocionalmente.

Dois meses depois do "encontro casual" na Argentina, Ernesto estava agitando a papelada para o divórcio e Clarice estava grávida. Deu a notícia a ele, fingindo uma grande alegria:

– Meu bem, como eu havia dito, meu médico e eu pensávamos que a minha chance de engravidar era mínima, quase impossível. Mas foi o destino que nos mandou essa criança... que, infelizmente, será nosso único filho, um filho para selar o nosso amor.

A gravidez foi dificílima, mas Clarice enfrentou tudo com galhardia: as mudanças do corpo, os tratamentos complicados, o repouso absoluto... Quando nasceu a menina Ernestina, Clarice e Ernesto se casaram. Com comunhão de bens. Ele já conseguira sua transferência de volta para o Brasil, pois era onde ela queria morar.

O primeiro ano de tratamento foi ainda mais difícil que a gravidez. Clarice passou por cirurgias, a quimioterapia fez cair-lhe os cabelos, ela ficou com a pele acinzentada... Mas a Medicina moderna acabava por dar a ela grandes períodos de uma vida quase normal, com a doença sob controle. E, porque ela estava doente, porque ela enfrentava a doença com coragem e de cabeça erguida, porque ela lhe dera uma filha linda, Ernesto concordava com todos os seus caprichos.

Embora tivesse uma renda privilegiadíssima, quase tudo era gasto com viagens internacionais, restaurantes da moda, roupas de grife, serviços de beleza e estética, shows... e as internações e tratamentos de Clarice. A filha deles recebia uma educação de princesa. Aos 6 anos, misturava 3 línguas, fazia cursos e mais cursos e tinha crises, como qualquer criança mimada, quando contrariada.

Em casa, tinham um séquito de empregados domésticos, chofer, governanta, babás (uma de dia, outra de noite, uma terceira no fim de semana), cozinheira, faxineira. Ernesto achava quase tudo um desperdício, mas... Qualquer coisa pela satisfação de Clarice! Possuíam também uma casa na praia, num condomínio fechado, exclusivíssimo, um barco na marina do condomínio, que custava uma fortuna por mês.

Como se não bastassem todas aquelas despesas a atormentar o pobre Ernesto, tinha também a Jessica, que ainda morava no Canadá, mas vivia mandando e-mails desaforados, comparando a vida que ele levava no Brasil com a vida – "franciscana", sentenciava ela – que ele proporcionara à ex e ao filho. Como é que Jessica sabia, em detalhes, da nova vida do ex marido foi um mistério até o dia em que Ernesto simplesmente resolveu perguntar a ela. Resposta: "recebo e-mails anônimos" de uma tal amigainitima@amiga.intima.com. Ernesto escreveu para o endereço ameaçando com processos por difamação e invasão de privacidade e recebeu de volta apenas uma mensagem com o texto "kkkkkkk!"

Já a Clarice, Ernesto calculou um dia, passava mais tempo no exterior do que em casa e, normalmente, viajava sozinha com a filha, ou com amigas, pois ele tinha seus compromissos profissionais e ela, como jornalista, podia escrever de qualquer parte do mundo.

O sexo, que era um fogaréu nos dois primeiros anos de casamento, no sétimo quase já não existia.

Ernesto começou a se sentir incomodado com aquela relação: a mulher estava mais ausente que presente, ele vivia numa corda bamba, num estresse louco, morto de medo de perder a posição profissional e não poder mais proporcionar a ela tudo o que vinha proporcionando...

Foi na véspera de completarem sete anos de casados. Ela estava voltando de Nova Iorque e chegaria naquela tarde. Tinham mesa reservada num dos *points* mais chiques de alta gastronomia da cidade. Mas, logo depois do almoço, chegou aquela caixa branca, toda enfeitada, no escritório de Ernesto. Apenas um cartão: "Aí dentro, a verdade sobre a sua esposa." Assinado: "Sua Amiga Íntima".

Na caixa, cópias de todos os exames e procedimentos que Clarice realizara na Clínica de Reprodução Assistida, há quase uma década. Estava tudo lá: a descrição do motivo do congelamento dos óvulos, a fecundação posterior dos óvulos pela fertilização *in vitro*, o relatório das tentativas de implantação dos embriões no útero, as recomendações para a gravidez e o controle do câncer durante a gestação... Um verdadeiro dossiê médico.

Em um segundo, Ernesto compreendeu que Clarice armara tudo aquilo e, mais grave, compreendeu também que, já que ele jamais doara nenhuma gota de seu esperma, a filha que ela tivera era de um doador anônimo, a filha que ele amava não era dele, era só dela.

O choque foi tamanho que, de repente, ele começou a ver a relação deles com outros olhos. Começou a lembrar de detalhes, pequenas coisas que aconteceram, que podiam ser interpretadas de outra maneira, coisas que ele relevara porque ela era a sua mulher, a sua querida, a sua amada. Percebeu que, nos últimos anos, ele acabara se afastando de todos os amigos mais chegados, ou porque ela não gostava de beltrano, ou achava que a mulher de sicrano era antipática ou mal educada, ou porque ficara magoada com o comentário de fulano... Até da família ele já estava mais distante. Frequentava muito mais a família dela, os amigos dela, do que a sua própria família.

Lembrou-se, então, das insinuações que sua irmã fizera sobre o comportamento de Clarice e que, agora, lhe pareciam mais do que justificáveis e que, antes, ele considerara apenas como ciúmes fraternos.

Ligou pra irmã, marcou um café com ela.

– Não posso, Ernesto – estou no meio de um trabalho importante.

– Dê uma desculpa. Diga que seu irmão está morrendo e você tem que sair.

– O que há, é tão grave assim?

Era. Numa mesa discreta, num café da moda, Ernesto narrou à irmã toda a sua angústia.

– Ela nunca te amou – foi a sentença.

Ernesto saiu do café, ligou pra casa e pediu à governanta que colocasse todas as suas roupas, objetos de uso pessoal, sapatos, tudo, em malas e começasse a desmontar a biblioteca e mandasse o chofer levar toda aquela montanha de livros para sua casa de praia, enquanto as malas com as roupas deveriam ser levadas para o endereço que ele lhe daria mais tarde e, quando a D. Clarice chegasse, avisasse que ele entraria em contato depois. Não ousou pedir seus quadros porque sabia que ela ia querer metade deles quando se separassem. Já os livros... Bem, atualmente ela só lia revista Caras.

Ligou para o seu médico de confiança e se informou sobre as condições necessárias para realizar um exame de DNA, a fim de verificar a paternidade de sua filha. Com o advogado, conversou também sobre isso e sobre a melhor forma de se divorciar.

Eram 5 da tarde quando se registrou num hotel.

Nesse exato momento, o avião de Clarice pousava no Aeroporto Internacional de Guarulhos. Ela sentiu um frio no estômago, de repente. "Aconteceu" – pensou – e percebeu que seu plano chegava ao termo.

Em casa tomou conhecimento das providências do marido e quase não conseguiu conter a gargalhada vitoriosa ao perceber que a caixa branca dera um resultado tão rápido, tão instantâneo. Ela pensava que iria ter que enfrentar semanas ou mesmo meses de brigas, discussões e crises antes de conseguir se livrar dele. Tentou ligar para ele, só para continuar o teatro, mas o celular só dava caixa postal.

"OK", pensou ela, "eu venci: tenho a filha, o casamento e o resto da minha vida está economicamente garantido. Não preciso mais aturar o Ernesto."

Imediatamente ligou para o seu advogado e começou a traçar a estratégia para o divórcio. Além de metade de tudo o que adquiriram depois do casamento, ela queria assegurar a melhor pensão para ela e para sua filha, a filha que ela concebera com o seu óvulo congelado e o esperma colhido de sua própria vagina logo após uma manhã de amor, antes de ele sair para o trabalho.

12
A escolha é sua

Tradição Oral das Bruxas

Reza a Tradição que cada ser humano
recebe um dom da Deusa quando do seu nascimento.
Este dom se manifesta como um grande sonho;
E é tarefa de cada um sonhar o seu sonho,
deixar que seu sonho se manifeste livremente,
para que seu dom se manifeste, ou seja,
para que o destino se cumpra.
Negar a natureza do seu sonho é
negar a natureza do seu dom.
Negar a natureza de seu sonho
falo-á se transformar num pesadelo que
perseguirá implacavelmente o indivíduo.
Desta forma seu dom se transformará em uma maldição
e assim mesmo o seu destino se cumprirá.

A história está cheia de exemplos de pessoas que renunciaram à sua verdadeira vocação, aos seus sonhos, em nome de uma vida supostamente segura. Inúmeras vocações foram preteridas por atividades mais vantajosas e capazes de gerar maiores rendimentos.
Não faltam exemplos de mulheres que engavetaram seus sonhos e suas capacidades e os trocaram pela temerosa e aparente segurança de um casamento promissor.

A razão é uma péssima conselheira quando se trata de escolher um caminho definitivo para as nossas vidas.

Ah, eu queria ser concertista, mas vou fazer odontologia porque é a profissão que melhor remunera hoje em dia. O resultado serão lágrimas na hora do concerto e uma profissional medíocre na odontologia...

Além da razão, é preciso ouvir o coração.

Ninguém descobriu ainda porque as pessoas nascem com diferentes dons ou vocações. Por que um desmaia quando vê sangue e o outro se mata de estudar para ser um bom cirurgião? Por que dois meninos que nascem na mesma favela enfrentam as mesmas dificuldades, seguem caminhos diferentes? Um resolve trabalhar para o tráfico de entorpecentes, aprende a trapacear, mentir, roubar, matar e outro vai tocar violino na orquestra de crianças?

Há um impulso dentro de você que o inclina para esta ou aquela atividade.

Algumas vezes, porém, o caminho que o seu coração lhe aponta não é o caminho que a sua razão diz que você deve seguir.

Contrariar o coração vai, sem atenuantes, gerar uma angústia dentro de você, ainda que essa angústia seja banida, pela sua razão, para os domínios do inconsciente.

Não me pergunte porque, mas toda e qualquer desarmonia na nossa vida é uma abertura para as doenças e para o sofrimento.

Quem se nega, vai negar os outros. Quem se agride, vai agredir os outros.

Isaac Asimov dizia que *a violência é o último recurso da incompetência*. Sempre que nos sentimos incompetentes diante de qualquer situação, acabamos partindo para a violência. E, por violência, é claro, não se entenda apenas a agressão física. Essa é mais fácil de encarar do que aquela violência verbal, muitas vezes praticada sutil e repetidamente e que vai minando a autoestima da vítima.

É a mãe que diz ao filho: "Você já reparou que nada do que você faz dá certo?", quando poderia dizer: "Suas tentativas até agora não prosperaram, mas você não deve desistir. Já parou para analisar melhor? Talvez existam opções diferentes".

É o filho que diz para a mãe: "Não adianta, você é burra mesmo".

O marido que diz para a esposa: "Todas as mulheres são incompetentes." Ou "Você está horrorosa".

A escolha é sua

Todos esses exemplos – e tantos outros que vemos no cotidiano – refletem apenas as frustrações internas do agressor.

Todos nós podemos ter trilhado o caminho errado em algum setor das nossas vidas. O importante é reconhecer isso.

Nenhuma mulher vai despertar em si a bruxa adormecida se tiver, no coração, uma mágoa, uma tragédia, uma escolha infeliz, qualquer coisa não resolvida e/ou, pior, não admitida.

Para algumas de nós é muito mais fácil compreender e admitir as próprias pisadas de bola do que para os homens. Essa é uma das poucas vantagens que o nosso sexo tem em relação a eles: nós podemos chorar. Os homens foram criados, na nossa sociedade, para serem super-heróis, para jamais falhar, jamais pisar em falso. Ninguém é assim. Errar, para o ser humano, faz parte do aprender. Mas não se aprende nada sem a admissão do próprio erro.

Se você deixou sonhos para trás, se você negou a essência do seu sonho, se você se recusou a viver o que deveria, se teve medo, mergulhe dentro de si mesma e encontre a ferida. Admitida a dor e a mágoa, tudo pode ser superado e deixar de se manifestar nas pequenas agressões do dia a dia.

Se for preciso, peça ajuda para fazer isso. Vale tudo para estancar a dor e recuperar a alegria: papo sincero com uma pessoa realmente amiga, sessão no psicólogo, confissão na Igreja, conversa com o pastor ou simplesmente encarar a tela do computador e fazer uma lista de seus erros e frustrações.

Quando se compreende o próprio erro, é possível perdoar a si mesmo. E perdoar-se é muito parecido com perdoar, sinceramente, o outro. Vem aquela sensação incrível de bem estar, uma leveza interior tão intensa que sua alma se julgará capaz de montar numa vassoura e sair voando pela janela, bem no estilo das velhas bruxas dos contos de fadas.

Joana sozinha

Joana tinha dezesseis anos e meio quando seu pai morreu. Estavam vivendo tempos mais duros, ela e toda a sua família, já que havia guerra na Europa e, por isso, os negócios da grande loja de artigos importados iam de mal a pior.

Os pais de Joana trabalhavam havia muitos anos no ramo, atendendo às mais ricas famílias da cidade, dominando a inacreditável burocracia e as muitas dificuldades com o tráfico marítimo para importar toda a sorte de quinquilharias com as quais os ricaços enfeitavam suas casas. A guerra, porém, tornara a atividade da família praticamente impossível e Joana estava vivendo, pela primeira vez, as dificuldades financeiras com as quais jamais sonhara. Isso acabara custando ao velho José Antônio, seu pai, uma dolorida enfermidade estomacal que os médicos não conseguiam debelar. Maria Cristina, sua mãe, corajosamente, enfrentava os tempos difíceis descobrindo uma atividade para a qual tinha certo talento e pusera-se a costurar modelitos copiados dos figurinos Burda que recebera, antes da guerra, da Europa e conseguia, com isso, prover parte das despesas da casa.

Joana tinha três irmãos, todos homens e mais velhos que ela. Os meninos também, diante da dificuldade, tinham sido obrigados a arranjar emprego no comércio e nos bancos, mas ganhavam pouco e, assim, a família vira baixar drasticamente seu padrão de vida. Mandaram embora os empregados e Joana fora obrigada a aprender a cozinhar, lavar, passar e limpar, pois sua mãe vivia ocupada, todas as horas do dia, às voltas com os tecidos, cortes e o barulhinho chato da máquina de costura.

José Antonio ainda abria sua loja, mas quase não tinha o que vender, já que fazia normalmente pouco estoque, importando quase tudo por encomenda.

A tristeza o matara – concluía a menina Joana, enquanto velava, na sala do casarão da família em Campos Elíseos, o corpo do pai. A úlcera do estômago supurara, matando-o rapidamente, ele, que na verdade nem mesmo era ainda um velho, tinha apenas 44 anos e agora estava lá, um cadáver esverdeado, cercado por flores de cheiro enjoativo que se mesclava ao ainda mais enjoativo odor da cera das velas enormes, acesas em torno do caixão.

Joana lembrava-se das grandes festas e jantares que, escondida atrás da porta de vidro, vira, de relance, acontecer naquele salão onde agora era velado seu pai. Devia ser já mais de três da madrugada, mas ainda muitos amigos, clientes e conhecidos estavam ali, a velar o importador. Joana ficara orgulhosa quando viu chegar mesmo o prefeito de São Paulo, Francisco Prestes Maia, para prestar as últimas homenagens a seu pai. Afinal, ele fora um próspero comerciante, respeitado e admirado por conseguir trazer os mais finos artigos de qualquer parte do mundo. Agora tudo acabara, refletia Joana. Teriam que viver do trabalho dos irmãos, ainda muito jovens e das costuras da mãe. A loja provavelmente seria vendida e talvez tivessem mesmo que se mudar para uma casa mais modesta. Não que ela se importasse muito com isso, só não queria ter que deixar de estudar. Em várias ocasiões, quando a família discutia por causa de dinheiro, ou mesmo quando decidiram mandar embora todos os empregados, alguns, inclusive, como a cozinheira, que estavam com a família há muitos anos, seus irmãos propuseram que a tirassem da escola, já que a mensalidade das freiras era bastante alta. Graças a Deus, pensava Joana, sua mãe saíra em sua defesa dizendo que, hoje em dia, as mulheres também precisavam estudar e, já que não poderiam prever quanto tempo essa guerra duraria e quando, enfim, melhorariam os negócios de José Antonio, era muito bom que Joana se formasse no curso Normal, pois teria uma profissão digna para toda a vida.

Pensando nisso tudo, Joana fitava a face do morto. Alice, a velha cozinheira, viera ajudar sua mãe nesse momento difícil, e agora estava servindo os deliciosos pastéis que só mesmo ela era capaz de fazer. Maria Cristina chorava em silêncio, recebendo os pêsames, conversando com todos, sempre aos sussurros, como mandava a ocasião. Homens fumavam na varanda e suas mulheres alinhavam-se nas cadeiras, trocando fuxicos inaudíveis. A luz das velas proporcionava um estranho brilho aos cabelos cacheados e avermelhados do morto. Joana herdara os cabelos do pai, avermelhados e com lindos cachos, que ela realçava dormindo com rolos na cabeça. De repente, resolveu que guardaria para sempre uma lembrança dele e saiu de fininho da sala, indo ao quarto de costura da mãe para pegar uma tesoura. Depois foi ao seu quarto pegar um fino papel de seda que guardara dentro do seu diário e todos viram a menina, com lágrimas nos olhos, cortar pequenas mechas do cabelo do morto e embrulhá-las cuidadosamente no papel. Enquanto o fazia, Joana pensava num livro que lera e que falava que os cabelos e as unhas dos mortos continuam a crescer, assustadoramente, mesmo depois que eles estão enterrados. Por isso, concluía ela, os zumbis têm aquela horrível aparência, carne decomposta, caveiras à mostra e enormes cabeleiras.

Na manhã seguinte, o fúnebre cortejo seguiu para o cemitério da quarta parada. Foi um enterro triste, mas concorrido. José Antonio tinha sido um homem bom, correto e simpático e acumulara amizades por toda a cidade. Algumas pessoas muito importantes estavam lá, mesmo alguns membros da alta sociedade paulistana. No casarão, sozinha, ficara a antiga cozinheira, que nem dormira e se encarregara de providenciar o almoço dos familiares que se reuniriam lá depois do enterro. Não era mais obrigação dela, já que tivera que deixar o emprego por causa das dificuldades de seus patrões. Mas Alice era uma boa alma e tinha muita gratidão por tudo o que a família fizera por ela, tendo mesmo ajudado a construir a casinha, num bairro distante, onde morava agora com suas duas filhas, operárias da indústria têxtil.

Passava da uma hora da tarde quando Maria Cristina anunciou aos parentes chorosos que o almoço estava servido. Estavam na casa, além de Joana e seus irmãos, quatro casais de tios e nove crianças. Sentaram-se à mesa da sala de jantar e Alice trouxe da cozinha as fumegantes travessas: arroz, feijão, salada e carne assada. Quando Maria Cristina meteu a colher na vasilha de arroz branco, todos viram, com espanto, que sob a primeira camada do alimento, estavam pequenos cachos de cabelos castanho-avermelhados, cuidadosamente dispostos, como se alguém os tivesse colocado lá. Eram mechas exatamente iguais àquelas que Joana embrulhara em seu rico papel de seda. A comoção foi geral. Como teriam ido parar, dentro da travessa de arroz, as mechas dos cabelos do morto? A cozinheira foi chamada, mas não havia mesmo explicação. Alice era séria e conhecida da família, ninguém suspeitaria de uma brincadeira de mau gosto da parte dela. Além disso, como seria possível conseguir cabelos assim, iguaizinhos aos de José Antonio?

Tia Marília, irmã do morto, começou a soluçar e foi retirada da mesa pelo marido. Joana subiu ao seu quarto e foi conferir o embrulho de papel de seda que guardara na gaveta do criado-mudo, junto ao seu diário: todas as mechas estavam lá. A esta altura dos acontecimentos, todos já tinham se levantado e ninguém mais queria comer nada. O arroz fumegava, cheio de pequenas mechas de cabelo.

Ninguém nunca conseguiu uma explicação plausível para o fato, testemunhado por todos e por muitos anos narrado em conversas familiares.

Só Joana pensava entender. Seu pai lhe dizia, além da morte, que estaria sempre com ela, que a protegeria e a guiaria nas dificuldades que a vida viesse a lhe impor. As atenções de todos, porém, foram desviadas pelo Tio Mário, que se retirara da mesa e ligara o grande aparelho de rádio da sala e agora voltava correndo para anunciar que os Estados Unidos finalmente tinham se decidido a entrar na guerra. Houve um ataque dos japoneses à base americana de Pearl Harbor, no Havaí, e o presidente Roosevelt declararia guerra ao eixo.

– Getúlio não vai poder continuar namorando os nazistas! – gritava ele. – Agora o Brasil terá que ficar ao lado da América e nós vamos acabar lutando também, junto aos Estados Unidos, como queria o Oswaldo Aranha.

Ansiosos por se livrar da incômoda sensação de mistério que baixara sobre eles, com a história do cabelo no arroz, todos se puseram, até mesmo as mulheres, a discutir avidamente os rumos do conflito, com a eminente entrada dos americanos na guerra.

Era dezembro e Joana se lembraria por muitos e muitos anos que aquele fora o Natal mais triste de sua vida. Sua mãe, depois da missa de sétimo dia, pôs a casa e a loja à venda, reuniu a família e os preparou para enfrentar uma nova vida, mais difícil e com menos dinheiro, mas se opôs firmemente a interromper os estudos de Joana, mesmo pressionada pelos irmãos que não estavam dispostos a ver parte de seu minguado ordenado ser destinada a pagar os estudos da menina.

– O colégio de Joana vai sair dos vestidos que eu fizer! – quase gritara então Maria Cristina, pondo fim à discussão.

Não ia ser fácil vender o casarão, naqueles tempos turbulentos de guerra. E a casa parecia ainda mais vazia sem a presença do pai. Já fora difícil encarar a ausência dos empregados, embora Joana, antes de eles partirem, jamais imaginasse que sentiria mais falta deles, de suas tagarelices, do que os próprios serviços que prestavam. O clima na casa era de tristeza e a harmonia que antes reinava se fora, como num passe de mágica. Os irmãos de Joana discutiam acaloradamente as questões políticas, sempre brigando durante as refeições que Joana preparava, ao chegar do colégio. José Jr, o mais velho, acabara de se filiar ao clandestino e perigoso partido comunista, sem o conhecimento, é claro, da família. Antonio Carlos era a favor da instalação da base militar americana no nordeste brasileiro, o que soava para muitos como uma tentativa de ocupação do território nacional. Marcelo, o mais novo, defendia as posições germanófilas de Góis Monteiro e era briga todo dia. Joana se calava. Pensava apenas em terminar as tarefas da casa, enquanto sua mãe se matava entre os tecidos e as agulhas, para poder dedicar-se aos estudos. Estava terminando o curso Normal e pensava em inscrever-se no ano seguinte, em segredo, para os exames de admissão à Faculdade de Direito do Largo São Francisco.

No início do ano de 1942, quando o governo getulista apertava ainda mais o cerco aos comunistas, através da maldita polícia política de Felinto Muller e se discutia a entrada do Brasil na guerra ao lado dos aliados e contra o eixo, a conversa girava em torno da incoerência do governo que se posicionava a favor da democracia no mundo exterior, mas mantinha no país o autoritarismo e a intolerância do Estado Novo, José Jr. despediu-se da família dizendo que iria morar numa república de estudantes. Na verdade, preparava-se para entrar na clandestinidade da militância do partido comunista e, dessa forma, viram ainda mais reduzida sua renda mensal, já que o primogênito sumiu no mundo, saiu do emprego e deixou de contribuir com a sua parte para o orçamento familiar.

Joana sozinha

Em fevereiro, trocaram o casarão onde Joana nascera e passara toda a sua vida por uma casa bem mais modesta no bairro da Aclimação. Maria Cristina viu reduzida a sua freguesia mais abastada e, em breve, trabalhava apenas paras as mulheres do bairro, por quantias bem menores do que lhe pagavam as esposas dos ricos clientes de seu falecido marido. Joana conseguiu trabalho no período vespertino numa pequena escola particular do bairro, onde era auxiliar de classe, preparando-se para assumir, quando terminasse o curso, uma vaga como professora. Ficou assim, com menos tempo ainda para estudar, já que continuava realizando as tarefas domésticas para que sua mãe pudesse se dedicar exclusivamente à costura, que rendia cada vez menos dinheiro e mais trabalho. Da venda do casarão e de parte do rico mobiliário, sobrara uma certa quantia em dinheiro mas, todos os meses, Maria Cristina via-se obrigada a sacar uma pequena parte para completar as despesas da casa e do caríssimo colégio de Joana. Consolava-se pensando que aquele era o último ano de estudos da filha e que, no ano seguinte, certamente as despesas diminuiriam.

Joana, por sua vez, começou a perceber que muitas das moças, suas colegas, que antes a tratavam com respeito e amizade, agora pareciam se afastar dela e faziam piadinhas sobre o fato de ela ir à escola de ônibus, quando antes ia com carro e chofer. Dessa maneira, a jovem começou a se afastar cada vez mais das festinhas, das idas ao cinema e das fúteis conversas sobre moda e sobre os ídolos hollywoodianos que faziam a sensação das moças casadoiras da época. No seu pouco tempo livre, nos fins de semana e à noite, antes de dormir, passou a dedicar-se à leitura. Frequentava a biblioteca municipal no centro da cidade e devorava volumes e mais volumes, desde os grandes clássicos da literatura mundial aos açucarados romances para moças.

Certo dia os cabelos castanho-avermelhados de um senhor que estava devolvendo um livro chamaram-lhe a atenção. O livro que ele devolvera era de Alan Kardec e ela, seguindo um impulso, pediu para levar o volume. A partir daí começou a se interessar por todo o tipo de literatura espiritualista. Leu Madame Blavatsky, tratados sobre o monismo, antigas obras esotéricas sobre ordens secretas como a Rosacruz e viu seriamente abaladas as suas até então tranquilas convicções cristãs.

Criada em colégio de freiras, sempre aceitara com tranquilidade e sem muita contestação os dogmas dos católicos. Ia à missa, aos domingos, com a família, achava tudo muito natural e acreditava viver praticando a palavra dos evangelhos. Tinha uma personalidade naturalmente generosa que combinava bem com os princípios da ação cristã e, até começar a mergulhar em outras convicções místicas, nunca se preocupara com nada disso. As ideias espiritualistas, no entanto, começavam a fazer com que ela contestasse muitos princípios da fé católica, mas nem por isso deixou de frequentar a Igreja com a mãe, aos domingos e nunca discutiu nenhuma de suas novas ideias em família. Afinal, já era suficiente o escândalo que causara ao ser admitida na Faculdade de Direito. José Jr., o irmão mais velho, que talvez fosse o único a concordar com sua intenção de tornar-se advogada, estava sumido no mundo, na clandestinidade do partido comunista, fato esse que tornara ainda mais triste a vida de Maria Cristina. Os outros dois irmãos, que trabalhavam e tinham abandonado os estudos depois de concluído o curso científico, achavam um absurdo que a única mulher da família fosse, afinal, para a faculdade, coisa que eles nem tinham cogitado, após a morte do pai. No início de 1943 começaram as aulas na faculdade. Joana teve que enfrentar não apenas a oposição dos irmãos, mas também a dos próprios colegas. Muitos a hostilizavam abertamente, dizendo que ela deveria ir procurar um marido, voltar para a cozinha e para o tanque de roupas e outras pérolas do machismo vigente. Alguns professores também não escondiam a sua má vontade com a presença feminina em sala de aula, mas ela enfrentava tudo, esforçando-se por alcançar um alto desempenho nos estudos, nas provas orais e escritas, nos exames. Afinal, ela não era a única mulher a frequentar aqueles bancos escolares. A primeira se formara ainda no começo do século, em 1902, Dra. Maria Augusta Saraiva, e naquela década de 1940 formaram-se por aquela escola 76 mulheres, uma média de mais de sete mulheres por ano.

Ainda em maio de 1943, Marcelo, o irmão mais novo, anunciou seu casamento e levou a noiva, Aurora, para que a família a conhecesse. A moça estava grávida de quatro meses e, por isso, o casamento realizou-se no mês seguinte, coberto de discrição. Os pombinhos alugaram uma casa na Mooca, próxima ao trabalho de

Marcelo, que era agora escrevente numa grande fábrica da região. Maria Cristina temia pelo sucesso da união apressada pela gravidez de Aurora e pressionada pelo salário modesto de Marcelo, ainda em começo de carreira. Também em Junho desse ano foram abertas as inscrições para voluntários que desejassem integrar a Força Expedicionária que o Brasil formava para, afinal, lutar na guerra. Antonio Carlos alistou-se, para desespero da mãe e desprezo do irmão, que comungava as ideias nazi-facistas. Em 16 de julho de 1944, ele estava entre os pracinhas que desembarcaram do navio General Mann, em Nápoles, sob o comando de João Batista de Morais.

Assim, viram-se as duas mulheres, mãe e filha, sozinhas e dependendo de seus próprios trabalhos para prover as necessidades do dia a dia.

O tempo foi passando e a vida continuava igual: a pequena casa da Aclimação permanecia limpa e arrumada, graças ao esforço redobrado de Joana que se dividia entre os estudos, as leituras espiritualistas, as aulas que ministrava para os pequeninos na escola do bairro e o estafante trabalho doméstico. Maria Cristina a apoiava em tudo e tornara-se uma das mais conhecidas modistas das imediações, tendo mesmo recuperado alguma clientela mais rica, que se dobrava ao talento da costureira, que atingira um corte e acabamento impecáveis.

Joana tornara-se tão meiga e cordata, enfrentando a discriminação na faculdade e fortalecendo-se nas convicções espiritualistas, que acabara ganhando a simpatia de Hélio Mota, presidente do Diretório XI de Agosto, na faculdade, que permitia que ela secretariasse as reuniões. Hélio foi preso pela polícia da ditadura getulista em dezembro de 1943, o que gerou uma passeata estudantil de protesto, fortemente reprimida, com um saldo de 25 feridos e dois mortos. Joana politizava-se e ia aos poucos ganhando o respeito de alguns colegas de turma, que já não ridicularizavam, como antes, a sua pretensão à carreira jurídica. Na verdade, o que levara Joana a aproximar-se da ala de militantes do diretório da escola foram a esperança e a intuição. Ela acreditava que, pela mão dos estudantes que lutavam contra a ditadura, talvez conseguisse notícias do irmão desaparecido na vida clandestina do partidão. Os estudantes, porém, eram, embora se tratasse de escola pública, de classe média alta e classe alta e pouco contato direto tinham com membros do partido comunista, na sua maioria operários, e Joana só voltaria a saber de José Jr. em 1945, quando, em 18 de abril, foram anistiados por Getúlio todos os presos políticos, incluindo Luiz Carlos Prestes.

Um jornalista do Estado de São Paulo, encarregado de cobrir as atividades estudantis, em conversa com Joana, lhe dissera que, sem dúvida, esse José Jr. que ela procurava era o famoso Sebastião, codinome que assumira na luta política, responsável pela gráfica clandestina que caíra nas mãos do Dip, entregue por um dos presos que não resistira às bárbaras torturas da polícia política. Estaria, portanto, ou preso ou morto. Fora um duro baque para Maria Cristina: poucos antes a família recebera a notícia da morte de Antonio Carlos, que perecera na Batalha de Monte Castelo. Agora seu outro filho talvez tivesse morrido, nessa outra guerra escondida que se travava nas ruas de São Paulo, entre a ditadura de Getúlio e seus opositores. Por isso Joana decidira estar lá, na porta da cadeia, quando os presos fossem afinal libertados. Teria que encontrar o irmão, já que este não sabia sequer o novo endereço de sua família. Por isso também decidiu ir até a sua antiga residência, para deixar lá o novo endereço da Aclimação. Depois de muito custo foi recebida por uma governanta alemã, que se apiedou dela e guardou o endereço para fornecê-lo a José Jr., caso ele aparecesse por lá. Final da tarde, voltava para casa quando sentou-se no banco do bonde, ao seu lado, uma moça de aparência frágil, cabelos louros e expressão triste. Joana olhou para ela e de repente, quase sem querer, disse:

– Moça, não se preocupe. Você já está grávida. Será uma menina e vai se chamar Helena, como a sua avó.

A moça deu um pulo, de susto:

– Quem é você? Como sabe o nome da minha avó?

Joana também parecia desconcertada, afinal nem sabia porque dissera aquilo à desconhecida.

– Desculpe-me – balbuciou – Eu não sei de nada. Apenas, quando a vi sentar-se ao meu lado, me ocorreu dizer-lhe isso.

A moça levantou-se, confusa, e foi sentar-se num lugar vago, mais na frente do veículo. Daquele dia em diante, Joana começou a ter as visões.

No bairro, Joana era vista com desconfiança e desdém. Não tinha amigas e as outras moças a julgavam pernóstica e com complexo de superioridade. Vivia enfiada nos livros, nunca saía de casa para se divertir, indo, em raros domingos, apenas às matinês de cinema com Maria Cristina. Ninguém ouvira falar em pretendente ou namorado. Também, comentavam as vizinhas, quem é que ia querer namorar e casar com uma mulher que se masculinazava, pretendia ser advogada, pregava a igualdade entre os sexos e dizia que não bastava as mulheres votarem, precisavam também ter independência econômica e parar de depender do dinheiro dos maridos? Era mesmo uma cretina, concluíam as fuxiqueiras, que mal sabia quem era Carmem Miranda ou Eros Volúsia e não colecionava, como todo mundo, retratos dos grandes artistas de Hollywood. Maria Cristina também se preocupava com a solidão da filha: estudando entre homens, da faculdade para casa, de casa para o trabalho e, nos sábados, em vez de se divertir, cuidava das coisas domésticas.

Joana ria. Estava feliz assim, dizia para a mãe, tentando tranquilizá-la. Aos domingos, iam à missa de manhã e, quando Marcelo e Aurora e o pequeno José Antonio Neto não vinham para o almoço, pegavam, mãe e filha, um cineminha à tarde ou passeavam no parque do Trianon, na Avenida Paulista, saboreando sorvetes.

Foi num desses passeios que aconteceu a segunda visão de Joana. Estavam sentadas num banco e Joana olhava para as árvores quando, de repente, viu as copas cobrirem-se de fumaça, começou a ouvir disparos e viu a si própria no meio do campo de batalha. Antonio Carlos estava lá, muito magro e muito sujo, com seu uniforme militar e ela viu claramente o irmão ser atingido e tombar. Gritou.
– O que foi, Joana? – perguntou assustada Maria Cristina.
– Nada não, mãe – respondeu ela controlando a emoção – foi um bichinho que me picou.

Na segunda feira, logo na primeira aula, viu um vulto negro que insistia em cobrir a imagem do velho professor. À noite o professor estava morto: infarto fulminante.

Na terça feira, a faculdade de luto, era o esperado dia da libertação dos prisioneiros políticos. Os jornais noticiavam discretamente, mas havia uma multidão esperando pela saída de Prestes. No meio do tumulto, Joana tentava correr para lá e para cá, querendo avistar o irmão. Todos saíam e abraçavam seus parentes que os esperavam. Eles também, os ex-prisioneiros, pareciam estar vindo da guerra. Magros, a pele esverdeada, a barba muitas vezes crescida. Finalmente o avistou! Ele caminhava devagar, mancando de uma perna, estava também com a barba por fazer e muito magro. Joana abriu caminho, aos solavancos, por entre a multidão e, depois do que lhe pareceu uma eternidade, atirou-se sobre ele num abraço. José Jr. parecia desconcertado, afastou-a de si e, segurando-a pelos ombros, frente a frente, afinal a reconheceu.

– Mana! Você se tornou uma linda mulher!

Joana chorava.

– Venha – disse a ele – Vamos para casa.

No bonde, de mãos dadas, pareciam encontrar dificuldade em falar. Joana olhava, com o rabo dos olhos, para a figura envelhecida e maltratada do irmão e não encontrava nada para dizer. Ele olhava para as ruas, com olhos inquietos, como a tentar reconhecer a paisagem.

Só quando chegaram em casa e Maria Cristina, debulhada em lágrimas, deu um longo abraço no filho que julgara perdido, foi que ele afinal disse alguma coisa:

– Mãe, vamos entrar, que a vizinhança já está reparando...

Os anos de clandestinidade haviam treinado a percepção de José Jr. Sempre fugindo da polícia, tinha olhos e ouvidos acostumados a observar tudo o que acontecia ao redor. E a vizinhança logo estava mesmo comentando: quem seria aquele homem, quase um mendigo, que chegara com Joana?

A alegria de Maria Cristina, por reaver o filho, durou pouco. Preocupava-se com ele, que se tornara um homem fechado, muito calado, quase depressivo. Saía cedo de casa e só voltava altas horas da noite. Não quis falar sobre a prisão ou o que sofrera, mas as sequelas da tortura eram evidentes: mancava de uma perna e, como seu pai, passara a sofrer do estômago. Certa noite, dias depois da volta do irmão, Joana sonhou que ele era a estátua do Cristo, no alto do Corcovado. Quando ele voltou para casa, perto da meia noite, encontrou-a estudando na mesa da sala. Num canto da mesa estava posto um prato e talheres, e o seu jantar esperava no forno. Joana esquentou-lhe a comida e, quando o servia, contou-lhe o sonho.

– Não está fora de propósito. Eu devo me mudar para o Rio de Janeiro em breve, estou apenas esperando as ordens.

– Ordens do partido? – perguntou ela.

– Sim. Agora que Prestes namora o Getúlio – respondeu ele em tom de desagrado – vamos fundar no Rio um jornal, dirigido por esse menino mineiro metido a poeta, o Drummond, e eu vou trabalhar lá com eles. É o começo da realização de um velho sonho para mim, que passei tantos anos imprimindo jornaizinhos clandestinos. O nosso jornal vai se chamar A Tribuna do Povo.

– Mamãe vai ficar triste. Ela já reclama que quase não o vê e você sumiu no fim de semana, nem veio conhecer seu sobrinho.

– Eu estava ocupado – protestou ele.

– O partido é mais importante para você do que a nossa família.

Surpreendentemente ele teve um gesto de carinho. Levantou-se da mesa, limpando a boca no guardanapo, e deu um beijo desajeitado na testa da irmã.

– Procure entender, Joana. Estamos lutando pelo nosso povo, pela gente brasileira, que é a nossa verdadeira família.

Anos depois, quando José Jr. foi morto pela ditadura militar, que se instalaria no país pelo golpe de 1º de abril de 1964, Joana se lembraria daquele beijo e de seu sonho. Afinal, tinham baleado seu irmão na subida do Corcovado, numa das primeiras e desastradas ações repressivas do recém instalado regime. A imprensa, embora não ainda sob censura oficial, o que só ocorreria uns anos mais tarde, calou-se sobre o episódio e Joana só ficou sabendo da morte do irmão porque aquele seu amigo jornalista, que conhecera nos tempos da faculdade, telefonou para ela, marcou um encontro num café do centro da cidade e lhe contou. José Jr. figurou por muitos anos na lista dos desaparecidos do regime, mas Joana sabia, por causa do amigo jornalista e também de seu sonho, que ele estava realmente morto.

José Jr. passara apenas duas semanas em casa, depois que fora solto pela anistia de Getúlio. Mas fora tempo suficiente para que a vizinhança comentasse que

Maria Cristina tinha um filho comunista e, de repente, suas freguesas habituais pararam de fazer vestidos com ela. Um ano depois, viviam apenas do salário de professora de Joana e resolveram, antes que o que sobrara da venda da velha loja e do casarão acabasse, alugar a casa da Aclimação e mudar-se para um pequeno sobradinho na Mooca, perto da casa de Marcelo e Aurora. A vida de Joana ficou ainda mais difícil. Ela estava no penúltimo ano da faculdade, ainda dava aulas no colégio da Aclimação, mas agora precisava tomar dois bondes para voltar para casa no fim do expediente. Maria Cristina colocou o figurino na janela do sobradinho e conseguiu algumas freguesas, porém o bairro era muito pobre e ela costurava por um terço do preço que cobrava quando morava na Aclimação. Quando Joana se formou, no final de 1948, a vida delas tinha novamente mudado. Havia quase um ano Maria Cristina vinha se tornando cada vez mais calada e mais religiosa, fazendo parte das Filhas de Maria da paróquia local e dedicando muito de seu tempo ao trabalho na Igreja. Joana já trabalhava, como secretária, num grande escritório de advocacia na Praça da Sé e Marcelo recebera sucessivas promoções na fábrica de tecido, sendo agora seu gerente geral e considerado o braço direito do patrão. Portanto, estava se preparando para mudar-se para uma casa que estava construindo lá para os lados de Santo Amaro. Joana, por sua vez, queria voltar para a casa da Aclimação, que ainda estava alugada, pois julgava que já poderiam dispensar a diferença do preço do aluguel do sobradinho da Mooca, mas Maria Cristina não queria nem ouvir falar no assunto. Odiava a vizinhança da Aclimação que a discriminara por causa do filho comunista (de quem, nessa época, raramente tinham notícia) e que discriminara sua filha apelidando-a de advogada bruxa.

Depois que José Jr. partira para o Rio, Joana ganhara a fama de vidente, no bairro. Inadvertida e ingenuamente começara a revelar aos vizinhos os sonhos e as premonições que tinha sobre a vida de cada um deles, embora pouco soubesse da vida dos outros. Mas sempre acertava e a vizinhança passou a respeitá-la e temê-la, ao mesmo tempo. Houve até um dia em que o padre da paróquia local a chamara para tentar convencê-la a vir com mais frequência à Igreja e rezar para que Deus a livrasse das tais premonições que, dizia ele, eram artifícios do Grande

Inimigo, o demônio. Foi também procurada, meses mais tarde, por um pai de santo que tinha um dos poucos terreiros de candomblé da cidade, no Cambuci. Ele tentava convencê-la de se tornar uma filha de santo, já que julgava que a moça era uma médium e deveria ser treinada na arte dos espíritos. Joana apenas ria dessas possibilidades, como rira de uma das antigas freguesas de sua mãe que, impressionada com os poderes telepáticos dela, queria levá-la a uma sessão espírita de mesa branca. A esta senhora, que mal conhecia, Joana dissera, enquanto a freguesa estava em sua casa para provar um vestido, que o marido dela não deveria aceitar a sociedade que estava lhe sendo proposta.

– O que você sabe sobre isso? – perguntara espantada a senhora.

– Nada não. Mas olhando bem para a sua figura no espelho, me veio esse pensamento de que o seu marido vai se associar nos negócios com um homem inescrupuloso e eu achei por bem alertá-la.

A tal freguesa de Maria Cristina, impressionada com a determinação da moça, fora conversar com o marido e esse acabou descobrindo que o potencial sócio dera um golpe num outro negócio, na Bahia, e não concretizou a sociedade.

Em vez de ficar agradecida, e ante a recusa de Joana de ir com ela a tal sessão espírita, a tal mulher ficou com muito medo e nunca mais levou nenhum corte de fazenda para que Maria Cristina lhe confeccionasse vestidos.

Vendo a mãe perder mais uma importante cliente, Joana resolveu calar-se. Olhava para as pessoas, via coisas, vinham-lhe pensamentos, mas ela nada dizia. Continuava com suas leituras esotéricas, continuava frequentando a Igreja com a mãe aos domingos, embora o padre olhasse torto para ela, e nunca teve curiosidade de procurar grupos espíritas ou frequentar qualquer tipo de seita ou crença. Mantinha as aparências, mas às vezes questionava-se porque pensava que, se tinha o dom da visão, deveria usá-lo para ajudar as pessoas. Porém, meditava, as pessoas pareciam não gostar dessa interferência em suas vidas e sempre se afastavam dela por isso.

Quando, afinal, concluiu o curso de direito, em 1949, Joana esperava obter uma promoção e passar a fazer parte do corpo de advogados do escritório. Mas nada acontecia. Os meses corriam e ela continuava como secretária. A mãe começou a se queixar de dores e mazelas físicas e, em janeiro de 1950, morreu de um câncer no pâncreas. No enterro, Joana teve um desagradável bate boca com o irmão Marcelo que se queixava da ausência de José Jr. nessa hora difícil. Afinal, dizia ele, não tinha mesmo mais nenhum irmão. Antonio Carlos morrera na guerra e José Jr. estava morto para ele, já que aparentemente a sua devoção ao maldito partido comunista era maior do que seus sentimentos com relação à própria família. Joana saiu em defesa do irmão e teve que ouvir insultos como ela ser apenas uma velha solteirona e frustrada, com tendências esquerdistas, uma mulher formada que continuava a ser apenas uma secretária e nem sequer conseguira arrumar um marido.

Marcelo e Aurora estavam muito diferentes, então. Desde que se mudara para a sua nova casa em Santo Amaro, a família só prosperava. Aurora estava de novo grávida e daria finalmente um irmãozinho a Jose Antonio Neto. Eles tinham, além da casa enorme, um belíssimo automóvel e Joana desconfiava da prosperidade do irmão, mas, por mais que se esforçasse, sua visão não se manifestava com relação a isso. No entanto, ouvira falar de lucros auferidos com delações sobre o movimento operário, nos tempos da ditadura de Getúlio e temia pela integridade moral de Marcelo.

Afastaram-se muito, os dois irmãos, depois da morte de Maria Cristina.

Joana colocou a casa da Aclimação a venda e dividiu a receita, quando o negócio se concretizou, com o irmão. Abriu uma caderneta na Caixa Econômica Federal e depositou, em nome de José Jr, a parte que lhe cabia na venda, já que perdera completamente a pista dele. Com o que sobrou, deu entrada num pequeno apartamento, no centro da cidade, próximo ao seu trabalho e se matava de trabalhar fazendo traduções do inglês (que aprendera sozinha, estudando por correspondência) para uma editora, além de seu trabalho no escritório.

Em 1951 foi promovida a assistente jurídica e passou a realizar trabalhos burocráticos no Fórum, assistindo aos advogados, todos homens, do escritório. Achava uma injustiça, pois se sabia capaz de defender grandes causas, mas não lhe davam essa oportunidade e ela sabia também que os juízes olhariam com desconfiança para uma advogada mulher. Foi nesse ano que o Dr. Marin da Veiga uniu-se ao escritório onde ela trabalhava. Já o conhecia, dos tempos da faculdade, pois ele estava um ano à frente dela na escola. Joana, que jamais tivera um namorado, foi presa fácil do assédio dele. Começaram a namorar, ela se apaixonou violentamente e, certa noite, aceitou sair do teatro e ir para uma garconnière que ele, de família muito rica e tradicional, mantinha na rua Maria Antônia. Tornaram-se amantes e Joana descobriu a alegria do sexo. Assim foi durante um ano inteiro e, por mais que se esforçasse, a moça não conseguia mais ter visão alguma sobre ninguém. Pensando que o dom a abandonara porque ela não o colocou a serviço dos outros, Joana conformava-se e vivia feliz com as viagens que faziam nos fins de semana, indo frequentemente a Santos e ao Rio, frequentando teatros, cinemas e boites.

Joana vivia sozinha em seu pequeno apartamento, que Veiga recusava-se a frequentar. Já estavam juntos há mais de um ano e ela se perguntava quando, afinal, ele resolveria apresentá-la à família. Numa noite de inverno, em seu ninho de amor, ele a fitara, muito sério:

– Joana, minha amada – dissera então – o que eu tenho para dizer a você não é nada fácil.

Ela sentiu, talvez pela força da entonação dele, um aperto no peito e viu, num relance, a figura de uma moça muito jovem e bonita, de suaves e longos cabelos castanhos.

– Minha família – continuou ele – decidiu que eu devo me casar com a herdeira de uma indústria cuja família frequenta nossa casa há muitos anos. Eu a conheço desde criança, ela é boazinha e dará uma ótima esposa. Mas não é boba, sabe que nós temos um caso e exigiu que isso termine agora.

Joana estava desconcertada. Então ele não a amava? Tinha usado e ia jogar fora? Lágrimas começaram a escorrer pelo seu rosto.

– Olhe, meu bem, eu te amo, mas preciso casar com ela. É um negócio, você entende? Uma união de interesses.

Joana soluçava.

– Joaninha, meu amor, tente compreender... Olha eu não vou desamparar você. Hoje mesmo fui à imobiliária e quitei o seu apartamento. Você é jovem, bonita, independente e tem um ótimo emprego. Com o apartamento pago, estará segura.

Eu vou morar com ela no Rio, onde estão os negócios da família dela e vou trabalhar com o pai dela, estamos unindo as nossas empresas, a da minha família e a da dela. A vida é assim mesmo. Logo você encontrará outro homem, pode se casar e constituir família...

Joana não disse uma palavra. Nunca mais dirigiria nenhuma palavra a ele, enquanto vivesse.

Em meio à tristeza dos dias que se seguiram, houve uma alegria profissional. O escritório finalmente permitiu que ela assumisse uma causa pequena, de despejo imobiliário. Durante a audiência, ela sabia exatamente o que diria o advogado da parte contrária antes mesmo dele abrir a boca. Acabou fechando um acordo vantajoso para seu cliente e o escritório festejou a sua vitória. Dali em diante, começou a conquistar o respeito dos colegas e não perdeu nenhuma das causas que lhe foram entregues.

Três meses se passaram e suas regras não vinham. Certa manhã acordou enjoada e viu uma pequena menina, um bebê, de cabelos castanho-avermelhados, chorando num canto do quarto. Então soube que estava grávida. Antes mesmo de ir a um médico, imaginou as consequências dessa gravidez. Mães solteiras não eram aceitas pela sociedade e ela sabia que teria imensos problemas, inclusive no trabalho. Pensou em abortar, mas sentiu que não teria coragem para tanto. Por isso, passou os primeiros meses de gravidez usando cintas cada vez mais apertadas, tentando esconder a barriga que crescia. No sétimo mês, pediu férias do escritório, mentindo que precisava ir ao Rio para resolver problemas familiares e queria ficar fora por dois meses.

Não tinha problemas financeiros, já que guardava grande parte do dinheiro que recebia a cada causa ganha e foi para Santos, instalou-se numa pensão, dizendo ser viúva, o marido morto num acidente. Encontrou um bom médico e teve parto normal na Santa Casa, dando à luz a uma meninazinha que, surpreendentemente, nascera já com os cabelos castanho avermelhados da mãe. Voltou para São Paulo logo depois, com a recém-nascida nos braços. Contratou uma empregada, encarregada de olhar a menina e, no escritório, que a recebeu de volta com entusiasmo, disse que trouxera a filha de uma irmã carioca, que morrera de parto, para criar. Registrou a menina como filha de pai desconhecido e com o nome de Antonia.

Era uma menina alegre, de bom gênio e foi crescendo e se revelando extraordinariamente bela. Enquanto a menina crescia, crescia também a fama de Joana no fórum. Advogados experientes tremiam quando tinham que enfrentá-la. Em cinco anos, era sócia do escritório onde entrara como simples secretária. De vez em quando, ouvia falar no irmão Marcelo que também prosperava e agora tinha o seu próprio negócio de importação de tecidos, de uma certa maneira seguindo os passos do pai.

Nunca mais, depois da morte da mãe, tivera contato com ele ou com sua família e ele nem desconfiava da existência de Antonia.

A menina crescia sob os cuidados da empregada e tinha um respeito medroso por Joana, que nunca a amamentara e a quem ela chamava de tia, julgando mesmo ser órfã de pai e mãe.

Alguns homens tentavam se aproximar de Joana naqueles tempos, mas ela fechara o coração e julgava não precisar de homem algum para viver. Tinha cada vez mais sucesso na profissão e também nunca revelou a ninguém as premonições e os pensamentos intuitivos que eram de grande valia na condução dos processos que estavam em suas mãos. Sabia sempre quando o cliente estava mentindo e o desmascarava facilmente. Podia prever os argumentos que seriam usados pela parte contrária. Quase sempre adivinhava as intenções dos juízes, antes que estes se manifestassem.

Assim, graças ao seu grande conhecimento dos meandros da lei e à sua infalível intuição, acumulou mais e mais vitórias forenses e ajudou o já grande escritório a crescer ainda mais. Recusava-se a ter vida social, fugia dos convites e só comparecia às comemorações de grandes datas das famílias de seus sócios, pois julgava sua obrigação profissional. Nos fins de semana, saía com Antonia, levava-a a parques e a museus, embora a menina ainda fosse muito pequena.

Quando Antonia completou sete anos, Joana matriculou-a num colégio particular e contou à diretora da escola, que conhecera quando ainda era professora como ela, a versão que contava a todos: a menina era filha de uma irmã, uma tragédia familiar, que morrera e que fora mãe solteira. A diretora aceitou a matrícula, embora contrariando a norma vigente da escola, que não admitia normalmente bastardos. Não oficialmente, mas para estes nunca havia vagas.

Foi nessa época que Joana descobriu algumas edições clandestinas, em espanhol, dos evangelhos apócrifos. Neles ficou sabendo que Jesus fora um moleque levado e que usara seus poderes de filho de Deus para impor seus caprichos aos amiguinhos, sendo sempre muito bem repreendido por Maria.

Aprendeu ainda que o Mestre estudou com os celtas, na juventude, conhecendo os segredos mágicos dos druidas e das sacerdotisas, que possuíam, como Joana, a Visão. Descobriu também que Maria teve outros filhos e que, antes de morrer, reuniu todos os apóstolos ao seu redor, tendo sido eles transportados por uma nuvem, de onde estavam, para Belém.

Desde a morte da mãe, Joana parara de frequentar a Igreja, pois essa já não lhe dizia nada. Sua espiritualidade alimentava-se das muitas e muitas leituras esotéricas que, ela julgava, fortaleciam ainda mais os seus dons de visão e telepatia. Essa era a maior razão que fazia Antonia temer a mãe. Frequentemente Joana desmascarava a menina em suas mentiras de criança e sabia exatamente o que se passava na cabecinha da filha.

Terminava o ano de 1959 e o Brasil vivia o clima de progresso instalado pelo governo de Juscelino Kubitschek. A novacap, como era então chamada a Brasília em construção, seria inaugurada em abril.

Num final de tarde, Joana foi chamada pelo sócio:

– Você deve estar lembrada do Dr. Marin da Veiga – disse ele. Como você sabe, ele se mudou para o Rio, onde dirige uma grande empresa que está com sérios problemas fiscais. Pediu-nos ajuda e achei que, se você não tiver problemas em passar uma temporada lá, poderia cuidar do caso. Pode levar a sua sobrinha e a empregada e se instalar num apartamento que tenho em Copacabana. É confortável e a menina pode gostar de uns tempos na praia. Em dois ou três meses, acredito, você poderá colocar as coisas em ordem no departamento jurídico da empresa do Marin e voltar antes das férias escolares terminarem. O que acha?

Joana ficou branca. Sentiu novamente todo o desamparo que sentira quando Marin a deixara. Sentou-se e fitou diretamente os olhos de seu ex-patrão, agora sócio. Como se, de repente, seus poderes telepáticos tivessem se transferido para ele, foi ele quem falou:

– Você andou saindo com o Marin quando ele trabalhava aqui, há uns oito anos, não foi?

Joana pôde apenas balançar a cabeça numa afirmativa.

– Não se sente confortável para essa missão? Ele é o pai de Antonia, que você afirma ser sua sobrinha?

Joana sorriu. Olhou com carinho para ele, que era o mais próximo do que ela tinha de um pai. Afinal, com ele aprendera os segredos práticos da vida profissional, com ele tivera a oportunidade de se transformar de uma simples secretária em sócia do escritório, numa advogada de sucesso e respeito.

– Desculpe, Magalhães – disse por fim – Eu não seria capaz de rever esse sujeito e muito menos de ajudá-lo nos problemas fiscais de sua firma.

– Seja sincera, Joana. Pode me contar. Ele é o pai de Antonia?

– Sim.

– Ele sabe?

– Não.

– Sempre desconfiei que essa menina era sua filha. Como você conseguiu esconder tão bem a sua gravidez?

– Com cintas muito apertadas – conseguiu ela dizer, quase rindo.

– Por que nunca me contou? Pensei que, ao longo dessa década em que nos conhecemos, eu merecesse a sua confiança.

– Sabe, Magalhães, eu sou uma pessoa solitária por opção. Me satisfaço com os meus livros, com meus passeios com Antonia e, principalmente, com meu trabalho. Ninguém sabe que Antonia é minha filha, mas não há mesmo ninguém para saber.

– Você não acha que o pai tinha o direito de saber?

Joana pulou da cadeira:

– De jeito nenhum! E não se atreva você a...

– Calma, Joana, se é o seu segredo e você o confiou a mim, pode ficar tranquila, você pode confiar em mim, sabe disso, não sabe?

Ela sabia. Aliás, ele era uma das únicas pessoas nas quais Joana ainda confiava. Ela nem mesmo percebera que confiança era um sentimento que há muito foi se esvanecendo lentamente dentro de si. Confiava, sim, com uma fé absoluta, em sua própria intuição que nunca lhe falhara, desde aquele dia que descobrira a gravidez da moça no bonde, e que sempre lhe indicara o caminho a seguir, mesmo que estes parecessem absurdos à luz da razão pura e simples. Aquele velho advogado, seu mestre e benfeitor, era talvez o único ser humano em que Joana ousaria depositar confiança.

Tornara-se, sem se dar muito conta disso, uma solteirona solitária. Não mantinha relações sociais e a sua única alegria eram as leituras esotéricas, que ela acreditava que a fortaleciam. Foi na época da construção de Brasília que compreendera as duas leis fundamentais, uma delas o princípio Rosacruz da manifestação de tudo, a do triângulo, que diz que todas as coisas precisam de três elementos para poder existir: um se contrapõe a outro e gera um terceiro. Homem, mulher, criança. Corpo, mente e alma. A outra lei era expressa na máxima "O que está em cima é igual ao que está embaixo", que Joana logo identificou com um trecho da oração cristã: assim na terra como no céu.

Seus pensamentos, julgava ela, eram seus melhores companheiros e eles se geravam nos livros, seus inseparáveis amigos, eles sim. Assim como suas plantinhas, que cultivava há anos na sacada do apartamento.

Nem mesmo por Antonia conseguia nutrir um sentimento de amor. A menina fora para ela apenas um transtorno do destino e a gravidez, um inferno físico apertado nas cintas elásticas. De tanto mentir que Antonia era sua sobrinha, quase acabou acreditando nisso e mantinha, com relação à menina, uma atitude de tia e tutora, providenciando para que nada lhe faltasse, dando a ela educação formal e social, mas com uma certa frieza, um fio de gelo que invadira o coração de Joana ao longo de sua vida.

Por isso agora estranhava a ternura que sentia pelo amigo.

Num gesto bastante incomum para ela, pegou afetuosamente na mão dele, por sobre a mesa que os separava e disse:

— Sei que em você eu posso confiar.

Depois dessa conversa, Joana passou a sentir uma grande harmonia no escritório, como há anos não havia ou talvez nunca tivesse havido.

Mesmo quando as causas lhes davam grandes preocupações, tudo era resolvido com serenidade.

Os anos 1950 haviam passado como uma grande revoada de esperanças. A era Juscelino, a novacap, a ideia do progresso, do desenvolvimento tomava conta de todos no Brasil.

Joana, quase sem perceber, foi ficando rica, resultado da vida simples que levava, combinada ao seu crescente sucesso e a causas cada vez mais altas que defendia. Antonia tornou-se moça em meio aos conturbados anos sessenta. Com a renúncia de Jânio e a posse de João Goulart, acabou acontecendo o Golpe Militar de 64 e o país mergulhou na ditadura. Antonia vivia como uma menina rica, frequentando os melhores lugares, passando férias em Campos do Jordão ou no Guarujá, com chofer à disposição e vivia infernizando Joana para que se mudassem para um apartamento maior.

Joana cedeu em 1969 e comprou um lindo imóvel num velho prédio da Avenida São Luiz. Apartamento de luxo, prédio construído nos anos 1940 para abrigar a elite, era um dos poucos edifícios que pareciam resistir ao ataque dos estabelecimentos comerciais, que se instalavam ferozmente na avenida. Foi um bom negócio e Antonia ficou quase satisfeita embora desejasse morar nos Jardins, onde estava a maioria de suas amigas.

Criada em colégio grã-fino, tendo suas vontades satisfeitas, frequentando parte da elite paulistana, Antonia se desenvolveu alheia aos movimentos estudantis e aos pensamentos esquerdistas que estavam dominando os jovens da época. O mundo clamava por paz e amor e liberdade e Antonia olhava de muito longe para tais clamores. Estava mais para Jovem Guarda do que para Fino da Bossa. Por política, não tinha interesse. Preenchia seus pensamentos com a vida dos artistas americanos e nacionais, namoricos, compras e chás com as amigas. Mas quis o destino que ela se apaixonasse por um líder estudantil de esquerda. O garoto em questão era dirigente da Jec, braço secundarista da Ação Católica, movimento socialista e cristão. Parecido com James Dean, dono de um estonteante par de olhos verdes, ele conquistou Antonia. E, de posse de seu coração, foi ganhando também os seus pensamentos e tirou-a do mar de futilidade em que ela vivia metida, mostrou-lhe o deslumbramento das artes e da boa música, ensinou-lhe a andar nos meandros do pensamento político.

E Antonia começou a andar nas nuvens! Apaixonada, correspondida e com um mundo novo se abrindo ante seus olhos, mergulhou, como fizera seu tio José Jr. duas décadas antes, na militância da esquerda católica. Foi presa em 1971.

Então começou o inferno de Joana, atrás de informações sobre a filha presa, que todos e ela própria acreditavam sua sobrinha. Joana já vivera isso antes, atrás de informações sobre o seu irmão, sempre ameaçado quando o partido caía novamente na clandestinidade. O irmão estava morto. E agora ela precisava viver tudo aquilo novamente. Agora, porém, era pior. Quem sabia de alguma coisa não se arriscava a passar informações. Seus contatos a levaram à Brasília, para ver se descobria qualquer coisa. Desesperada, e sem conseguir que sua famosa intuição lhe apontasse um caminho, depois de uma conversa desanimadora com um diretor do serviço de inteligência, Joana entrou no elevador do prédio público com lágrimas nos olhos. Lá dentro estava um general que, solícito e apiedado daquela elegante senhora que chorava no elevador, perguntou-lhe se podia ajudar. Ela desandou a contar a história de Antonia, que ninguém admitia ter prendido, mas que, ela sabia, tinha sido presa num aparelho clandestino na Chácara Santo Antonio. O General ouviu tudo, de pé no saguão da suntuosa arquitetura de Niemayer, ao pé do elevador. Chamou um auxiliar e cochichou qualquer coisa com ele, depois de pedir licença a Joana. Três semanas depois, Antonia foi jogada como um saco de lixo defronte ao prédio onde morava na Av. São Luiz, em plena madrugada. O porteiro do edifício queria chamar a polícia, temendo ser um presunto do esquadrão da morte, mas Antonia levantou-se, meio cambaleante e ele a reconheceu.

Naquela madrugada, Joana reviveu o dia em que fora esperar José Jr. na saída da prisão, no tempo do Getúlio. Antonia parecia carregar o mesmo fardo do tio e trazia nos olhos o mesmo brilho triste onde sua mãe, ou tia, pensava ver, ao mesmo tempo, revolta e aceitação.

Os anos 1970 passaram, veio a anistia e Antonia foi esquecendo a militância, dedicando-se ao comércio de quadros e acabou arrumando um trabalho numa galeria importante. Tinha mudado muito, de adolescente fútil tornara-se uma jovem consciente, mas amarga.

Na década seguinte, Joana viu morrer-lhe o sócio, Magalhães e o escritório, inexplicavelmente, começou a perder clientes importantes, deixando de conquistar novos. Em 1985, quando completou 60 anos, Joana se retirou do escritório. Ficaria apenas com as aulas da faculdade, que ela iniciara no meio dos anos 1960. Antonia estava morando no Rio e Joana tremia só em pensar na possibilidade de que ela conhecesse o pai, sem saber...

Ainda morava no mesmo apartamento da mesma avenida São Luiz. Tudo ao seu redor, ou quase tudo, era comercial. As empresas começaram ocupando os saguões dos edifícios e, aos poucos, foram subindo, reformando andares para transformar residências em escritórios. No prédio de Joana, só a cobertura, onde ela morava, era residencial. Assim, sua solidão tornou-se completa.

Ela e as plantas e os livros e duas empregadas, uma arrumadeira e uma cozinheira. De manhã, dava aulas na faculdade e o resto do dia se dedicava às plantas e aos livros.

Tinha uma verdadeira floresta na sacada do apartamento e mais uma centena de vasos espalhados nas grandes salas que tinham janelas enormes e uma luminosidade perfeita, difusa, que permitia a Joana cultivar até mesmo orquídeas. Conversava com Antonia, uma vez por semana, ao telefone e ia, todo o último domingo do mês, almoçar com a família de Magalhães, com quem mantivera, por consideração ao falecido, laços de amizade.

Frequentemente, agora que se via envelhecer diante do espelho, a cada dia com mais rapidez, Joana se perguntava se fizera afinal, durante sua vida, um bom uso de seu dom. Usara a intuição na carreira e sua carreira era a justiça. Mas, lá no fundo, ria-se do pensamento. Ninguém mais do que ela sabia quanto a justiça pode ser injusta. Talvez, matutava, devesse ter colocado seu dom da intuição e da visão a serviço de outras causas. Talvez devesse ter tido uma vida mais atuante, politicamente, quem sabe.

Joana tinha todo o tempo do mundo para pensar e às vezes pensava que ainda poderia fazer isso. Poderia colocar seus dons a serviço de alguma coisa. Mas o quê? O tempo passava e ela esperava um sinal, uma visão ou um sonho que lhe sugerisse um novo caminho para a sua vida. Um caminho mais aberto para os outros, ela que sempre fora um urso na caverna... que a levasse a ter um papel social, a deixar sua pequena marca no mundo.

Assim, no final dos anos 1980, quando passava dos 65 anos de idade, Joana foi trabalhar como voluntária numa instituição para crianças com Aids. Mas mal começara, a morte a pegou.

Antonia estava em São Paulo, organizando uma importante exposição de arte, quando recebeu a notícia de que sua tia Dra. Joana havia sido encontrada morta em sua cama. Possivelmente sofrera um colapso enquanto dormia. Boa maneira de morrer, diziam alguns a título de consolo.

O que ninguém pode jamais explicar, nem mesmo a pobre Antonia que testemunhou, quase em pânico, o fenômeno, foi porque, depois de colocada no caixão, vestindo um de seus mais elegantes tailleurs, os cabelos da morta desembestaram a crescer. Cresciam a olhos vistos e Antonia imaginou mesmo poder ouvi-los crescer. Quando ultrapassaram a altura dos joelhos, resolveu-se cortá-los, mas logo eles atingiam de novo essa marca. Passaram a noite do velório cortando os cabelos de Joana, que logo eram uma montanha, dentro de um cesto ao lado do caixão. O fato teria sido mais escandaloso se o velório tivesse sido mais concorrido. A solitária doutora recebeu apenas alguns de seus colegas de profissão, uns raros colegas de magistério e alguns alunos.

Seus cabelos, por várias vezes cortados até a hora do enterro, foram aproveitados pela freirinha da capela do colégio onde Joana estava sendo velada, para fazer novas perucas para os santos.

Não se sabe se os cabelos de Joana continuaram a crescer depois do corpo enterrado.

13
O céu estrelado e a música

Infelizmente existem pessoas que olham para o firmamento, numa noite de lua nova, quando ele está ainda mais cheio de estrelas, e nada veem além de pequenos pontos brilhantes que compõem a noite, sobre seu manto escuro.

Por isso também, por causa da pequena compreensão e sensibilidade, outras pessoas, dessas que pensam e muito ante um céu estrelado, imaginaram que existam aqueles que, na Terra, estão vivendo pela primeira vez. Aqueles cuja alma ainda não teve as experiências necessárias, através de várias vidas, para se preocupar com os mistérios do Universo. Os celtas iam mais longe, acreditando que existiam os que estavam condenados a viver apenas uma vez.

A ciência, que é a contramão da magia, baseando-se nos grandes recursos telescópicos de hoje em dia e nas mensagens que nos enviam, de anos luz de distância, as sondas espaciais, formulou a teoria do Big Bang e do Universo em expansão. Há apenas cinco centenas de anos, Galileu sofreu nas mãos da Inquisição por afirmar que a Terra não era o centro do universo, que éramos apenas um grão de areia na imensidão do Cosmos, girando obedientes em torno da nossa estrela. O que dirão os cientistas daqui a mais 500 anos? Terão desvendado tantos mistérios que o conhecimento que hoje se têm das leis e da história do Universo pareça para eles mais um ingênuo engano.

O que seu coração diz diante do céu estrelado?

Você é apenas um pontinho minúsculo, que ousa saber que é feito da mesma matéria das estrelas, mas insignificante, no meio da imensidão das muitas galáxias que você vê no céu. Ao mesmo tempo, esse firmamento que o encanta é apenas o reflexo do passado. A luz dos astros viajou milhões ou bilhões de anos terrestres para chegar até aqui. O que você está vendo é um céu de diferentes idades, variando as idades com a distância de cada corpo celeste que você consegue ver a olho nu. Contemplando o cosmos, tudo o que vemos é passado.

Será que tem fim? Se a gente saísse daqui agora, viajando num foguete espacial, até morrer, não chegaríamos ao fim. Será redondo? Se o universo está dentro de uma bola, o que é que tem por fora da bola? Se começou com uma explosão, o que havia antes da explosão?

O modelo dos planetas girando em órbita das estrelas faz pensar no átomo e na máxima rosacruz: O que está em cima é igual ao que está embaixo.

E se o Big Bang for apenas uma teoria e simplesmente o Universo não tenha tido começo nem fim, seja realmente Sempre e também não comece em algum lugar e acabe em algum outro? Simplesmente não comece nem termine? Seja de fato infinito e eterno?

A emoção que nos causa um céu realmente estrelado, daqueles que só podemos ver longe das grandes cidades e, preferencialmente, na montanha, é algo difícil de descrever. Se nos dispusermos a deitar no chão e fitar o firmamento por algum tempo, logo nos sentiremos mergulhados nele, como se as estrelas nos abraçassem, como velhas conhecidas.

Este é um caminho para viver os mágicos momentos de harmonia, ou de sintonia com a natureza, com o mistério das nossas vidas, do qual fugimos sempre, fingindo-nos imortais e muito ocupados com a sociedade.

Outro caminho para sentir-se nesta súbita e gratificante harmonia é a dança. Os rituais religiosos de povos da antiguidade e mesmo de alguns povos contemporâneos, incluem a dança como maneira de entrar em alguma espécie de transe ou passar para outro estado mental ou mesmo, no caso dos espíritas, receber uma entidade espiritual.

Não é à toa que a música é chamada de a linguagem universal. A música, mesmo que não aquela usada para dançar, pode também nos transportar para este estado de harmonia com o Cosmos, com as energias que nos cercam, se você acreditar nelas. Agora, se você puder juntar o céu estrelado com a música... hum...

O céu estrelado e a música

Para se apreciar a boa música, a clássica, o jazz, a mpb da bossa nova ou de Caetano, é preciso mergulhar a atenção nela, ouvir e mais nada. É claro que se pode usar a música enquanto se trabalha, se escreve, se cuida das plantas. Mas só nos momentos em que você se deixar absorver totalmente pela música é que se abrirá aquela porta para o Todo, para a sensação de ser parte, de não estar só e de estar no lugar certo.

As religiões sabem disso que acabo de dizer, tanto sabem que usam a música e a dança ou simplesmente o movimento para provocar transes nos fiéis. Quem já participou de uma roda de candomblé sabe muito bem o poder do ritmo, da música e da dança. Evangélicos usam música e movimento para expulsar os supostos demônios que estariam no corpo do fiel que sofre.

Alguns psiquiatras propõem que o transe místico dos fiéis seja uma somatória do efeito psicológico da música, do ambiente e do movimento, libertando antigos arquétipos que estão no inconsciente coletivo da humanidade e significariam a ação das forças do mal. Assim, comodamente, o fiel pode atribuir as infelicidades de sua vida não à sua própria ação ou responsabilidade, mas à interferência de um poder demoníaco que se instalou em seu corpo.

Experimente o feito em casa. Coloque uma música ritmada com a qual você se identifique, fique alguns minutos concentrado na música e, depois, saia dançando pela sala. Se você conseguir a concentração necessária, logo acreditará que é a música que move seu corpo, como se este tivesse vontade própria, independente do comando de seu cérebro e, brevemente, você estará próximo de um "transe". Agora imagine tudo isso sob a influência de muitas pessoas num mesmo ambiente e todas elas imaginando que algo de sobrenatural acontecerá.

Não se iluda. Outros estados mentais não são provocados unicamente pelo uso de substâncias, são provocados também pela atividade física, que incrementa a produção de serotonina no cérebro. Grandes esforços físicos, no esporte, causam de fato um outro estado mental. Chocolate também. E cafeína. E nicotina. E as drogas chamadas ilícitas. Estar entupido de maconha ou de santo daime e, portanto, com a sensibilidade aumentada, não quer dizer que você está em transe místico.

A experiência mística é absolutamente fugidia e sempre que você tem uma, pode aparecer uma explicação racional para ela.

Existem pessoas que pensam ter uma experiência mística por semana, seja na igreja, no grupo esotérico, onde for. Não é verdade. Experiência mística é um evento raro nas nossas vidas e só ocorre por absoluta necessidade. Você não terá uma experiência telepática com alguém que está ao alcance do seu telefone celular. Simplesmente porque não é necessário.

Lembre-se outra vez da história das mulheres que usavam árvores para se comunicar, já que não tinham telefone.

Sonho acabado

O número martelava em sua cabeça: 50. Ia fazer 50 anos amanhã! Era incrível. Bem que seu pai dizia, há décadas atrás, para que ela aproveitasse bem a vida, já que o tempo passava muito, muito depressa. Ela, é claro, naquela época não podia compreender. Afinal, fora uma longa caminhada desde a infância, a adolescência, até chegar à sonhada idade adulta, quando se pode dirigir carro, votar, ganhar seu próprio dinheiro e sentir-se dona de seu nariz. Mas dos 20 aos 50... o tempo voara. No entanto, refletia ela, não se sentia uma cinquentona. Não se sentia uma velha, uma vovó. Sentia-se, antes, como se tivesse parado lá pelos 30. Está certo. O filho também já não era broto, era hoje um bem sucedido executivo de banco, tinha lhe dado três netinhas maravilhosas, uma delas já entrando na adolescência. Pobre menina! – pensou, sobre a neta mais velha. Ser adolescente no ano 2000 deve ser uma tragédia. Pouca cultura, talvez nenhum ideal... em que caminho estaria a sua neta? Sucesso profissional? Amor? E de que valeria tudo isso sem a riqueza da vida cultural, sem a consciência política, sem o acalanto dos ideais?

Débora ia fazer 50 anos, mas ainda era uma mulher desejável e repleta de ideias. Tivera o privilégio de ter sido jovem nos anos 1960 e pensava, como todos pensavam então, fazer parte de uma geração que mudaria a face da terra com seus motes de paz-e-amor.

Aliás, essa era a dor que estava escondida dentro de sua alma. A dor do fracasso.

Fracasso, sim, tinha ela que admitir quando refletia seriamente sobre aqueles tempos. Lindos tempos. As músicas eram todas hinos, as peças de teatro, manifestos. E longas, longuíssimas, discussões nas mesas de bar. Os jovens dos anos sessenta acreditavam realmente, como ela, que poderiam fazer a diferença no mundo. O Brasil estava sob o braço forte da ditadura militar e eles insistiam em desafiar o *establishment*, insistiam na justiça social, na igualdade de oportunidades, na força da paz e do amor, na liberdade sexual, no amor livre, em última instância, na liberdade: liberdade para agir de acordo com a própria consciência, liberdade para declarar o que se pensa, sem hipocrisia e sem medo.

Aonde fora tudo isso? O que restara? O que de seus sonhos e ideais havia sobrevivido a esses trinta anos? Beatles, Caetano Veloso, Geraldo Vandré? O que sobrara de tantos sonhos para, por exemplo, sua netinha adolescente? Esta que só pensava em consumo, em corpo perfeito, em carro importado? Não que Débora tivesse algo contra o consumo, que gerava empregos e impostos. Não que tivesse algo contra a busca da forma física ideal, que gerava saúde... Mas... seria só isso, para a sua neta? Mais nada? Nenhum sonho, nenhum ideal, nenhum esforço cultural? E o sexo, então, cada vez mais transformado em moeda?

Frases daqueles tempos invadiam seu pensamento. O sonho acabou. Não confio em ninguém com mais de 30 anos. E ela própria estava fazendo 50. E agora? O mundo parecia regredir. Mulheres impedidas de trabalhar no Oriente. Mulheres tendo o clítoris extirpado na África. Guerras estúpidas campeando pelo planeta. O que fizera ela, afinal, de tantos sonhos da década de 1960? Em que contribuíra para a criação de um mundo melhor? Em nada. Nada podia fazer, nada fizera, nada de concreto existia, como fruto do que ela pensara ser uma luta ou, mais que isso, uma revolução.

Débora tivera sua iniciação nos ritos dos anos 1960 através da Juventude Estudantil Católica, a JEC. É verdade que ela própria procurara, na sua escola, o pessoal do movimento. Havia lido uns livros que estavam na moda então, naquele ano de 1965, eram os diários de Dany e de Ana Maria. Traduzidos do francês, esses livros, dirigidos aos adolescentes falavam na JEC, JOC e JUC, movimentos católicos mundiais de estudantes, operários e universitários. Débora

identificou-se com os princípios de igualdade social cristã dos quais falavam os livros. Mas o que a moveu, o que a fez procurar o movimento fora o seu espírito de liderança. Ela queria pertencer ao grupo que julgara, então, de vanguarda. E mais do que pertencer: ela queria liderar. Por isso saiu falando pela escola, para quem quisesse ouvir, que ela queria fazer parte da JEC. Hoje ela já não poderia se lembrar de como acontecera. Talvez nas aulas de religião, ministradas no colégio estadual que frequentava pelos jovens seminaristas e padres católicos. Não demorou muito, porém, para que uma simpática moça, que já estava no curso Normal, enquanto ela era apenas ginasiana, a procurasse e a convidasse, afinal, para uma reunião. Débora frequentou o grupo por alguns anos e logo estava participando também de outras reuniões, fora da escola, onde podia dialogar com membros de todas as organizações, inclusive a Liga Camponesa e a Ação Popular, braço universitário mais esquerdista dos movimentos católicos. Naqueles anos a repressão endureceu. Em São Paulo cresciam as divergências entre os grupos políticos estudantis. O Brasil caminhava a passos largos e rápidos em direção ao AI-5, que seria decretado no final da década, suprimindo todas as liberdades civis. A ditadura estendia seus potentes braços contra qualquer tipo de manifestação contrária aos seus desígnios, inclusive legitimando movimentos clandestinos de repressão, os chamados paramilitares. Novas palavras e expressões passaram a fazer parte do cotidiano dos brasileiros: subversivos, reacionários, lacaios de Moscou, Brasil ame-o ou deixe-o.
Quando prestou vestibular, em 1969, Débora estava literalmente apavorada. Muitos de seus amigos e colegas estavam presos ou tinham simplesmente desaparecido. Um líder estudantil amanhecera enforcado numa árvore no quintal de sua própria casa, em Santo Amaro: suicidara-se ante a certeza de sua prisão e a possibilidade de, não resistindo às bárbaras torturas do famigerado DOPS, delatar seus companheiros. Ele preferira a morte à possibilidade de tornar-se um delator. Uma semana antes das provas do vestibular, o pai de Débora a chamara para uma conversa séria. Um amigo o alertara para o perigo de abrigar em casa uma filha subversiva: perigo para a família, perigo para os irmãos, esposa e até empregados; perigo, inclusive, para a pequena e bem sucedida metalúrgica dele,

que agora começava a deslanchar, fornecendo peças para grandes montadoras que se instalavam no país.

– Pai, dissera ela em pânico, eu sou cristã. Não posso compactuar com os militares e com tanta injustiça social nesse país.

– Minha filha, – dissera o velho Tobias, – sua mãe e eu já vimos antes esse filme. Era igual, no tempo da ditadura do Getúlio e da ação do DIP, que era o equivalente ao que hoje é o DOPS.

A mãe, apesar da seriedade do momento, ainda conseguiu rir:

– Nos tempos do Getúlio a gente falava que era hora da rolha. Todo mundo calado, uma rolha nos lábios...

– Tudo passa, minha filha – disse o pai. – Esses tempos também vão passar, voltará a democracia no Brasil. Enquanto isso, seja discreta. Afaste-se dos movimentos, vocês já perderam essa guerra. Você acha que poderá exercer suas ideias cristãs estando jogada numa cela? Sendo torturada e talvez morta? De que serviria isso à sua causa? Sua mãe tem razão, é tempo de por uma rolha na boca. Isso não fará com que você desista de suas convicções e chegará um dia em que você poderá decliná-las livremente...

– Pai, se todos se calarem e se omitirem, esse dia jamais chegará.

– Chegará, sim, minha filha. Lenta e gradualmente, através da oposição consentida...

– Através de quem? – explodiu ela – Esses babacas do MDB?

– Eles e outros. Mas não através desses heróis kamikases como os seus amigos. Não através de mártires. Ouça o que sua mãe e eu estamos dizendo, nós já vimos antes tempos de repressão. Eles acabam.

Sim, reflete hoje Débora, o pai estava certo. Esses tempos acabaram. E foram também os babacas do MDB, foram os exilados, os mortos, os desaparecidos e foram também esses babacas que estão hoje no poder, que conseguiram isso.

Hoje Débora relembra, não sem amargura, a louca solidão dos anos de chumbo.

No clima dark de sua faculdade de direito, ao alvorecer dos negros anos setenta, havia um professor de comunicação, gordo e desleixado, que fumava um cigarro após o outro, os dedos amarelados pela nicotina, compondo uma figura totalmente em desacordo com a imagem estabelecida ao comunicólogo daqueles tempos.

Tempos de grandes gravatas coloridas, tempos de homens supostamente prósperos e bem sucedidos, faturando alto em altíssimas verbas publicitárias, decorrentes de um milagre econômico que, ela sabia, teria que ser pago também em altos juros, mais tarde. Tempos de silêncio e de muito barulho.

Alardeava-se o milagre da multiplicação dos radinhos de pilha e televisores e diplomas de cursos superiores.

Calava-se a voz do espírito crítico, a poder de chantagem ou porrada.

Os idealistas, seus companheiros, sobreviviam perplexos, calados.

Aquele professor, tão *underground* quanto seus sonhos de igualdade ou sua sede de cultura, era como uma esfinge: decifra-me ou devoro-te.

Seus enigmas, porém, construídos pela então necessidade do silêncio (pensar era muito perigoso na Ditadura), calaram fundo em seus corações e em suas almas.

Uma das grandes chaves do real entendimento, pensa hoje Débora, está nestas frases, ditas há 25 anos, por ele:

"*O sentido do texto é o seu contexto.*" Ou: "*Linguagem científica é aquela que admite infinitos equivalentes. Já a linguagem lírica não admite nenhum.*"

Era de fato um mestre aquele professor de comunicação.

Débora acreditava hoje que a falência dos sistemas educacionais, a inflação de doutores semi-analfabetos, todo este horror que vira ocorrer na educação e na mídia no Brasil das últimas três décadas, tenha tornado um mestre, como ele, *avis rara* entre os professores.

Ela, porém, tivera o privilégio de um Mestre. Ou mais que isso: de alguns Mestres, em sua geração.

Um de seus colegas, naquela época, clamava aos quatro ventos que o Brasil precisava de líderes.

Ele estava falando de política: os futuros líderes estavam sendo mortos ou exilados (o atual presidente eleito, entre eles).

Toda essa situação a levou a ter uma grande esperança na volta dos exilados, aqueles que supostamente poderiam redimir tamanha cretinice vivida no cotidiano da Ditadura.

Os supostos líderes exilados eram, na sua maioria, gente de origem humilde, classe média baixa dos anos 1950 e 1960.

Voltaram vestindo gravatas francesas e investindo no mercado de arte, como os legítimos burgueses contra os quais tanto falavam...

Voltaram orgulhosos de sua posição de "ex-exilados", distintos dos comuns mortais por quem, na sua juventude, eles pensavam lutar.

Ela que fizera parte da juventude dourada dos revolucionários *sixties*; ela, que como tantos ficara aqui aguentando a repressão; ela, que também fora treinada para a liderança que nunca conquistara, ficara órfã com a dissidência deles.

Relembrando os seus discursos, dos tempos das passeatas e da suposta revolução social e sexual (que na verdade não houve) percebia claramente a seriedade das palavras de seu velho Mestre.

O sentido do texto era realmente o seu contexto. Reprimido e esmagado o contexto, o texto sumira.

Hoje, neo-liberais, ainda orgulhosos da marca e do estilo da gravata, esses líderes, também já velhos, trocaram definitivamente o acerto da leitura lírica da vida pela falsa segurança do politicamente correto, das definições ambivalentes, do mediocremente estabelecido.

Ficaram todos mornos, passíveis de serem substituídos por infinitos equivalentes.

E, agora, que perspectiva futura teria ela, uma cinquentona fracassada, a oferecer às suas netas?

Mesmo a liberação feminina, pela qual tanto lutara, fora reduzida a mulheres neurotizadas, que morriam de enfarte, estressadas com a tal da dupla jornada de trabalho, algumas masculinizadas pela força da feroz competição nas empresas ou então aquele outro tipo de mulher: a loura burra e rica que trocara seu corpo esculpido em academias e cirurgias por um marido bem sucedido que lhe dava carro importado e a alimentava com uma assinatura de revista Caras.

Bah! Débora quase se arrependeu de não ter batalhado por um emprego público (que era o único jeito de ter uma aposentadoria decente), de ter passado sua vida profissional defendendo, naquele escritório que nunca cresceu, mulheres cujos maridos, ao cansarem-se delas, queriam passá-las economicamente para trás, mulheres vítimas de violência em casa e na rua, estupradas, desrespeitadas... Para acabar assim, à beira dos cinquenta, ainda como uma advogadazinha menor, num escritório menor, numa posição menor, morando de aluguel... Ao menos seu único filho tinha conquistado um status, era um alto funcionário de banco, dava conforto e segurança à sua nora e netas. Mas, também, refletia Débora, a que preço? Vivia nervoso, fumava três maços de cigarros por dia e, no fim de semana, invariavelmente enchia a cara.

Ninguém dizia nada, mas Débora podia adivinhar, nos olhares e nas posturas, que a família de seu filho também não era feliz. A nora, apesar de duas plásticas, regulares sessões de botox e idas semanais ao cabeleireiro, tinha uma cara amarga, uma expressão de mulher mal comida, mal resolvida. Vivia reclamando das filhas, que chamava de "aborrecentes" embora a mais nova tivesse apenas oito anos. As meninas viviam num mundo de consumo desenfreado, de idas aos Shoppings Centers, roupinhas issos, tênis aquilos... Ninguém lia nada, a não ser as legendas das fotos coloridas das revistas que só se ocupavam com a vida alheia. Ninguém via nada, a não ser medíocres programas de TV nos quais o centro das atenções era, como sempre, a vida alheia.

Quem não tem vida própria, concluía Débora, tem mesmo que se ocupar da vida dos outros.

Mas ela nada dizia. Se dissesse, como já tentara em outras ocasiões, seria tachada de saudosista, antiga, etc. etc.

O trabalho também não trazia grandes alegrias à Débora. Aos cinquenta, vinte e cinco de formada, já vira todos os casos e tudo era uma mesma e chata repetição de histórias de separação e violência. O marido, um ex-companheiro de luta esquerdista, jornalista, morrera-lhe havia mais de dez anos, consumido por um câncer e pela tristeza de ver a mídia transformada em pura competição consumista.

Por isso, agora, às vésperas do cinquentenário, suas únicas alegrias são o jazz, que ouve num moderno aparelho de som, o computador com sua Internet, por onde viaja à cata de sites que possam alimentar um pouco da sede de cultura que ainda lhe persiste na alma e a esperança. Sim, porque ainda tem fé e ainda tem esperança, não no sonho acabado, mas no sonho que ainda, de alguma maneira, por algum meio, há de vir.

14
Pensamento positivo

Muita gente já escreveu sobre o pensamento positivo. Centenas de volumes de livros de autoajuda tratam do tema e são constantemente considerados como que beirando o charlatanismo.

No entanto, repare no que acontece quando você sai de casa de mau humor. O carro quebra, o pneu fura, pisam no seu pé na estação do metrô, você tropeça ou tromba, enfim, uma sucessão de pequenas desgraças cotidianas que fazem com que, no fim do dia, você esteja pior do que estava pela manhã e exclame: Nossa! Que dia!

Poderia dizer: Nossa! Que pensamento!

O mundo é o resultado de nossos pensamentos. O seu mundo é o resultado do seu pensamento.

Vale aqui a batidíssima máxima de que se colhe o que se planta. Pensamentos de ódio, raiva, desânimo, acabam atraindo todo esse negativismo para a sua vida. Ninguém tem boa vontade com gente depressiva ou mal humorada, e por aí já começa. Mas parece haver algo mais do que a simples reação dos outros ante o nosso negativismo. A natureza e o destino parecem reagir também ao tom dos nossos pensamentos. Que prova eu tenho disso? Absolutamente nenhuma. Apenas a observação. Nada de bom acontece quando a minha expectativa, o meu estado de espírito, os meus pensamentos, são negativos e pessimistas. Diante das muitas crises e adversidades da nossa vida, ainda assim é preciso ser otimista. Não é fácil. Mas existe quem consiga. Os antigos expressavam a sabedoria acumulada em provérbios: "Não há mal que sempre dure nem bem que nunca se acabe". A fase difícil, a adversidade, as coisas estúpidas que nos acontecem na vida e que, frequentemente, acreditamos não merecer, não durarão para sempre e servem para nos ensinar muita coisa. Não aprenderemos nada com o sofrimento, no entanto, se não tivermos a humildade de admitir que, em algum ponto do caminho, praticamos alguma ação que agora volta para nós como reação. Se conseguirmos admitir que nada acontece realmente por acaso, que estamos colhendo o que plantamos, conseguiremos tirar algum proveito do sofrimento e crescer com ele, tornando-nos seres humanos melhores e mais completos. No meio da crise é preciso não perder a fé na vida, é preciso praticar bons pensamentos, exercer a esperança, ou mais que isso, a certeza de que não viemos ao mundo para sofrer, mas também não viemos a passeio. A vida é um aprendizado contínuo, mas existem aqueles que passam pela vida sem aprender nada porque não atingem essa humildade e essa compreensão. Se mantivermos positivo o nosso pensamento, lutando contra o desânimo e a sensação de injustiça que nos abate diante dos problemas, certamente superaremos, mais dia ou menos dia, esses mesmos problemas. A sensação de vitória advinda da superação dos obstáculos é uma das coisas mais maravilhosas que o ser humano pode experimentar. Mas ela não existe para quem se acovarda, se entrega ao sofrimento ou busca consolo nas drogas (lícitas ou ilícitas) ou se agarra a alguma suposta tábua de salvação. Só dentro de nós mesmos, individualmente, poderemos encontrar a força para superar os obstáculos, por mais intransponíveis que estes nos pareçam. O mundo não foi feito para os covardes, nem para os acomodados. É preciso lutar. Sempre. E sempre com o pensamento positivo, sempre com humor e sem colocar a culpa pela nossa desgraça em outro. O que nos acontece é fruto apenas do que nós mesmos plantamos, por mais cruel que isso possa parecer, por mais difícil que nos seja admitir nossas próprias pisadas-na-bola. A vida é bela. Mas é também cruel.

Carlos Drummond de Andrade disse melhor do que eu: "Carnaval é direito que se conquista". Conquiste o seu.

Eli, uma estrela de TV

Eli não se sentia muito bem naquela manhã. A menstruação ainda vinha, mas os calores da menopausa já se faziam presentes, infernizando as suas noites. Por isso dormira mal e sentia-se realmente indisposta. O extremo movimento da manhã de segunda-feira no metrô de São Paulo em nada contribuía para melhorar sua disposição. Pudesse, teria ficado na cama. Mas não podia. Tinha que atravessar a cidade e estar a postos, ao microfone daquela rádio nordestina na periferia, impreterivelmente, às 10 horas da manhã. Para completar o panorama geral de desalento, amanheceu chovendo e a temperatura caíra muito. As pessoas andavam encolhidas, as ruas estavam molhadas e o céu de chumbo pesava sobre a sua cabeça. Enfiara-se pelo buraco de entrada da estação Trianon, depois de vencer os três quarteirões que separavam a vila onde morava, da estação. Já estava arrependida. Embora durante a noite sentisse os insuportáveis calores da menopausa, agora tiritava de frio, sob a capa de chuva. Deveria ter ido de carro para a rádio hoje. Mas sabia que o automóvel não tinha gasolina suficiente e, além disso, o metrô a livrava dos incômodos congestionamentos que inevitavelmente teria que enfrentar naquela segunda-feira paulistana e chuvosa.

Espremeu-se como pôde dentro do trem. Evitando olhar para as pessoas – todas pareciam tristes e cabisbaixas – tentou mergulhar em seus próprios pensamentos. Mas estes eram talvez ainda mais angustiantes do que as expressões preocupadas de seus conterrâneos. Eli imaginava quantos, como ela, naquele veículo, estariam passando pelas mesmas dificuldades que ela enfrentava agora. Quase todo mundo se endividara até o pescoço graças à grande oferta de crédito dos bancos e aos juros altíssimos que estes praticavam. Os juros altos serviam para segurar o que ela julgava ser uma falsa estabilidade da moeda brasileira. Na rádio mesmo, muito ela falara sobre essa situação: com juros altos as pequenas empresas, que na verdade eram o sustentáculo da economia brasileira, ficavam encalacradas entre a falta de dinheiro e o excesso de taxas, a oferta de emprego diminuía drasticamente, não havia prosperidade... Ah, suspirava Eli em pensamentos, e tudo isso para manter o orgulho do presidente que se reelegera graças ao sucesso que tivera com a criação do Real e com o término da inflação. Agora, com FHC em fim de mandato e com a ameaça da eleição de Lula, o líder sindical, o dólar disparara, a inflação estava voltando e o risco-Brasil se elevara ao máximo. Setores mais conservadores (os ricos, pensava ela) temiam um governo irresponsável se Lula fosse eleito, um governo que pusesse em prática as jurássicas medidas da derrotada esquerda mundial, mas ela confiava no Lula e votaria nele nas próximas eleições.

Sem perceber, seus pensamentos começaram a levá-la ao passado. Há 20 anos, Eli fora um absoluto sucesso na televisão. Bons tempos aqueles, em que era respeitada e invejada, ganhava muito bem e jamais teria que se sujeitar a espremer-se num vagão do metrô e, muito menos, a participar, sem salário ou qualquer paga, de um programa de rádio de horário comprado por um sujeito meio ignorante mas que queria eleger-se vereador. O importante, no entanto, era estar no ar, aparecer na mídia, não deixar que o público a esquecesse. Se saísse do ar, aí sim, todas as portas se fechariam para ela.

De repente, o metrô diminui sensivelmente a velocidade e para. As luzes se apagam, há um princípio de tumulto no breve espaço de tempo antes de se acenderem as luzes de emergência. As portas se abrem e alguns passageiros saem e se põe a caminhar pelo túnel, pelo corredor lateral. Eli ajeita-se na multidão, doem-lhe os pés, pisados por alguém na súbita parada do veículo. Nove e dez. Será que chegaria a tempo se fosse também a pé? Sim, deveria ter vindo de carro, reflete ela, mesmo se arriscando a ficar sem gasolina. O tal candidato a vereador de vez em quando lhe dava uns trocados, quando conseguia algum anunciante, e ela poderia pedir-lhe um adiantamento para colocar algum combustível no tanque do automóvel. Bah. De que adiantava pensar nisso agora, que a porcaria estava feita? Decidida, saiu andando pelo corredor do túnel, quase correndo. Pelo tempo de percurso decorrido, sabia que estava, no máximo, a uns três ou quatro quilômetros da estação onde descera. Podia vencer a distância, a pé, em quarenta ou cinquenta minutos e ainda chegaria a tempo de entrar no ar. Caminhando na obscuridade do túnel, ouvindo apenas os passos apressados da pequena multidão que preferira seguir a pé a esperar que se sanasse a pane do sistema, Eli quase chora. Há uma grande revolta em seu peito e ela não se julga merecedora de uma situação tão humilhante. Participar de um programa comprado numa rádio de periferia já é demais. Nos últimos anos, ela só vem caindo. Na primeira metade daquelas duas décadas ela só subira. Começara na TV como repórter de sua cidade, na emissora afiliada local, em Ribeirão Preto, Estado de São Paulo. Logo fora notada pela direção nacional da emissora e transferira-se para o Rio, onde a colocaram com um quadro só seu num grande programa feminino matinal. Ela estava encarregada de falar sobre o cotidiano da mulher, naqueles anos 1980, e também comentava e respondia cartas de telespectadoras que a consultavam sobre assuntos sentimentais. Foi um absoluto sucesso e ela teve que aprender a conviver com a inveja dos colegas, principalmente dentro do próprio programa, cujos quadros não alcançavam nunca o seu Ibope, e onde todos os anunciantes da casa queriam ver inseridos seus comerciais. Eli não entendia a razão de tanto sucesso. Politizada, ela gostaria de falar de questões mais abrangentes e, para as mulheres, de mergulhar mais fundo em sua condição social, mas a emissora tinha rígido controle sobre as questões políticas, já que ainda estavam vivendo tempos ditatoriais, embora pós-anistia e com a censura mais branda do que nos tempos muito duros do regime militar. No fundo, refletia ela então, as brasileiras estavam mais interessadas nas questiúnculas emocionais do cotidiano do que em sofisticadas análises de sua condição de discriminadas. Em pouco tempo ela ocupava um camarim exclusivo na sede da poderosa emissora, camarim este que vivia cheio de flores e presentes e lembranças de fãs ardorosas, vindos de todos os cantos do país. Em breve, seu carro era sempre escoltado por seguranças da TV e ela não podia mais fazer feira ou supermercado, porque a cercavam e todos queriam seu autógrafo. Ir à praia? Nem pensar. Em todo lugar era assediada e disputada. Recebia convites para festas, recepções, coquetéis, eventos. A imprensa escrita começava a publicar matérias e mais matérias sobre a moça de Ribeirão Preto que conquistara as mulheres do Brasil com seus sábios conselhos. Apenas seis meses depois de sua transferência para o Rio e de sua estreia, Eli lançava um livro de conselhos para mulheres, baseado nas consultas que recebera no programa. Fora um sucesso absoluto. No vernissage, conheceu André, dono de uma grande rede de farmácia, e se apaixonou loucamente. Foram morar juntos menos de um mês depois e ele a convenceu a comprar um enorme apartamento na Barra, de cobertura, e ria de seu modesto quitinete em Ipanema. "Imagine, uma estrela de rede nacional, vivendo apertada num prédio de pobres!". Com ele, Eli aprendeu a força da ostentação. Chamaram um decorador da moda e ela teve que gastar o salário polpudo de um mês só na remuneração desse profissional. André comprou um carro da moda para substituir o fuskinha que ela trouxera de Ribeirão e ela não discutiu, nem sequer cogitou, a questão de que as despesas da casa ficassem sempre por sua conta. Afinal, ele era rico, dono de uma rede de farmácias. O que ela ainda não sabia era que André vivia, como a maioria das pessoas do signo de câncer, de aparências e só delas. Na verdade, seus negócios iam de mal a pior, mas ele insistia em manter um padrão de vida bastante alto. Foram meses de delírio. Iam a todas as festas, começaram a aparecer nas colunas sociais, ele empresário e ela badalada figura da TV. Em dois anos ela estava grávida e as empresas dele pediram concordata. Muita dívida foi paga com o salário de Eli, que não se importava. Mas, quando ela estava no último mês de gravidez, ele anunciou que estava se mudando, ia viver com uma famosa socialite. Elisa, a filha deles, nasceu de parto normal (a mãe era declaradamente contra o abuso das cesarianas), cercada de câmeras, puxa-sacos, assessores e jornalistas, mas sem a presença do pai que, aliás, nunca quis tomar conhecimento de sua existência e, quando se referia a ela, nos raros telefonemas que trocava com a mãe, frequentemente esquecia o nome da menina.

Quando Elisa já completara um ano de idade, Eli recebeu uma proposta irrecusável da emissora concorrente, segunda colocada no ranking de audiência, e cuja sede era em São Paulo.

Um tanto enfastiada da vida luxuosa que André lhe mostrara, Eli colocou à venda seu apartamento na Barra e comprou uma casa muito boa numa das raras vilas paulistanas. Essas vilas haviam sido construídas para a classe média, mas com o crescimento da cidade e situadas hoje em bairros considerados nobres, sofisticavam-se um pouco, tornando-se como mini-condomínios fechados. Eli não sabia, quando optou pela compra da casa, que essa seria a última compra importante que faria e nem poderia imaginar que, quinze anos depois, seria a casinha o único bem que lhe restaria.

Na emissora paulistana, ganhou uma hora inteirinha de programa, um programa só seu, onde repetia a fórmula que a consagrara nos seus quinze minutos diários na emissora líder.

O Ibope, no entanto, não era tão bom e, dois anos depois, ela percebia que seus privilégios (muitos) na emissora iam sendo cassados lentamente. Os anunciantes já não disputavam a tapas a inserção de comerciais no seu programa e este mudava constantemente de horário, nunca fixando um hábito na audiência. A coisa foi degringolando até o dia em que ela chegou para fazer seu programa e viu que não tinha mais lugar de estrela no estacionamento.

Chorou muito e resolveu telefonar para um diretor de uma outra TV, a terceira colocada, que conhecera num coquetel.

Assim, quando Elisa completou cinco anos de vida, Eli se transferiu para outra emissora, onde teve uma boa acolhida, mas com o salário e as participações bastante reduzidos.

Ainda ganhava o suficiente para manter um bom padrão de vida, pagar uma ótima escolinha para Elisa, manter uma boa empregada em casa e usufruir de todos os confortos da vida moderna. Seu programa, porém, já não tinha a mesma repercussão de antes. E a imprensa em geral foi se esquecendo dela. Já não recebia tantos convites para festas e eventos, mas estava satisfeita com seu trabalho, embora com menos anunciantes e, como tinha participação na receita do programa, com menos, bem menos, dinheiro do que antes.

Por causa do dinheiro, acabou aceitando um convite de um partido político que queria lançá-la como candidata a deputada estadual. Desdobrou-se em esforços na campanha eleitoral e conseguiu ser eleita em 1990. Mas teve um desempenho apenas razoável.

Foi levando a vida até 1994, quando terminou seu mandato parlamentar, e o próprio partido negou-se a financiar sua possível reeleição. Nesse mesmo ano, a emissora em que trabalhava resolveu contratar um executivo de sua antiga TV. Max Pilon era um sujeito que praticamente construíra a liderança daquela rede e sua contratação foi festejada. Todos acreditavam que ele conseguiria tirar aquela emissora do modesto terceiro lugar e a colocaria, no mínimo, em segundo.

O homem chegou cheio de ideias e com uma postura que herdara dos seus tempos de reinado na emissora líder. Isso acabou criando uma enorme antipatia por ele entre todos os funcionários. Mas ele queria revolucionar a emissora e, no início de 1995, Eli foi chamada pela assistente dele.

Ainda agora, quando relembra esse episódio de alguns anos atrás, estremece. De repente, uma mão em seu ombro a traz de volta do passado:

– Ei! Não é possível! Você é mesmo a Eli Loyola? – pergunta-lhe uma senhora, no estreito caminho do metrô.

Eli sorri, interrompida em seus pensamentos.

A fã em questão estava acompanhada pela filha, que claramente não compartilhava do entusiasmo da mãe. Eli pensou que a menina teria no máximo uns dez anos e que, portanto, não teria lembrança dos seus tempos de grande sucesso.

– Poderia me dar um autógrafo?

Eli assina uma dedicatória num pequeno cartão que lhe é apresentado. A fã não resiste e pergunta:

– Mas como alguém como você está aqui, nesse corredor escuro do metrô?

– Estou indo para o meu programa de rádio e não quero enfrentar o trânsito – responde, constrangida.

A fã se afasta, toda feliz por ter privado alguns momentos com alguém famoso e Eli segue – são 9 e meia – a passos apressados o seu caminho.

Imediatamente retoma as lembranças.

Fora, no começo de 1995, chamada à sala da diretoria da TV. Esperava ser recebida pelo executivo, mas quem a atendera fora a assistente dele, muito poderosa, conhecida dentro da emissora como "a loira".

Ela foi curta e grossa:

– Eli, dentro da nova filosofia que se instalou aqui com a vinda de Max, nós queremos tudo o que você tem: seu conteúdo, seus anunciantes, mas não queremos mais você no ar.

– E que papel me restaria, então? – perguntara Eli, assustada.

– Você poderia assessorar a produção.

Eli sentiu que seu coração começou a bater descompassadamente. Então, se ela dava audiência, se atraía anunciantes, por que iria sair do ar e deixar seu programa de herança para alguma apresentadora que eles colocariam em seu lugar?

– E quem vai apresentar o programa?

– Bom, isso nós ainda não decidimos. Mas é certo que não será mais você.

– E você está me propondo que eu assessore alguma apresentadorazinha e ensine para ela o que aprendi nesses anos todos de TV?

– No momento é o que teríamos para você, Eli. É pegar ou largar.

Eli levantou-se, ofendida:

– Estou largando. – respondeu e virou as costas. Desceu imediatamente para a maquiagem, pois entraria no ar dali a meia hora. Estava lá quando seu assistente a avisou que o programa já estava suspenso, que não iria ao ar nem naquele dia.

– Como? Mas só falta meia hora.

– Sinto muito, Eli, a ordem veio do escritório da loira. Mandaram por um filme seriado no lugar do seu programa.

Mais tarde acabou sabendo que um cantor que fizera muito sucesso no passado, estando no escritório da diretoria da emissora naquele dia, ficara sabendo do problema dela, se oferecera imediatamente para fazer o programa em seu lugar, dizendo-se perfeitamente capaz de dar conselhos às mulheres. Isso a magoou ainda mais.

Depois, tudo foi um pesadelo. Recebeu o que tinha direito da TV, mas estava sem trabalho e o dinheiro que tinha aplicado não duraria para sempre. Por isso começou imediatamente a fazer contatos com uma infinidade de pessoas que conhecera nesses anos na TV, tentando conseguir um novo espaço em qualquer emissora. Uma semana depois percebeu que ninguém, entre todos aqueles que se diziam seus amigos, facilitava nada para ela. Foi recebida por diretores de algumas TVs e todos pareciam loucos para se verem livres dela, como se estivessem apenas cumprindo uma obrigação para com alguém que tinha, um dia, sido um sucesso nacional.

Foi ficando triste. Um mês depois já tinha esgotado todas as possibilidades e resolveu desabafar com um ex-produtor seu. Marcou um encontro com ele no Rio, pegou uma ponte aérea e o encontrou no Garota de Ipanema, para a tradicional feijoada de sábado. Ele a escutou atentamente e, por fim, disse:

– Eli, na verdade os seus tempos de grande sucesso passaram. Você é uma ótima profissional, uma excelente comunicadora, mas lá se vai mais de uma década do tempo em que esteve no auge. Hoje não há mais muito lugar para conselheiras sentimentais. Você já notou como os programas femininos estão baixando de nível? Você tem nível demais para TV de hoje. Pode reparar, não dou mais um ano para que todos esses programas estejam totalmente voltados para apenas trabalhos manuais, culinária e muita fofoca da vida dos artistas, que é o que está, nesse momento, entrando na moda. Você deveria tentar uma dessas novas TVs que estão se instalando aqui no Rio e em São Paulo, seja uma UHF ou uma emissora a cabo. Espera-se que o cabo se desenvolva bem nos próximos anos. Acho que está na hora de você aposentar essa história de conselheira sentimental. Você mesma disse que o seu programa ultimamente fazia baixos pontos no Ibope. Coloque-se à disposição de emissoras menores, como apresentadora. É um novo mercado e vai precisar de boas profissionais como você. Olhe, eu tenho um amigo que semana que vem vai assumir a direção de uma nova TV UHF que está se instalando em São Paulo. É uma pequena rede do interior paulista que repetiu emissoras grandes, como afiliadas, e agora quer andar com as próprias pernas, instalando

Eli, uma estrela de TV

sua geradora num canal UHF de São Paulo cuja concessão já é deles há algum tempo.

E foi assim que, na semana seguinte, Eli estava diante do tal diretor.

Ele propôs a ela um programa feminino clássico: culinária, trabalhos manuais, fofoca e entrevistas com personalidades. Ela argumentara:

—Olhe, mas eu gostaria de fazer um programa de mais nível, com outros assuntos como direito e política, você sabe, uma coisa para mulheres inteligentes...

Ele riu:

– Não existem mulheres inteligentes!

Diante do espanto que leu nos olhos dela, emendou:

– Quero dizer, o grosso da audiência vespertina – e isso já está provado – infelizmente não é composto por mulheres inteligentes. A telespectadora média brasileira quer isso mesmo que estamos propondo, o arroz-com-feijão. Um pouco de moda, um pouco de música, uma entrevistinha, muita culinária.

Ah, e a propósito, quem é o seu patrocinador?

– Como assim?

– Você não vai trazer um patrocinador?

– Escute, Abelardo – respondeu ela já meio ofendida – é claro que muitas empresas patrocinaram os meus programas em todos esses anos, mas nunca fui eu quem vendi. Sempre o departamento comercial das emissoras.

– Eli, entenda. Nós estamos começando um trabalho aqui. Investimos muito dinheiro na sede de São Paulo. Você sabe quanto custa montar uma TV? Para tornar o seu programa viável, você tem que nos ajudar trazendo pelo menos umas duas cotas de patrocínio e mais alguns merchandisings. Não é possível que você não tenha nenhum contato com esses seus anunciantes.

– Bom contato eu tenho, mas como você quer que eu saia vendendo? Não entendo nada de tabelas, preços, bonificações. Isso é trabalho do comercial. Eu sou uma apresentadora e achei que você tivesse interesse em me contratar.

– Você tem empresa?

– Como, empresa? Eu sempre fui funcionária das TVs.

– A nossa filosofia é trabalhar com empresas. Tudo terceirizado. Olhe, para tornar o nosso projeto viável você precisa conversar com alguns anunciantes, interessá-los e depois abrir uma empresa, na sua casa mesmo, só para poder nos dar nota fiscal. Aí, sim, poderemos tocar esse barco. Como você não tem experiência em vendas, marque as reuniões com os possíveis anunciantes e eu mando alguém com você, aqui do nosso comercial, para orientar as negociações. Mas essa é a única maneira.

– E eu serei remunerada também pelas eventuais vendas que fizer?

– A nossa política é pagar aos apresentadores 20% da receita que eles conseguirem.

– E a receita que vocês conseguirem?

– Bem, você há de convir que 20% é uma ótima remuneração e já estamos lhe proporcionando, sem lhe cobrar nada, todo o aparato técnico necessário.

Eli saiu de lá chorando. Em vez de contratos com remuneração de altos executivos ela estaria reduzida apenas a uma porcentagem do que ela própria conseguisse vender (e como faria isso? – pensava então), sem nenhuma segurança e ainda teria que arcar com as despesas de abertura e manutenção de uma pequena empresa.

Mas tudo bem. Ia topar o desafio.

Teve sorte. Conseguiu, através de contatos com antigos anunciantes, o mínimo de receita necessária para colocar o programa no ar e, no dia da estreia daquela nova emissora, ela também estreou com um programa vespertino de duas horas de duração.

Aí sim, começou o inferno. A produção era de um amadorismo brutal, tudo improvisado, e ela, acostumada a trabalhar em grandes redes, demorou muito a se acostumar com isso e inclusive com a falta de divulgação da emissora, muito pouco assistida, e cuja estreia mal merecera algumas linhas da imprensa especializada.

Foram anos terríveis. Seus primeiros patrocinadores logo a deixaram, alegando que a audiência da emissora era muito pequena e o retorno que eles obtinham não compensava o investimento. Eli se acostumou, por fim, a viver pendurada no telefone, nas horas em que não estava no ar, caçando anunciantes que conquistava para logo perder. Houve vários meses em que sua receita foi zero, e ainda lhe sobravam contas astronômicas de telefone, contador e impostos. A escola da filha custava uma pequena fortuna, muito mais do que a pequena pensão que André mandava todos os meses. O chofer e o segundo carro logo desapareceram e ela mesma passou a levar Elisa na escola, antes de ir para a TV e buscá-la, na volta. O dinheiro aplicado já diminuíra muitíssimo e ela já não podia satisfazer todos os desejos da filha, agora adolescente e acostumada a consumir do bom e do melhor. Seu relacionamento com a menina também não ia nada bem. Elisa constantemente acusava a mãe de tê-la, propositalmente, afastado-a do pai e, em sua fantasia, julgava que ele se importava com ela. Tinham poucas notícias de André, que agora era diretor da fábrica da esposa e vivia com a cara nas colunas sociais. Uma vez a cada três meses, Eli colocava a menina num voo de ponte aérea para que ela passasse o fim de semana com a família de André. Ela voltava sempre revoltada desse passeio. Xingava a mãe por não poder mais proporcionar-lhe os caprichos e vinha cheia de influência de seus meio-irmãos, muito ricos, que viviam no circuito dos milionários cariocas. Eli via, em desespero, sua filha tornar-se uma jovem fútil, materialista e extremamente preocupada com as aparências. Um dia, quando a situação de Eli estava bem ruim, a menina anunciou que iria se mudar para o Rio e viver com o pai. Pela primeira vez, em mais de quinze anos, teve uma discussão séria com André, por telefone. Mas a filha, que já estava com quase dezesseis e não suportava mais as privações financeiras pelas quais Eli estava passando, acabou indo mesmo para o Rio e, assim, Eli se viu sozinha na casa da vila, tendo por companhia apenas a fiel empregada, Cida.

Mas ainda tinha forças para lutar. Ia todos os dias da semana cumprir sua obrigação na TV e via, a cada mês, menos dinheiro. A casa era própria, mas as contas estavam ficando impagáveis. Telefone, Luz, IPTU altíssimo, contadora, TV a cabo, Internet, despesas com o automóvel que estava ficando velho e frequentemente quebrava... Jamais sobrava dinheiro para as roupas e os acordos de produção que, em outras épocas, proporcionavam-lhe guarda roupa e caros institutos de beleza, já não existiam mais. Só o antigo cabeleireiro, dos tempos áureos, ainda a atendia de graça.

Apesar de ter um programa em rede estadual, não tinha mais o status de grande apresentadora e até os namorados começavam a escassear. Depois de André, ela nunca mais encontrara um sentimento de paixão. Teve alguns casos que duravam pouco e ela desconfiava que a aproximação dos homens se devesse apenas ao resto de fama que ela ainda representava.

Foi então que, em 2000, começaram a acontecer as coincidências.

Eli lembrava-se exatamente do dia em que elas começaram, pois fora exatamente quando, consultando seu saldo bancário pela Internet percebeu que só lhe restavam 330 reais positivos na conta e os investimentos tinham terminado de ser consumidos pelas estúpidas despesas que acabara tendo com a mudança da filha. O que ela conseguia ganhar, mensalmente, da TV, estava muito aquém de cobrir as despesas do cotidiano. Assim, naquele dia, resolvera cortar drasticamente as contas. Coisa que, aliás, nos últimos meses, ela já se conscientizara que deveria fazer, o que lhe trouxera ainda mais problemas com a filha. O supermercado especial, que vendia as mais belas frutas e verduras e todas as iguarias importadas e consideradas chiques, fora substituído pelo estabelecimento popular onde tudo era, no mínimo, 30% mais barato. O vinho – que ela tomava todas as noites – passou de francês a chileno e mais tarde, nacional mesmo. O jardineiro foi dispensado e ela mesma começou a cuidar do pequeno jardim da casa da vila. Aliás, essa foi uma descoberta surpreendente para Eli: encontrava, no cuidado das plantas e no contato com a terra, uma paz indescritível e suas plantinhas (nas quais nunca reparara muito) pareciam agradecer-lhe os cuidados, a cada rega, a cada limpeza. Quebrou a cara com algumas flores que eram perenes, mas, com o passar do tempo, foi aprendendo o ritmo e a necessidade de cada serzinho vegetal. Até a sua filha, sempre revoltada e briguenta, tinha reparado que o pequeno jardinzinho parecia estar ainda mais exuberante. Mas toda essa economia ainda era pouco. Corajosamente, Eli sentou-se ao computador e fez as contas, elaborou um orçamento mínimo e percebeu que ainda faltaria dinheiro ou para o telefone e Internet, ou para o salário da Cida e a TV a cabo. O telefone diminuíra bastante, com a ausência de Elisa, mas ela ainda precisava dele, e gastava muito nele para suas vendas do programa. A Internet era também imprescindível. A TV a cabo ela poderia cortar. Mas mesmo assim a média que conseguia tirar de seu programa ainda não cobriria o salário e os encargos da Cida. Por isso, teve uma conversa com a sua fiel escudeira, que estava com ela desde que viera para São Paulo, e descobriu que a moça já recebera uma proposta de uma vizinha. Foi uma triste despedida. E Eli ficou completamente sozinha em sua casa. Teve que aprender a cozinhar, a lidar com as máquinas de lavar e de limpeza e, um dia, limpando os quadros, lembrou-se que alguns deles eram valiosos. Vendeu-os para uma galeria e conseguiu pagar, com a receita, o licenciamento do seu último automóvel (que estava atrasado) e os direitos da empregada que demitira.

Sua rotina agora era essa: levantava, fazia a cama e o café, tirava o pó dos móveis, fazia sua ginástica, molhava o jardim, punha a roupa para lavar, dava alguns telefonemas para possíveis clientes e entrava no chuveiro e se produzia para estar, maravilhosa, às 13h00, na maquiagem da TV, para entrar no ar às 14h00. Às 16h30 ou 17h00 estava de volta. Fazia um jantarzinho, ou cuidava do jardim, jantava às 19h30 ou às 20h00, lavava a louça e ia ver o noticiário e a novela na TV, lia ou ouvia música, tomava seu vinho e ia dormir. Quando recebia convites para eventos ou vernissages, invariavelmente, os aceitava.

Nos fins de semana, fazia uma faxina brava na casa e se distraía com suas plantas e seus livros. Às vezes ia caminhar no Parque Ibirapuera e era reconhecida como estrela de TV por alguns transeuntes, o que a consolava.

Sua mãe e seu pai já não estavam nesse mundo e ela não tinha contato com parentes, nem irmãos.

Portanto, embora seus telespectadores julgassem que ela levava uma vida glamurosa, tornou-se cada vez mais solitária. Desde a decepção com André parece que seu coração se fechara e ela não conseguia mais estabelecer laços afetivos com ninguém. Nem mesmo com a própria filha, concluía angustiada.

Tinha umas raras amigas, e de vez quando saía com uma delas para jantar, pegar um teatro ou um cinema, mas isso era tudo. Conversavam, ela era boa ouvinte e escutava até confidências, mas jamais abria o seu coração.

Naquele dia, em que percebeu que só tinha 330 reais na conta, estava com a TV ligada e ouviu o repórter dizer: "330 pessoas pereceram no desastre de avião que aconteceu ontem."

Era de manhã e, depois de se produzir, ela saiu para a TV. Quando entrou em seu carro, seus olhos bateram no odômetro, que ela zerava a cada vez que enchia o tanque: 330 km.

Entrando numa grande avenida, reparou que o carro que estava à sua frente tinha a placa 0330. Fez uma ultrapassagem e lá estava outro carro: 3300. Ouviu um fiapo de conversa no corredor da TV: "mas eu já tinha feito 33 programas quando..."

Depois, o número 33 começou a persegui-la. Tudo o que fazia, para onde olhava, lá estava o 33. Um dia comprou um bilhete de loteria que tinha a dezena, mas não deu nada. Além disso, as coincidências com as palavras. Ela escrevia ou dizia uma palavra e, segundos depois, o rádio ou a TV diziam a mesma palavra. Era tão absurdo que, por vezes, ela pensou estar enlouquecendo.

Pensando em tudo isso, Eli chega ao seu destino. Sobe as escadas da estação em direção à rua e a luz do sol lhe fere, por instantes, os olhos já acostumados à semi--escuridão das luzes de emergência do metrô.

Agora, dois anos depois que sua vida começara a ser pautada pelos números 33 e pelas eternas coincidências, ela ainda não conseguia captar algum sentido naquilo. Primeiro ela interpretara esses sinais como sendo uma esperança, uma espécie de mensagem cósmica a lhe dizer que não deveria desistir, que encontraria, por fim, uma solução para os seus problemas. Afinal, acabara perdendo seu programa na TV, há exatamente um ano, depois de passar o ano anterior sofrendo toda a espécie de pressão por parte da diretoria da emissora, sempre exigindo que ela conseguisse mais e mais anunciantes que já não queriam investir naquela TV que não dava retorno nenhum ao investimento deles. Se estava viva, se ainda podia manter o carro (que não pagava as taxas de licenciamento há dois anos), era porque sua filha lhe mandava todo o mês um dinheirinho que tirava da mesada que recebia do pai. Ela fizera alguns poucos trabalhos *free lancer* para rádios e produtoras, tentara mesmo, por seis meses, virar vendedora numa agência de automóveis, mas não conseguira sucesso.

Desde que mandara embora a Cida, ela se acostumara apenas a tomar café da manhã e jantar, mas, nos últimos tempos, andava se alimentando cada vez pior.

Eli, uma estrela de TV

Todas as tarefas domésticas, menos cuidar das plantas, pareciam um enorme peso para ela. Estava magra, o rosto chupado, a expressão triste. Apenas a voz continuava poderosa. Graças a Deus, pensa ela, por que se assim não fosse não teria conseguido aquele humilhante lugar no programa de rádio.

Entrando na emissora, apressada, pois faltavam apenas cinco minutos para o início do programa, ela se sente fraca, sem energia e, de repente, vem-lhe lágrimas aos olhos. Ela segura. Não pode entrar no estúdio chorando.

Deus era testemunha de que ela tentara, por todos os meios, naqueles últimos dois e dificílimos anos, encontrar um trabalho, ainda que simples. A casa da vila, onde morava, estava à venda e a sua esperança era que, concretizado o negócio, ela pudesse comprar um pequeno apartamento e aplicar a diferença, conseguindo algum rendimento. Mas mesmo isso não seria fácil. A casa já tinha uma dívida enorme de impostos, que teria que ser quitada com o produto da eventual venda.

Como em todos os dias, quando o programa entrou no ar, ouviu-se a poderosa voz de Eli. Naquele dia estavam na mesa alguns políticos e um secretário municipal. Um dos políticos era uma velha militante do partido comunista, a quem Eli admirara na juventude. Quando o programa acabou, ela se aproximou de Eli e disse:

– O que está havendo com você? Você anda profundamente triste, noto cada vez que venho a esse programa. Seus olhos perderam aquele brilho de paixão, mesmo quando você defende, ao microfone, as suas mais sérias convicções.

– Não se preocupe, Ana Luiza – respondeu ela – São apenas as dificuldades de sobrevivência.

– Mas você está empregada aqui na rádio, não está?

Eli deu um sorriso irônico:

– Quando temos anunciantes, até ganho alguns trocados.

Quase sem querer, pela primeira vez na vida, ela que ouvira tanto e tão pouco falara, despejou todas as suas mazelas no ouvido da deputada. Acabou indo embora de carona no carro oficial e, indiferente à presença do chofer, e não sem antes notar que a chapa do automóvel era 1033, continuou contando suas tristezas. A deputada estava perplexa:

— Mas Eli — disse por fim Ana Luiza — você tem um vínculo empregatício com essa TV que te fez assinar um contrato que, à luz da Justiça do Trabalho, não vale nada. Você deveria mover uma ação, pegar o que é seu por direito. Eu já vi esse filme antes. As rádios e as TVs pequenas burlam, através desses contratos absurdos, as suas obrigações trabalhistas. Eli, você trabalhou quantos anos nessa TV?
— Seis anos.
— Então... Imagine! Perdeu seis anos de contribuição para a sua aposentadoria, não teve férias, nem fundo de garantia... Está tudo errado! Você tem que tomar uma providência. É o seu direito! Olhe, se você não tem um bom advogado, eu tenho um conhecido que já ganhou várias causas de profissionais de comunicação, em casos semelhantes ao seu. Me dê seu telefone e eu vou pedir a alguém do escritório que lhe passe o contato. Vá ao escritório dele, leve os documentos e faça valer o seu direito, Eli! É um absurdo uma comunicadora do seu quilate estar vivendo à beira da miséria, tendo feito um programa diário todos esses anos.
O carro da deputada deixou-a na vila. Eli, antes de entrar em casa, olhou longamente para as suas plantinhas, exuberantes, no jardim. Elas, as plantas, eram os únicos seres que pareciam retribuir aos seus esforços.
Entrou em casa desanimada. Estava meio zonza, desde a manhã se sentia mal, indisposta, e agora uma dor estranha aparecera no braço direito.
Eli atirou-se na cama.
Foi lá, na cama, que dois dias depois foi encontrada pela vizinha que, preocupada com o telefone dela que às vezes tocava sem parar e percebendo que ela não saíra de casa, acabou chamando a polícia. Arrombaram a porta e a encontraram, gelada.
A autópsia revelou um enfarte, daqueles fulminantes.
Foi enterrada, com a presença da filha e de André e alguns poucos conhecidos, na quadra de número 33, túmulo 3300.

15
A escada

Centramos toda a nossa atenção, dirigimos todos os nossos esforços para a conquista de uma posição social. Fomos criados para isso. Desde pequenininhos, nossos pais se esforçaram para que viéssemos a ser, no futuro, pessoas bem sucedidas ou, pelo menos, com a segurança material garantida. Fazemos tudo pela segurança: guardamos dinheiro, investimos, compramos bens ou, se nada disso conseguimos, arriscamos todas as semanas alguns reais no jogo, esperando que a sorte grande nos faça, afinal, ricos.

E somos tão desesperados e cegos, nessa busca, que às vezes é preciso, por exemplo, sofrer um enfarte ou um acidente para sentir de perto o bafo da morte. Pessoas muito materialistas ou descrentes costumam mudar radicalmente depois de uma experiência dessas. Porque, na nossa frenética busca pelo conforto material, passamos, sem querer, a viver como se fôssemos imortais. Como se a nossa passagem (tão breve) por esse mundo não fosse, por si só, o maior dos mistérios. Quando a vida nos atinge como um soco, com algum acontecimento que desmonta o edifício de nossa sempre ilusória segurança, a tendência de todo mundo é se voltar para a espiritualidade. Meu irmão leu, na Internet, a admirável frase: "Quando um avião está caindo, lá dentro ninguém mais é ateu".

Há quem credite os muitos desencontros da juventude (não só a de hoje, a de sempre) à falta de orientação espiritual. Mas, como Einstein, eu diria: "não acredito na educação. Teu modelo deve ser tu mesmo, ainda que esse modelo seja assustador." A orientação espiritual das crianças pode ser importante, mas jamais garantirá que ela siga o mesmo caminho de seus pais. Tenho um amigo que foi comunista na juventude, educou a única filha sem nenhuma orientação religiosa e ela é hoje uma mulher espírita. Nossos caminhos espirituais são apenas nossos e de mais absolutamente ninguém. Por isso é tão importante que recebamos o máximo de informação, mas mantenhamos livres as nossas mentes e os nossos corações para ouvir aquilo que nos sopra o nosso próprio interior. Por isso é tão importante que conservemos a coragem de admitir as nossas próprias convicções e crenças, ainda que estas estejam indo na contramão do mundo que nos cerca e não encontrem apoio ou eco em ninguém ou em coisa nenhuma.

Nossa própria consciência deve ser nosso único mestre.

Dito assim parece fácil, mas não é. Dada a extrema interdependência em que vivemos, somos constantemente influenciados por pensamentos e ideias que não são nossos e é preciso que tudo seja filtrado pela nossa própria maneira de ser antes que possamos aceitar o que quer que seja.

E, depois de conquistar (o que acontece sempre, todos os dias, num processo que só a morte deterá) essas nossas próprias verdades, ainda é preciso compreender que os outros também conquistaram as suas, que são, inevitavelmente, diferentes das nossas.

Todos os grupos religiosos, em suas diferentes crenças, almejam uma unidade de princípios, um código de conduta, um sistema de enquadrar a fé, dos quais todos os fiéis compartilhem igualmente. Na prática, não é isso que acontece. Porque, mesmo compartilhando de uma mesma fé e convicção, cada indivíduo permanece único na sua interpretação e nas suas ações referentes a essa fé.

Por isso, o bruxo verdadeiro é solitário.

Pode até pertencer a uma organização, a uma escola de pensamento, mas ele é sempre absolutamente solitário. O seu poder sobre a vida e a natureza se manifesta de maneira única, ainda que possa guardar muitos pontos em comum com o grupo ao qual pertence.

A experiência mística é intransferível e incomunicável.

Assim como na morte, cada qual está sozinho consigo mesmo.

Parece contraditório, nesse mundo de interdependência e interinfluência que vivemos. Mas as nossas experiências espirituais são absolutamente solitárias. Todo transe coletivo é ilusão e passível de explicações da psicologia de massas, ou de grupos. Porque cada um que participa dele tem uma vivência única, determinada inclusive por sua própria história pessoal. E nenhuma história pessoal é igual a qualquer outra.

Assim como o nosso "eu" é composto de muitos, e somos a somatória da experiência de todos, inclusive a de nossos antepassados, a nossa vivência mística ou espiritual é apenas nossa e não pode ser compartilhada. Pode ser narrada, pode ser compreendida pelo outro, mas jamais será vivenciada por ele.

O único caminho para quem quer assegurar, para si mesmo e para aqueles que ama, uma vida de plenitude é o autoconhecimento. Não é o acúmulo de bens materiais, não é o conhecimento intelectual, mas sim um mergulho profundo em sua própria alma e seu próprio interior. Esse conhecimento, esse sim, é uma escada para o infinito.

Os olhos de Beatriz

Beatriz tinha um estranho poder em seus olhos azuis. Filha de portugueses, morena, portadora de um astigmatismo que a obrigava a usar uns óculos enormes, quase ninguém percebia. Mas ela, ainda muito criança, logo percebeu. Um dia, seu irmão mais velho estava a chateá-la e ela, instintivamente, tirou os óculos e fitou-o diretamente nos olhos.
O menino saiu correndo, apavorado.
Muitas vezes, durante a infância, ela usou esse recurso para afastar os chatos de sua vida. Mas só quando adolescente confessou a um namoradinho, por quem estava perdidamente apaixonada, esse seu poder, e ele pediu a ela que, então, o demonstrasse. Pela primeira vez ela soube o que os seus olhos faziam com os outros. O garoto, ainda meio assustado, contou a ela:
– Bia, quando você olha desse jeito, eu consigo apenas ver um enorme espaço branco com duas bolas azuis. É uma coisa impressionante, é como se toda a realidade sumisse, tudo fica resumido aos seus olhos!
O susto dele, porém, fora grande e, a despeito da rapidez com que passam as paixões juvenis, ele resolveu cair fora daquele namoro. Sabe Deus o que significaria uma mulher com aqueles olhos mágicos!
Beatriz gostava sinceramente dele, confiara nele e não lhe passou desapercebido o motivo daquele repentino afastamento. Era como se o mundo tivesse acabado, tal a dor que esse rompimento causou ao seu puro coração de adolescente. Assim,

resolveu que jamais revelaria seus estranhos segredos a mais nenhum homem por quem viesse a se apaixonar. Sim, porque havia outros segredos. Além do estranho poder de seus olhos, ela era dotada também da visão. Não tinha controle sobre esta, porém. Mas podia, em certas ocasiões, adivinhar o futuro e via, com clareza, acontecimentos que se concretizariam logo depois. Por exemplo, um dia, na escola, uma amiguinha estava ansiosa, pois precisava tirar uma nota alta, 7,5 no mínimo, numa prova de inglês, ou ficaria sem dúvida em regime de recuperação, o que a impediria de ir para as sonhadas praias nas férias. Quando revelou sua angústia à Beatriz, esta viu claramente o sisudo professor a escrever no alto do prova da amiga: 8. E disse a ela:

– Não se preocupe. Você vai tirar 8.

E realmente assim foi.

Também foi assim naquela trágica noite em que seu pai, próspero comerciante local, estava na cidade vizinha para buscar um importante carregamento de mercadorias. Ela viu claramente, enquanto saboreava o caldo verde do jantar, o caminhão que trazia a carga para a loja perder a direção e deslizar por uma encosta, desmanchando-se entre pesadas pedras pelo caminho. Viu o corpo do pai, que estava ao lado do chofer, ser cuspido para fora do veículo e viu seus olhos, cheios de pavor, no instante em que sua cabeça rompia-se contra uma dura e pontiaguda pedra.

Manhã seguinte veio a notícia: o velho Luís estava morto.

Começou uma fase diferente na vida, então. Sua mãe, que sempre trabalhara também na loja, tomou a frente dos negócios. Mas não foi fácil. Os fornecedores não estavam acostumados a negociar com uma mulher e frequentemente tentavam ludibriá-la. Beatriz, que só tinha irmãos homens, se viu de repente obrigada a administrar as tarefas cotidianas da casa, que tinha duas empregadas, porque todo o tempo de sua mãe era dedicado aos negócios do comércio.

Vivia sempre cansada, tinha que dar um duro danado para fazer suas tarefas escolares, além das domésticas, e aprendeu na marra a disciplinar-se para poder melhor administrar o tempo. Ah, o tempo! Nessa época, passou como um pé de vento, super depressa e, quando ela se deu conta, já era adulta.

Tinha sonhos, queria cursar uma faculdade, mas, no pequeno município onde nascera e crescera, então ainda não existiam cursos superiores. Ela estudava, como quase todas as moças de classe média e com bom poder aquisitivo, no estabelecimento das freiras católicas. Uma semana antes da festa da formatura do Curso Normal, a madre superiora a chamou em seu gabinete e foi direto ao assunto:

— Agora que você é uma professora e vai dedicar sua vida à nobre tarefa de educar as gerações futuras, quero que me prometa esquecer todas essa história de premonições e outras artes do maligno.

Beatriz, que jamais revelara a nenhuma das freiras o seu dom, assustou-se:

— Que história de premonições, minha santa madre?

— Não se faça de sonsa — disse a superiora, com rispidez — Todas as suas colegas comentam que você já lhes revelou alguma coisa, mesmo que sem importância, sobre o futuro delas.

— Mas foi sem querer — respondeu rápida a moça, sendo, desta vez, sincera, pois às vezes deixava mesmo escapar pela boca um desses pensamentos.

— Minha filha — respondeu a madre — a capacidade de imaginar o futuro, a leitura de cartas e outras práticas similares são fortemente condenadas pela verdadeira fé cristã. São coisas do mal, artes da feitiçaria. Você tem uma grande missão na vida, todos nós temos, e seu único guia e sua única certeza devem ser o Pai, o Filho e o Espírito Santo.

— Nunca disse que fosse diferente — respondeu secamente a jovem, sentindo já vontade de tirar os óculos e fazer, com aquela mulher-urubu, o mesmo que fazia com os chatos — A senhora me conhece há tantos anos, não há nada de que possa me acusar, eu tenho frequentado regularmente a Igreja e sido uma boa filha, cumpridora de minhas obrigações.

— Eu sei, minha filha, eu sei. Mas temo que essa inclinação para a premonição, que é objeto de mexericos aqui na escola, acabe dominando você. Quero apenas aconselhá-la a, quando se sentir tomada por esses pensamentos, lutar contra eles, sabendo que são inspirações demoníacas e não divinas. Lute, use a força da oração, peça sempre a Deus que a inspire e guie e afaste esse mal de sua alma.

Beatriz disse que sim e saiu de lá achando que a freira, embora bem intencionada, era uma tremenda duma careta. Afinal, quase sempre, a visão lhe indicava o melhor caminho a seguir, embora ela tivesse consciência de que não podia domar aquele estranho dom e, muitas vezes, quando precisaria que ele se manifestasse, nada acontecesse.

Quando sua mãe, dois anos depois da formatura de Beatriz, casou-se novamente com o gerente local do banco do Brasil, ela resolveu abandonar as aulas que ministrava na Escola Pública e se aventurar pelo mundo, já que agora a mãe não precisaria tanto assim dela.

Foi para São Paulo. Ficaria hospedada na casa de uns parentes, no bairro de Santo Amaro e, logo que conseguisse um trabalho, se mudaria para uma pensão e trataria de se preparar para o ingresso na faculdade.

A vida na cidade grande, no entanto, não era como ela pensava que fosse.

Embora tivesse um bom currículo, para uma jovem professora iniciante, não conseguia uma colocação. Nas primeiras semanas, gastou a sola do sapato e muito dinheiro, andando de ônibus pela cidade à procura de uma escola que a quisesse em seu quadro docente. Acabou conseguindo apenas algumas indicações para dar aulas particulares, mas também perdia muito tempo na locomoção até as casas dos alunos e gastava muito em condução e logo percebeu que jamais, se continuasse daquela maneira, conseguiria ganhar o suficiente para ir morar sozinha. Assim, comprou os jornais de domingo e candidatou-se a um emprego de secretária. Os parentes que a tinham acolhido eram simpáticos e gentis, mas logo começou a sentir que era um peso naquela família. A velha história de "onde comem dez, comem onze" não era verdade, ela percebeu. Não pelo menos naquela casa. Mas teve sorte e, em duas semanas, estava empregada como secretária de um departamento de marketing numa grande empresa multinacional. Logo fez amizades e conseguiu uma vaga num apartamento que ficava bem perto da empresa e que era dividido por três moças universitárias. Mudou-se.

Anos mais tarde, quando já era velha e morava na montanha, podia lembrar-se daquela fase de sua vida como sendo a mais negra. Trabalhava oito horas por dia, à noite ia para a faculdade, chegava tarde, levantava cedo, se alimentava de qualquer jeito e seus fins de semana eram dedicados aos estudos e aos cuidados com a casa, na parte que lhe cabia da divisão de tarefas combinada com as moças que moravam no mesmo apartamento. Raramente conseguia uma folga para poder pegar um ônibus e visitar a mãe em sua cidade natal. Mesmo quando conseguia, essas visitas não lhe davam nenhum prazer ou alegria porque a mãe só sabia se lamentar pela ausência dela, falando sempre sobre o absurdo que era morar em São Paulo, trabalhar e estudar, se matando com tantas atividades, "olha como estava magra e esverdeada, seu lugar é aqui, dando aulas e, por fim, fazendo um bom casamento..." Beatriz não dava ouvidos e tampouco queria discutir com a mãe. Mas não tinha a menor intenção de virar uma professorinha do interior. Já vislumbrara excelentes oportunidades profissionais para quando terminasse seu curso, embora percebesse claramente que esse caminho seria muito mais fácil se ela usasse calças em vez de saias. No entanto, naqueles anos 1970, já existiam mulheres executivas nas multinacionais instaladas em São Paulo e Beatriz tinha por objetivo se tornar mais uma delas. Por isso se matava de estudar e de trabalhar e nem percebeu que seus estranhos poderes a estavam abandonando. Certo dia resolveu tirar os óculos e encarar de frente um homem que a molestara no ônibus, mas ele apenas riu daquela moça a olhá-lo com tanta firmeza, ao invés de ficar apavorado, como sempre acontecera com outras pessoas. Também não conseguia mais ter visões e premonições. O que estaria errado? – pensava ela.

Com o tempo, envolvida por seus próprios planos profissionais, acabou se esquecendo de tudo isso. Estava dando certo. No último ano da faculdade ela foi promovida e passou a secretariar todo o departamento. Quando se formou, logo conseguiu o cargo de gerente de marketing e, em cinco anos, era a diretora. Vivia numa roda viva, viajando pelo país inteiro, montada em aviões e pouco parava no lindo apartamento que comprara apenas para si. Teve alguns namorados, mas nenhum deles dizia qualquer coisa ao seu coração. Eram apenas boas companhias para cama e mesa. Estava havia dez anos em São Paulo, falava fluentemente três línguas e ganhava um salário de fazer inveja a muito marmanjo.

Sentia, no entanto, quando se via sozinha entre as paredes do seu belo apartamento, um vazio no peito, uma dor na alma. Conseguira o que queria. E agora?

Certa noite, voltando do trabalho, parada num congestionamento de trânsito, prestou atenção no rádio que tocava um sucesso de Raul Seixas. Os versos de Paulo Coelho soaram para ela como uma revelação:
"Eu devia estar contente porque eu tenho um emprego, sou o dito cidadão respeitável e ganho quatro mil cruzeiros por mês. Eu devia agradecer ao Senhor por ter tido sucesso na vida, eu devia estar feliz porque consegui comprar um corcel 73... Eu devia estar feliz por ter conseguido tudo o que eu quis, mas confesso, abestalhado, que eu estou decepcionado, porque foi tão fácil conseguir e agora eu me pergunto e daí? Eu tenho uma porção de coisas grandes para conquistar e não posso ficar aí parado...Mas que sujeito chato sou eu que não acha nada engraçado, praia, carro, jornal, tobogã, eu acho tudo isso um saco...É você olhar no espelho saber que é humano, ridículo, limitado e só usa 10% de sua cabeça animal e você ainda acredita que é um doutor, padre ou policial e está contribuindo com a sua parte para o nosso belo quadro social. Eu é que não me sento no trono de um apartamento com a boca escancarada cheia de dentes esperando a morte chegar, porque, longe das cercas embandeiradas que separam o cume calmo do meu olho que vê, assenta a sombra sonora de um disco voador."
Beatriz sentiu os versos doerem como um soco no peito. Era exatamente assim que se sentia. A noite estava escura e ela olhou para o céu. As muitas luzes da cidade impediam a clara visão das estrelas, mas ela viu um estranho triângulo, formado por pequenas estrelinhas que emitiam uma luz que, naquele momento e daquele ângulo, brilhavam mais forte que o resto. Por entre o triângulo, de repente, passou o que pareceu ser um cometa, uma estrela cadente. Beatriz sentiu frio, embora fosse verão e pensou que deveria ouvir com mais cuidado os discos de Raul Seixas. Nunca prestava atenção aos cantores populares. As pessoas com quem convivera nos últimos anos de sucesso achavam a música brasileira de mau gosto e só ouviam jazz, ou rock. Tinha também uma certa má vontade para com os cantores e compositores da MPB ou do rock brasileiro que usavam trajes hippies e cabelos compridos. Jamais fora contestadora, ela queria conquistar o mundo como ele era e tinha, afinal, conseguido, mesmo que, nos seus tempos de faculdade, muitos de seus colegas não se aproximassem dela por julgarem-na

careta e de direita. Escapou do congestionamento, entrou num Shopping, foi a uma loja e comprou todos os discos do Raul. Passou o resto da noite, até muito tarde, ouvindo as canções. Era como se pelas letras destas, ela despertasse. Fitou longamente o apartamento e a sua solidão. A pasta, onde trouxera um relatório que apresentaria no dia seguinte e pensava revisar, descansava no sofá sem ter sido aberta. E Beatriz pensou no absurdo da vida que levava. Os amigos, mesmo os que ela julgaria mais chegados, certamente a abandonariam se ela perdesse o cargo na multinacional, a posição. Os namorados eram apenas bons companheiros. O apartamento, super bem decorado com as últimas tendências da moda, era frio e impessoal. Só a voz e as palavras do cantor pareciam ter despertado nela sentimentos há muito, muito, adormecidos.

No dia seguinte, no escritório, chamou a secretária:

– Débora, eu já ouvi você falar entusiasmada sobre esses artistas da MPB. Você me faria uma gentileza?

– Claro, D. Bia.

– Você poderia ir comigo a um shopping na hora do almoço e me indicar os melhores discos para eu comprar?

A secretária se sentiu orgulhosa, ia sair com a chefe e orientá-la numa compra? Era o máximo!

Assim, daquele dia em diante, Beatriz passava todo o seu tempo livre, em casa, ouvindo as músicas brasileiras de Caetano, Gil, João, Chico, Gal, Elis, Ivan Lins, Bethânia e outros. Estava absolutamente encantada com a poesia que encontrava nas letras das músicas e nas mensagens que elas transmitiam. Em breve, sabia de cor muitos trechos.

No trânsito, lembrava Caetano: "Enquanto os homens exercem seus podres poderes, motos e fuskas avançam o sinal vermelho e perdem os verdes, somos uns boçais."

Olhava os prédios da grande cidade e lembrava Chico: "Amou daquela vez como se fosse a última, beijou sua mulher como se fosse a única... e cada filho seu como se fosse o único e atravessou a rua com seu passo tímido, subiu a construção como se fosse máquina, ergueu no patamar quatro paredes sólidas, tijolo com tijolo num desenho mágico ...e tropeçou no céu como se ouvisse música e flutuou no ar como se fosse um bêbado... morreu na contramão atrapalhando o tráfego...Amou daquela vez como se fosse máquina, beijou sua mulher como se fosse lógico, subiu a construção como se fosse sólido, ergueu no patamar quatro paredes mágicas, tijolo com tijolo num desenho lógico....e flutuou no ar como se fosse um príncipe e se acabou no chão como um pacote bêbado, morreu na contramão atrapalhando o público".

Ouvia e ouvia seus novos discos e compreendia, pela magia das letras, que passara anos e anos dormindo, que nada vira ou entendera do que se passava à sua volta, em seu país, em sua cidade (sim, porque São Paulo era agora a sua cidade!). Percebeu o sentido do desprezo que lera, tantas vezes, nos olhos de seus colegas da faculdade. "Por esse pão pra comer, por esse chão pra dormir, a certidão pra nascer e a concessão pra sorrir, por me deixar respirar, por me deixar existir, Deus lhe pague". Percebeu que passara pelos anos difíceis para todo o seu povo, levando uma vida fácil, alienada da angústia que vivia no ar, da opressão da liberdade, do silêncio à força, da tristeza que morava nos corações puros, que ansiavam por um mundo melhor.

"Minha dor é perceber que apesar de termos feito tudo o que fizemos, ainda somos os mesmos e vivemos como nossos pais", gritava Elis Regina em seus ouvidos.

Beatriz compreendeu toda a solidão que impusera a si mesma, todos esses anos, na perseguição de seu objetivo egoísta: o sucesso. E, agora que o obtivera, com quem compartilhá-lo?

Compreendeu que sua vida teria que mudar ou morreria, no mínimo, de úlcera no estômago ou, pior, de enfarte.

Compreendeu que, por toda aquela década, enquanto ela perseguia o sucesso, artistas, compositores, jornalistas e todos os seres criativos que viviam ao seu lado lutavam com as palavras, tentando driblar a mão de ferro da censura do regime militar, que sofriam na carne e na alma as prisões injustas, o calar dos clamores... e sentiu-se, além de traidora, solitária.

"Cai o rei de espadas, cai o rei de ouros, cai o rei de paus, cai, não fica nada", eram os versos de Ivan Lins e Victor Martins, na voz, de novo, de Elis.

"Nos dias de hoje é bom que se proteja, ofereça a face pra quem quer que seja... Não ande nos bares, esqueça os amigos, não pare nas praças, não corra perigo, não fale do medo que temos da vida, não ponha o dedo na nossa ferida. Nos dias de hoje não lhes dê motivo porque na verdade eu lhe quero vivo... Já está escrito, já está previsto, por todas as videntes, pelas cartomantes, está tudo nas cartas, em todas as estrelas, no jogo dos búzios e nas profecias... Cai o rei de espadas, cai o rei de ouros, cai o rei de paus, cai, não fica nada."

Seu coração ansiava pelo rei de copas, por um sentido maior na vida, que não fosse a correria profissional, o acúmulo de bens, os dólares escondidos para protegê-la da inflação que, em todos os meses, comia os salários dos pobres e acrescentava algum valor à poupança dos remediados.

Sim, foram as músicas que abriram seus olhos e seu coração para a crueza da vida que levava. Vivera esses anos como se fosse imortal, como se a vida não fosse um mistério, como se não houvesse perguntas sem respostas.

De repente, sentiu que a moderna decoração do apartamento, os caros tapetes e quadros, todos os sinais de seu sucesso, a sufocavam. Saiu para a sacada, no décimo primeiro andar, e olhou o céu estrelado. O cintilar das luzes das estrelas, o perfume adocicado que vinha lá debaixo, do jardim do sofisticado condomínio, a brisa da noite e a luz da Lua crescente, trouxeram de volta todas as dúvidas, dúvidas que ela esquecera, pois fizera questão de, por tantos anos, cercar-se de certezas. Certezas materiais, fugidias, compreendia agora. Por isso, aquele vazio interior. Beatriz decidiu que ia mudar. Não sabia como, de que maneira, mas sua vida teria que ser outra, mais verdadeira, mais natural, mais profunda.

Sentiu-se subitamente suja e saiu correndo para o chuveiro. Jogou as roupas para longe e meteu-se debaixo do jato quente da ducha. Depois, vestindo apenas um roupão leve, voltou para o terraço e ficou lá, até que a Lua se escondesse atrás de um grande prédio, sempre ouvindo suas músicas.

Antes de deitar – tinha uma reunião importante noutro estado e precisava pegar o avião muito cedo – foi passar seus caros cremes defronte ao espelho.

Sem óculos, fitou intensamente o próprio rosto no espelho e quando olhou diretamente para os seus olhos refletidos, então, finalmente, viu o que tantos já

tinham visto: aquele espaço branco, com duas grandes esferas azuis, dominando todo o seu campo visual. A visão durou alguns segundos e ela sacudiu a cabeça, como a espantá-la. Então colocou novamente os óculos e tudo voltou ao normal. Dia seguinte, deixou-se de novo envolver pelas muitas solicitações de seu cargo. Mas à noite, no avião, quando sobrevoava a cidade de São Paulo, pensou que seus perdidos poderes de premonição estavam lhe fazendo falta. Não que tivessem tido, antes, alguma utilidade verdadeiramente prática, mas, pensava, naqueles tempos, eram aqueles estranhos poderes que a faziam viver uma sensação de estar ligada à Terra, à vida, de uma maneira forte, com uma profundidade que lhe faltava agora e que, de algum jeito, a poesia das letras da música brasileira tinha trazido de volta. Então, de repente, era como se as luzes da cidade, lá embaixo, tivessem se apagado e ela viu, claramente como num dia de sol, uma pequena aldeia, no alto de uma serra e entendeu que o seu caminho estava ali delineado. Lembrou-se de um pequeno município, limítrofe à cidade onde nascera, que ficava no alto das montanhas e estava, nos últimos anos, se tornando uma cidade turística: Serra Azul. E, decidiu, com o coração repleto de uma nova alegria, que se mudaria para lá.
Ninguém entendeu nada. O presidente da empresa pensou que a perdera para um concorrente. Os amigos censuravam: como, uma mulher que consegue, a despeito de seu sexo, um cargo como esse, abandona tudo de repente?
Beatriz vendeu tudo o que tinha: o apartamento, os móveis, os tapetes, os quadros, as louças. Mandou transferir uma montanha de dinheiro para o pacato município de Serra Azul e, numa manhã ensolarada, partiu para lá, dirigindo o seu próprio automóvel.
Nunca, talvez não apenas nos últimos anos, mas em toda a sua vida, sentira-se tão feliz quanto estava agora. Percebia que, afinal, nesta década passada em São Paulo perseguira (e alcançara!) um objetivo que não era realmente o seu; compreendia que fizera uma grande confusão entre o seu desejo de liberdade e a escravidão do trabalho que proporcionava uma vida confortável do ponto de vista material; por fim entendia que o sucesso, como o tinha alcançado, pertencia ao mundo masculino, a uma maneira masculina de ver o mundo,

como uma conquista, como dominação de um ser sobre o outro. Era, acreditava agora Beatriz, a visão masculina do poder. Para ela não servia. Porque hoje ela podia entender que o que queria da vida não era o poder mas, sim, a harmonia. Colocou no toca fitas do carro Gilberto Gil:

"Um dia, vivi a ilusão de que ser homem bastaria, que o mundo masculino tudo me daria do que eu quisesse ter. Que nada, minha porção mulher que até se resguardara, é a porção melhor que trago em mim agora, é a que me faz viver. Quem dera, pudesse todo homem compreender, ó mãe, quem dera..."

Nos primeiros dias em Serra Azul, hospedada num excelente hotel para turistas, tratou de conhecer toda a cidade. Por fim acabou comprando uma pequena casa de madeira, no alto de uma montanha, no centro de um grande terreno que, curiosamente, tinha sido todo calçado e só possuía pequenas faixas de grama entre aquele mar de cimento. Mandou quebrar todo o cimento e chamou um jardineiro. A terra foi revolvida e preparada para receber as mudas que ela mesma fez questão de ir comprar, na única loja de plantas da cidade. O jardineiro ficou intrigado com aquela madame, toda bem arrumada e de unhas brilhantes, que o ajudava a plantar as mudas, discutindo com ele a melhor posição desta ou daquela. O jardim passou a ocupar grande parte do tempo de Beatriz. Foi um lento aprendizado. Com paciência ela foi descobrindo o regime de água e luz adequado para cada espécime. Em São Paulo, adquiriu novas mudas e sementes e também muitos livros sobre jardinagem. Seu coração batia forte de pura alegria quando uma planta respondia aos seus cuidados.

Ocupava-se e também ganhava algum dinheiro dando aulas particulares aos jovens da cidade. Breve era conhecida como "a professora" da montanha, que sempre conseguia, entre outras coisas, fazer entrar nas cabeças das crianças e dos jovens os mais complicados conceitos da língua, da matemática e até da filosofia. Em cinco anos era uma figura popular na cidade e se reunia, com algumas famílias locais, para preparar deliciosos jantares regados a vinho quente, que ela temperava com ervas especiais, de seu próprio canteiro. Gastava muito pouco para viver assim, com simplicidade. Foi enchendo a casa de novidades: veio o aparelho de CD, o computador, que ela logo dominou e se conectou à Internet.

Os habitantes locais pensavam que ela era rica e os eventuais, que subiam a serra para a temporada de Inverno, costumavam visitar o seu deslumbrante jardim, como mais uma atração da pequena cidade.

Foram as ervas, naqueles anos, que a levaram para a cozinha. Logo aprendeu a dominar o segredo dos aromas e dos temperos da culinária. Depois, a preparar infusões que amenizavam de resfriados a dores nas costas.

Nunca mais sentiu solidão. Frequentemente sonhava estar em lugares encantados, sempre cheios de flores, e nesses lugares encontrava os desafetos do passado, uma esquecida colega de escola ou faculdade ou mesmo do trabalho e, nesses sonhos, não havia mágoa, tornava-se amiga de todos os que, um dia, a haviam desagradado séria ou bobamente.

Também nunca mais tirou os óculos com o objetivo de afastar quem quer que fosse e nem a abandonaram os preságios, as premonições. Quando acontecia, ela, com muito jeito, procurava alertar a pessoa em questão sobre o que antevira no futuro dela, mas sem jamais revelar que possuía o dom da visão.

Ficou conhecida também pelos seus sábios conselhos. Alguns homens tentaram se aproximar dela, com intenções sexuais ou mesmo amorosas, mas ela, com elegância, repudiava a todos.

Até que um dia, dez anos passados naquela cidade calma, conheceu Eduardo. Ele estava lá fazendo turismo e fora, acompanhado por uma namorada, conhecer o famoso jardim da professora. Quando o avistou com o grupo que acompanhava a guia turística, pela janela da casa, onde estava sentada defronte ao computador fazendo uma pesquisa na Internet, não pode mais desviar os olhos dele. Alguma coisa naquele homem, já grisalho, a atraiu com uma força que jamais sentira. De repente, ele, como que alertado pelos olhos dela, a enxergou através da janela. Seus olhos se encontraram e ele estremeceu. Beatriz, quase sem perceber, tirou os óculos e então leu, no rosto dele, o mesmo temor que lia em todos os que presenciavam o estranho efeito de seu olhar. Ele recuou um passo, tropeçou e, em seguida, riu, comentando alguma coisa com a moça que estava ao seu lado. Ainda olhou mais uma vez na direção de Beatriz, antes de se afastar. Ela o viu, falando com a guia que veio até a janela e disse:

– Dona Bia, um dos turistas insiste em falar com a dona do jardim.

– Estou indo – respondeu e saiu para o jardim.

– Minha senhora – disse ele quando estendeu a mão para ela – Estou absolutamente encantado com a beleza de seu jardim. Gostaria que me concedesse a permissão para filmá-lo.

– O senhor é repórter?

– Não senhora. Sou Eduardo Carvalho, cineasta.

– E o senhor quer colocar o meu jardim num filme?

Na verdade, ele não queria, queria sim era conhecer aquela mulher que tinha um estranho poder nos olhos e era capaz de fazer as plantas resplandecerem.

– Permita-lhe apresentar a minha companheira, Cíntia.

– Muito prazer. O senhor não me respondeu...

– Oh, sim, é claro. No meu próximo filme há uma cena passada num jardim e...

– O senhor certamente – interrompeu Beatriz – há de encontrar outros jardins tão ou mais belos do que o meu...

– Não me lembro dessa cena no roteiro – disse, mal humorada, Cíntia.

– A senhora não gostaria que eu o filmasse?

– Realmente não – respondeu Beatriz. – Já foi muito difícil a Secretaria de Turismo de Serra Azul conseguir me convencer a exibi-lo aos turistas e só consenti porque eles prometeram trazer grupos pequenos e com muitas recomendações para que nenhuma planta fosse tocada ou danificada. Lamento, sr. Eduardo, mas o senhor certamente achará outro jardim para filmar. Passe bem. Boa tarde, Cíntia e bom passeio.

E virou as costas.

Mas todo o seu corpo vibrava e um calor estranho a invadia na proximidade daquele homem.

À noite sonhou que estava num estranho local, de vegetação rasa, um campo aberto, dentro de um círculo formado por enormes e pontiagudas pedras. Era noite e ela olhou para o céu emoldurado pelas pedras e viu um estranho triângulo de estrelas brilhantes ao lado da lua crescente. Eduardo estava lá também, usando um longo traje muito branco e tinha os cabelos compridos, como o dos hippies que ela tanto odiara na juventude. Apoiava-se num cajado de madeira e parecia ter uns cem anos de idade. No sonho, ela disse a ele:

– Mestre, onde estou?

Mas ele virou-lhe as costas e se afastou. De repente, estava ela, num dia de sol, numa floresta de árvores enormes e de grossos troncos, como ela jamais vira. Saiu caminhando por entre as árvores cujas copas se juntavam e chegavam a esconder o céu. Foi sair numa clareira onde cresciam lindas orquídeas e samambaias, ladeando um pequeno córrego que parecia nascer por entre uma enorme pedra coberta de musgo. Um cavalo entrou na clareira, pelo lado oposto de onde ela se encontrava e ela viu que a cabeça e o pescoço do cavalo rapidamente se transformavam no dorso de um homem que tinha o rosto de Eduardo, como ela conhecera e não mais como um velho. Ele é um centauro! – exclamou para si mesma e percebeu que suas pernas falhavam, caiu, olhou para as pernas e estas tinham se transformado em cauda de peixe. Eu sou uma sereia! – exclamou novamente. Então seus olhos encontraram os dele e todo o seu campo visual se resumiu a um imenso espaço branco com duas enormes esferas marrons. Acordou, sentada em sua cama e com o corpo empapado de suor. Em sua cabeça, Caetano cantava: "Eu sou o Sol. Ela é a Lua. Quando eu chego em casa, ela já foi pra rua".

Na manhã seguinte estava na cozinha quando a campainha tocou. Era ele. Desta vez, sozinho.

– Desculpe vir incomodá-la tão cedo. Posso entrar? Quero falar com você.

Beatriz sorriu e o levou para cozinha, onde lhe serviu um pouco do café forte que preparava todas as manhãs, com deliciosas torradas feitas do pão caseiro que fizera no dia anterior. Ele perguntara sobre a infusão que ela tinha no fogo, numa panela enorme.

– É um chá de cebolinhas. Borrifo no jardim, quando esfria, para manter as folhas das plantas livre dos fungos que as tornam amarelas.

– Você vive aqui sozinha?

– Eu, as plantas e Deus – respondeu ela rindo.

– Mas você foi uma mulher urbana, uma executiva de sucesso, não foi?

Ela riu de novo:

– Como é que você sabe disso?
– Achei que a conhecia. E realmente você foi matéria de algumas revistas femininas e masculinas também.
– Mas isso faz tanto tempo! Para mim, parece uma vida atrás...
– Vi tudo na Internet do hotel onde estou hospedado, ontem à noite. Seu nome completo está no folheto turístico da cidade e eu pesquisei...
– Nunca tive a curiosidade de me procurar na Internet. Por que fez isso?
– Por causa dos seus olhos. Fiquei completamente estarrecido com os seus olhos e, para ser sincero, também com o seu jardim.

A manhã inteira passou e eles nem perceberam. Passearam pelo jardim, ela lhe contando a história de algumas plantas, conversando os dois sobre as suas vidas, seus gostos, seus prazeres, como se fossem velhos amigos. Ela ficou sabendo que ele tinha ganho dois kikitos em Gramado, por dois filmes diferentes e que estava para lançar o que acabara de realizar. Era um cineasta importante e ficou de trazer, quando voltasse no próximo fim de semana, os filmes, em vídeo, para que ela os assistisse.

Ao meio dia, foram interrompidos pelo celular dele que tocou. Era Cíntia, cansada de esperar por ele.

No fim de semana seguinte ele voltou. E foi assim na absoluta maioria dos fins de semana que se seguiram por mais de uma década. Tornaram-se muito mais que amantes, eram companheiros e, todos os dias se falavam por telefone e por e-mail. No começo, Eduardo queria filhos, mas Beatriz ria-se dele:

– Desde muito pequena eu decidi que jamais seria mãe. E acho que nem mesmo sou capaz de gerar porque nunca tomei pílulas e nunca engravidei.
– E o que diz o seu médico?
– Que médico? Nunca precisei de médico nenhum!
– Mas, Bia, você é mulher. Pode ter um câncer de útero, de ovário ou de mama!
– Lá vem a imagem da Mulher Maldita, outra vez – riu ela – Só porque somos mulheres vocês acham que ficaremos doentes! E você, alguma vez fez exame de próstata?

Foi a vez de ele cair na risada. Não, não fizera.

Porque eram felizes e saudáveis, viveram assim por muitos anos. E quando, dez anos depois de se terem encontrado em Serra Azul, ele foi convidado por um grande estúdio italiano para dirigir lá filmes para a TV, ela o acompanhou sem pestanejar, deixando para trás o famoso jardim. Doou o terreno, é verdade, para a prefeitura, mas, na sua ausência, o jardim nunca mais foi o mesmo e hoje funciona lá uma escola pública.

Beatriz e Eduardo, na Europa, acabaram se aproximando do culto Wicca e, de vez em quando, vão a Glastonbury, no grande círculo de pedras, vibrar pela paz no mundo. Dizem que suas almas sempre farão parte da Grande Irmandade Branca e desmentem o mito de que não se alcança a felicidade na Terra.

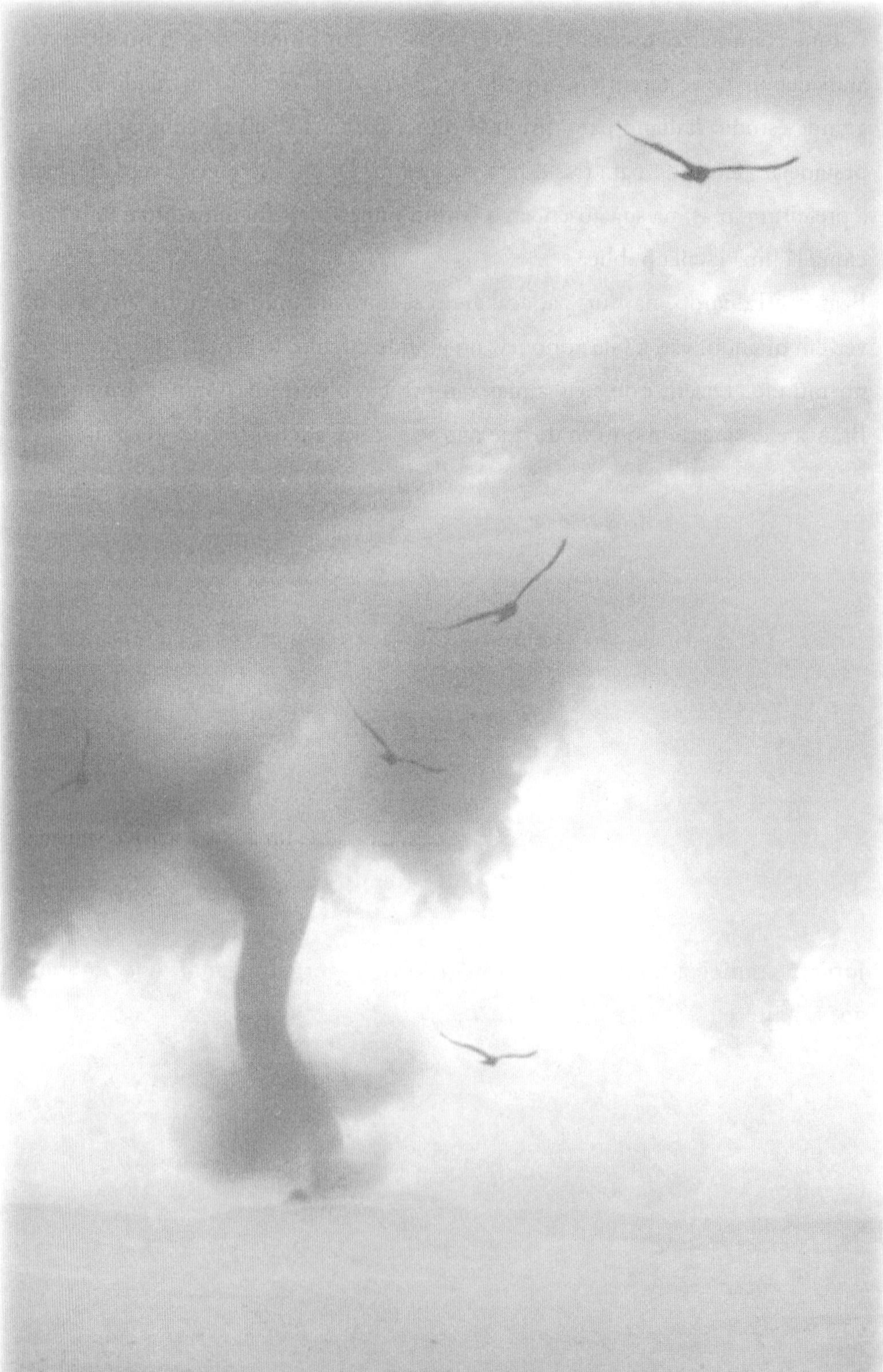

16
As plantas, as estrelas e a cozinha

Os bruxos acreditam que exista uma estreita relação entre os planetas e as plantas, assim como também entre os astros e todos os seres vivos. A astrologia sabe disso. E as mulheres e as águas são diretamente influenciadas, por exemplo, pela Lua. Mas com as plantas existe uma relação direta. Assim, certas plantas são diretamente correspondentes a determinados astros.

Veja na tabela abaixo os astros que regem algumas plantas:

Sol – angélica, açafrão, alecrim, canela, cevada, couve, cravo-da-índia, girassol, laranja, louro, manjerona, palmito, trigo.

Lua – abóbora, alface, aveia, berinjela, melancia, melão, pepino, repolho

Mercúrio – acelga, anis, camomila, cenoura, chicória

Vênus – agrião, amêndoa, coentro, couve-flor, espinafre, limão, maçã, rosa, verbena.

Marte – absinto, aipo, alcachofra, alho, artemísia, aspargo, cebola, cebolinha, hortelã, manjericão, mostarda, noz-moscada, pimenta.

Júpiter – ameixa, abóbora, beterraba, cereja, gergelim, marmelo, morango, rabanete

Saturno – arruda, cominho, salsa.

Todos os cozinheiros sabem que o estado de espírito de uma pessoa, ao preparar os alimentos, acaba influenciando no resultado. A comida preparada no dia a dia, com pressa e má vontade, certamente não será uma refeição primorosa. Mas aquele prato que se preparou com gosto, num verdadeiro ritual, quase sempre tem tudo para agradar e dá super certo.

A cozinha é uma verdadeira alquimia. Pelo poder do fogo, transforma-se a matéria. E, segundo as bruxas, transforma-se também a si próprio.

Talvez por isso, apesar de todas as conquistas femininas do séc.XX, a maioria das mulheres (e também alguns homens) sinta um irresistível impulso de experimentar novas receitas e os programas femininos de TV ainda tenham, nos quadros culinários, audiência garantida.

Se você relacionar o significado astrológico dos astros com o alimento ou condimento que eles regem; se você, ainda, pensar na regência dos astros nas muitas horas do dia, poderá combinar tudo isso e preparar um prato numa determinada hora para conseguir um determinado efeito. Pura bruxaria!

A canela, por exemplo, regida pelo sol, é poderosa em seu efeito tranquilizante, é protetora do lar e ainda é eficaz quando se pretende atrair a energia circulante do dinheiro.

Há as ervas sobejamente conhecidas pelas tradições populares como mágicas. Quem é que nunca espalhou (ou, ao menos, pensou nisso) uns dentes de alho pela casa, tentando afastar o mau-olhado ou aquilo que porventura esteja trazendo má sorte? Talvez desse melhor resultado se o alho tivesse sido plantado por você. A necessidade de plantar, no entanto, está certamente alojada no inconsciente feminino. Ou principalmente no feminino, já que há muitos homens que se dedicam ao cultivo de plantas. Mas as mulheres, mesmo as das grandes cidades, já fizeram com que as cadeias de supermercados achassem um bom negócio investir em vasinhos de plantas ornamentais e até mesmo de ervas aromáticas. Cada vez mais as janelas e sacadas dos apartamentos de São Paulo mostram um verde exuberante.

Por isso é bom recuperar alguns dos antigos ensinamentos sobre as plantas e sua relação com o resto do Universo.

Mas também é preciso lembrar que, quando a maioria desses princípios, que relacionam as plantas e os seres vivos em geral, aos astros, foi estabelecida, a humanidade só conhecia alguns planetas e hoje sabe muito mais sobre as estrelas do que jamais se soube.

Por isso, todos os conhecimentos esotéricos muito antigos podem sofrer uma modificação, uma adaptação, aos novos conhecimentos científicos. A Medicina, uma ciência sempre tão intolerante, começa a pesquisar seriamente algumas convicções populares sobre a fitoterapia. Os flavonóides contidos na casca das uvas, com as quais se fabrica o vinho tinto, são responsáveis por uma proteção cardíaca. Em toda a literatura mundial existem exemplos e exemplos de afirmações sobre o vinho e a longevidade dos seres humanos e, certamente, agora podemos afirmar que isso não é coincidência ou superstição.

Não existe, porém nenhum manual sobre bruxaria. Existem centenas de milhares de obras e sites na Internet que podem dar dicas preciosas sobre o que é e como é ser uma bruxa. Mas, como eu já cansei de dizer aqui, só você mesma pode se descobrir, seguindo os passos da observação do mundo e da natureza.

Cultivar as plantas é um desses passos, talvez o mais gratificante deles. Você vai errar, muitos vasos vão morrer, até que se estabeleça uma tal relação mágica entre você e as suas plantas que as faça resplandecer a cada vez que você lhes dispensar algum cuidado. E isso é que é gratificante.

As plantas, de alguma maneira que eu não sei explicar, mas sei que existe, também vão ajudar você no desenvolvimento da sua intuição. Você saberá, antes de atender ao telefone, quem estará do outro lado da linha e poderá tomar algumas decisões, sempre acertadas, com base numa certeza intuitiva.

Parece absolutamente maluco, mas é verdade. O contato com as plantas desenvolve a nossa intuição. Você pode até achar um saco ter que molhar, adubar e podar as suas plantinhas, além de manter limpos (e portanto livres de pragas) seus pratinhos, vasos, cachepôs. No entanto, assim que começar a praticar a jardinagem (mesmo que no apartamento) vai descobrir o seu encanto e se perguntará como pôde viver sem isso antes.

Agora, se você é daquelas que acha que as plantas da sua casa são meros objetos de decoração, sugiro que as compre desidratadas e encha a sala desses "cadáveres mumificados" e esqueça esse livro, aliás nem sei porque você o está lendo. Não existem bruxas sem plantas.

Outra ideia muito errada que se tem sobre a bruxaria é a questão do poder.

O poder, na nossa sociedade, é masculino, dominador e nada tem a ver com a verdadeira natureza feminina. Por isso talvez, ou certamente, muitas mulheres que se masculinizam para enfrentar a vida profissional, hoje em dia, acabam sofrendo de doenças ginecológicas como, por exemplo, a endometriose.

Bruxas não se tornam bruxas visando alguma espécie de poder, mas pela sensibilidade e um estranho sentimento de comunhão com tudo o que está vivo sobre a face da terra.

Talvez o seu caminho seja o das ervas e você se torne mestre em lidar com os princípios da saúde através da fitoterapia. Ou vire uma tremenda mestre-cuca, inventando novos pratos e descobrindo novos temperos.

Mas também pode ser que você acabe cultivando orquídeas, violetas e samambaias e transforme a sua sala de estar e a sacada num verdadeiro jardim.

Eu não sei. Só você pode saber.

Marina e Eneida

Marina crescera na fazenda. Ansiava pelas luzes e pelo glamour das grandes cidades, que via pela televisão. Seu pai era o homem de confiança do dono do lugar, um velho coronel do cacau, que fora, inclusive, deputado e senador. O coronel era amado ou odiado, não havia meio termo. Mantinha seus homens, e suas famílias, sob um regime de ferro, mas não lhes deixava faltar alimento ou mesmo conforto. As casas dos trabalhadores eram abastecidas por luz elétrica, água, bem mobiliadas, de móveis toscos e simples, mas com conforto. Todos tinham televisão porque o coronel trouxera grandes antenas parabólicas, um bom técnico de Salvador, e construíra um sistema de cabos que levava as imagens das três grandes antenas a todas as casas da fazenda. Dizem que o sistema custou ao patrão uma pequena fortuna, mas de fato nem fora tanto dinheiro assim, e o coronel queria ver seus homens satisfeitos e não queria saber de eles envolvidos com as tais eternas reivindicações dos comunistas, aquela praga, como ele costumava dizer. Mandou sintonizar, além da grande rede que dominava a audiência no país, apenas as emissoras públicas e educativas. Não queria correr o risco de divulgar ideias espúrias entre os seus. Mas todos ficaram felicíssimos. Assistiam às novelas, aos filmes e até a algumas aulas. Marina logo se apaixonou pela telinha. Começou a querer ter roupas, andar pintada, cheia de frescuras, como dizia sua velha avó. O pai comprava-lhe alguns mimos quando ia à cidade e ela mesma lavava e cuidava de suas roupas e guardava tudo numa pequena cômoda, onde também ficava o seu precioso estojo de maquiagem. De manhã, ia à escola rural, como todas as crianças do lugar, levada na carroceria de um caminhãozinho da fazenda, dirigido por uma das mulheres dos trabalhadores. De tarde ajudava a mãe nas coisas da casa, assim como faziam suas duas irmãs, enquanto os meninos, que eram mais dois irmãos, trabalhavam na horta da casa, orgulhosos por ser a única casa da fazenda que tinha horta, e jogavam futebol no campinho à beira do rio. Marina gostava de andar pelo mato e, todo o fim de tarde, antes que começasse a novela das sete na TV, saía para caminhar. Aprendera, também na TV, que caminhar fazia bem pra saúde e ela queria ter sempre saúde porque via o sofrimento da avó, com tantas dores e doenças, que seu pai atribuía ao fato de ter parido muitos filhos e de viver com aquele cigarro de palha pendurado nos lábios. A mãe achava estranha aquela preocupação de uma menina de apenas 15 anos com a beleza, a estética e a saúde, mas achava também tudo isso bem melhor do que ela se meter naquela loucura da juventude, pois sabia que muitos jovens, mesmo ali na vida calma da fazenda do coronel, se metiam a ficar fumando maconha e saíam a pé ou a cavalo para a cidadezinha próxima para namorar e fazer coisas piores. Semana passada mesmo, aparecera uma meninazinha, de apenas 13 anos, grávida. Marina não se interessava muito por aquelas "baladas" da garotada, ficava um tempão caçando coisas para ver na TV, caminhava todas as tardes e sempre tirava boas notas na escola. Ano que vem terminaria o primeiro ciclo e os estudos e a mãe se preocupava um pouco com o futuro daquela menina meio diferente, a sua filha mais velha.

Numa noite de lua cheia, Marina, afinal, resolveu uma das preocupações da mãe: ficou mocinha. A mãe sabia que, hoje, as jovens menstruavam mais cedo do que as mulheres de sua geração e ficava um pouco apreensiva por Marina já ter quinze anos e ainda não lhe terem vindo as regras. A mãe era uma mulher um pouco diferente do padrão das habitantes da fazenda do coronel. Casara-se aos 30 anos com o então jovem capataz: fora uma paixão fulminante e ela era uma das professoras da escolinha da cidade próxima. Abandonou o magistério, foi morar com ele na pequena casa e nunca se arrependeu de tê-lo feito. Amava o marido e lhe dera cinco filhos sadios.

Comentara com o doutor, que aparecia uma vez por mês na fazenda para ouvir as queixas de saúde dos trabalhadores e cuidar dos doentes, o atraso na chegada da menstruação da sua mais velha, que a preocupava, uma vez que a segunda, que só tinha 13 anos, já era mocinha fazia um certo tempo. Mas o doutor dissera que provavelmente não havia nada de errado com Marina.

Por isso, a mãe suspirou aliviada, naquela noite, em que a filha sangrou pela primeira vez.

Mas enquanto para a mãe foi um alívio, Marina não gostou nem um pouco da ideia. Aquele negócio de sangrar era uma chatice, tirava-lhe a liberdade, além de dar uma certa dor na barriga. A mãe argumentava: isso é sinal de saúde, sinal que você já é, finalmente, mulher e pode ter bebês. Mas Marina não se interessava muito por bebês. Afinal, ajudara a mãe, desde muito pequena, a cuidar dos filhos dela, seus irmãos, e achava aquela história de criança, fralda, leite e vômito outra chatice sem par.

À medida que se tornava mais mulher, Marina também lentamente foi mudando. Às vezes ficava muito irritada, às vezes uma tristeza inexplicável lhe tomava o peito, às vezes olhava com gula para os rapazes, os mesmos que até então lhe pareciam apenas uns bobos bagunceiros. Mas era muito observadora das coisas da natureza. Sempre cortava o cabelo no crescente e plantava sementes na lua nova. Por isso, percebeu que seu ciclo menstrual estava se ajustando também às fases da lua. No quarto minguante, estava sempre inchada e nervosa, na lua escura, ela invariavelmente sangrava e por apenas três dias, não como no começo da sua menstruação, que sangrava por cinco ou seis.

Certa tarde caminhava, como sempre, pelo mato, quando foi atraída por uma pequena trilha irregular que nunca notara antes. Seguiu por ela, subindo, e caminhou por uns dois quilômetros até se deparar com a cerca que delimitava a fazenda. A trilha, porém, continuava. E ela seguiu, pensando que era estranho que nunca, nunca mesmo, tivesse se aventurado por aquelas bandas.

Atravessou a cerca, continuou subindo e estava achando que a paisagem mudava, sendo mesmo muito diferente dos campos aos quais estava acostumada. Ali as árvores pareciam mais altas, havia emaranhados de cipós e um pequeno córrego acompanhava a trilha. Para onde irá essa água? pensou Marina. Já estava se aproximando a hora do por do sol e, por um instante, ela temeu que, se escurecesse, talvez não achasse mais o caminho de volta. De repente avistou, por entre os galhos da vegetação, algo que se parecia com um telhado. Ué, quem será que mora aqui? Ou seria uma casa abandonada? pensou. Aproximou-se e viu que realmente era uma casa habitada. Havia uma luz lá dentro, um velho cão descansava à porta. Pensou em bater, em saber quem, afinal, se esconderia ali. Pois, quem quer que fosse, ela jamais ouvira falar. Antes que batesse, um vulto abriu a porta.

– Boa Tarde! – disse uma voz forte e redonda de mulher.

Marina chegou mais perto e viu a velha senhora, um lenço colorido a esconder-lhe os cabelos, saias rodadas como as das ciganas que às vezes apareciam por ali. Era velha, mas vinha dela uma tremenda vitalidade, uma energia que Mariana quase podia tocar.

– Boa tarde – respondeu com timidez.

– Eu ia mesmo fazer um chá. Quer me fazer companhia?

– Quem é a senhora? – perguntou Mariana – Mora aqui há muito tempo?

– Você deve ser Marina, a filha do capataz da fazenda. Já a vi caminhando por aí.

– Sim, sou a Marina. Mas como nunca encontrei a senhora antes?

– Moro aqui há muitos, muitos anos. Muito antes de você nascer – respondeu a mulher – tocando de leve o braço da moça, conduzindo-a para dentro da pequena casa.

Eneida era o nome dela. E contou à Marina que raramente saía de casa. Tinha uma horta, três ou quatro árvores frutíferas, um galinheiro, uma pequena criação de porcos e pouco precisava do que quer que fosse, além do que possuía ali mesmo.

– Mas vive tão isolada aqui, eu mesmo nunca a tinha visto.

– E tenho o Sol e a Lua e os pássaros e toda a natureza. Por que sentiria solidão?

– Mas não gosta de conversar, como estamos fazendo agora?

– Não com qualquer um, minha menina. Não com qualquer pessoa. Quando eu era jovem, vivia cercada de gente e o meu coração se sentia solitário. Agora muito raramente vejo alguém, ou vem alguém aqui, como você, e meu coração está repleto de alegria, vivo feliz aqui, cuidando da terra e dos bichos.

– Engraçado – disse Marina – saboreando seu chá – eu vinha caminhando e achei a trilha e quase que sabia que alguma coisa me esperava aqui.

Eneida riu:

– Ah, você sabia, sim! Nada acontece por acaso. Foi a sua vontade, mais o meu pensamento que atraíram você para cá.

– A senhora é muito gentil e simpática, mas por que seria importante eu vir aqui?

– Porque você é jovem e precisa de alguém para guiá-la pelos caminhos da vida.

Marina achou a resposta de uma pretensão enorme e lembrou-se que tinha seus pais e professores e muita gente para guiá-la, se achasse isso necessário.

Eneida parecia ler seus pensamentos:

– Eu sei que você tem quem a oriente na vida, mas eu posso guiá-la pelos caminhos mais profundos da sua alma, eu e a minha solidão descobrimos, a cada dia, mais e mais sobre os mistérios.

– Que mistérios?

– A vida, minha Marina, a vida é o maior dos mistérios. Você, por acaso, sabe por que nasceu ou por que vai morrer? – disse ela, rindo – Esse é o maior dos mistérios. As pessoas da cidade estão se esquecendo de que são irmãs de tudo o que está vivo. E, acredite, até mesmo as pedras têm vida. Nesses anos todos que tenho vivido aqui, quase todos os dias sem falar com nenhuma pessoa, só conversando com as plantas e com os bichos, aprendi muito e para você, Marina, vale a pena ensinar.

– Por que especificamente para mim?

– Porque para você está na hora.

– Como a senhora...

– Eneida. Chame-me de Eneida e não de senhora. Quero ser sua amiga.

– Então, Eneida, como sabia quem eu era? Disse que me viu algumas vezes caminhando, mas eu nunca a vi...

– Estou sempre me escondendo das pessoas, nunca caminho pelas trilhas, vou pelo meio das moitas, quando preciso ir.

– E vai aonde?

– Às vezes vou à cidade, recebo algum dinheiro do tempo que eu trabalhava, você sabe, então vou lá buscar, no banco, e aproveito para comprar umas poucas coisas de que preciso.

– Nunca ouvi o povo falar na senho... em você.

– Mas eles falam. Fingem que eu não existo porque têm medo de mim, da minha solidão, da minha recusa de viver como eles ou com eles, mas quando uma criança ou um velho adoece e os médicos modernos não conseguem curá-los, aí, sim, eles se lembram que eu existo e sobem para cá, em busca das minhas ervas – Eneida deu um suspiro e fitou as unhas da mão direita. – Eles me chamam de bruxa, o padre tem horror de mim e os médicos falam que sou curandeira, por isso pretendem esquecer que eu existo. Mas quando precisam, a velha Eneida está sempre aqui.

– Está ficando tarde – disse Marina, subitamente também com medo. – Preciso ir. Foi um prazer conhecê-la.

E saiu correndo, trilha abaixo.

Depois, enquanto servia o jantar para os pais, quase falou em Eneida. Mas achou melhor ficar quieta. Naquela noite, nem quis ver televisão. Lavou a louça e meteu-se na cama. A Lua estava cheia e, como agora sempre acontecia nessa época, ela tinha uma umidade de clara de ovo entre as pernas. Pela janela aberta, na noite quente, podia ver a Lua. Os irmãos ainda não tinham vindo para o quarto, estavam vendo um jogo na TV, faziam muito barulho e brigavam, cada um torcendo por um time, e Marina saboreava seu momento de solidão. Pensava na estranha mulher que conhecera. E que chá delicioso era aquele, Marina nunca tinha tomado nada tão gostoso, era melhor do que coca-cola! Mas como é que uma mulher, ainda mais já tão velha, podia viver naquela solidão? E como nunca lhe acontecera antes ter visto aquela casa?

Marina sabia que voltaria lá. Uma curiosidade irresistível a dominara.

O dia seguinte passou e Marina, entretida com os seus afazeres, pouco pensou em Eneida. Mas, fim da tarde, seus passos a levaram de novo para a casa da velha. Encontrou-a cutucando a terra em torno de um arbusto:

– Essa danada tem raízes delicadas – foi logo explicando – precisa de terra fofa para crescer com saúde!

Todos os dias, por um ano inteiro, Marina visitou Eneida. Com ela aprendeu os segredos do cultivo das ervas, todas elas, para todos os tipos de usos: do curativo ao culinário e aprendeu a magia das plantas, que sempre respondem aos nossos cuidados, principalmente para quem sabe ler os movimentos e os ciclos da terra e das estrelas. Nunca falou a ninguém sobre tudo isso. Jamais revelou as histórias encantadas de fadas e sereias e estranhos seres antigos que eram metade homem, metade cavalo e de deuses que voavam e tinham vindo para a Terra viajando através das estrelas do céu.

Assim, a mãe viu desenvolver-se na sua mais velha um estranho gosto pelo cultivo da terra. A pequena casa se encheu de plantas ornamentais, a horta ganhou ervas que vinham direto do quintal de Eneida e Marina sabia curar muitas das dores de sua avó, sempre doente e também aliviava os ferimentos de trabalho dos irmãos e de todos, na fazenda. Um dia, a mãe quase lhe arrancou o segredo mas, era estranho, cada vez que Marina resolvia contar para alguém sobre a velha Eneida, uma força maior a fazia calar, temerosa nem ela saberia de quê.

Nesse ano, Marina apaixonou-se pela primeira vez. Era um jovem professor que chegara à cidade e arrancava suspiros da moças nativas. Quando pensava nas suas chances com ele, quase sempre desanimava. Havia tantas moças mais belas que ela na escola e na cidade. Por que ele prestaria atenção nela?

Mas, um dia, aconteceu. Encontraram-se na praça, num domingo, ela voltando da missa. E ela leu nos olhos dele o amor. Ficou radiante e não podia esperar a hora do por do sol para subir até a casa de Eneida e contar a ela que sabia que, afinal, ele também a amava!

No entanto, quando estava, naquela tarde, se aproximando da casa da velha, sentiu que alguma coisa na paisagem estava diferente. Tudo muito quieto. Não havia o canto dos pássaros. As árvores pareciam outras. Marina sentiu uma ausência no ar, mas não saberia dizer o que era.

Quando avistou a casa, percebeu. Eneida se fora, pensou. Tudo estava mudado. A casa em ruínas, como se há muito tivesse sido abandonada. Nem sinal dos bichos, muito menos das plantas. O quintal fora tomado pelo mato e a casa estava cheia de ratos (Marina podia ouvi-los). Entre as ruínas, dentro da casa, reconheceu os restos da mesa onde tomara seu primeiro chá com Eneida e também uma cristaleira, muito linda, que havia no canto.

Marina ficou estarrecida. O que acontecera? Ainda ontem estava tudo lá e agora parecia que o lugar estava desabitado há cem anos...

Voltou, desolada e sem encontrar uma explicação para aquele estranho acontecimento. À noite, sonhou com Eneida, que flutuava, sentada numa nuvem, nunca respondia às suas perguntas e dizia apenas: Estarei para sempre com você.

Na cidade havia um velho, quase tão velho quanto Eneida, que era dono do maior armazém do lugar. Marina pensou que talvez ele pudesse lhe dizer alguma coisa sobre Eneida. No dia seguinte, quando as aulas terminaram, foi para o armazém e teve que esperar que ele acabasse de atender alguns clientes. Por fim, quando se desocupou, ela perguntou:

– Desculpe incomodar o senhor, mas eu preciso saber se o senhor, que está aqui há tanto tempo e conhece todo mundo, sabe de uma senhora que mora lá pra cima do morro, depois da fazenda do coronel, sozinha numa casa.

O velho corou subitamente. Olhou bem dentro dos olhos da moça e disse:

– Que senhora? Como é o nome dela?

– Eneida.

– O que é que uma jovem como você sabe sobre Eneida? Quem lhe contou?

– Não, ninguém me contou. Eu mesma fui lá várias vezes e agora, de repente, encontrei a casa e todo o local em ruínas...

– Há anos e anos está em ruínas – disse o velho. – Eneida viveu anos lá e hoje ninguém mais se lembra dela. Morreu em 1958, muitos anos antes de você nascer.

Marina arregalou os olhos:

– Mas eu a vi! Eu conversei com ela.

O velho riu:

– Só se foi o fantasma daquela velha bruxa.

– Ela era uma bruxa?

– Era o que povo dizia, mas todo mundo, quando estava doente, subia o morro para ir buscar seus remédios.

– E o que mais?

– Como, o que mais?
– Quem era ela? Como chegou aqui?
– Olha, moça, sua mãe não vai gostar se eu lhe contar.
– Juro por Deus – e Marina cruzou os dedos sobre os lábios, beijando-os – que eu nunca repetirei para ninguém o que o senhor me contar. Mas eu preciso saber.
– Eneida era... era... bom, ela tinha uma casa de mulheres em Salvador. Veio para cá, mocinha, com o coronel. Ele estava louco por ela e mandou construir aquela casa, ao lado da fazenda. Com o tempo, enjoou dela. Todos pensavam que ela voltaria para a capital, mas ela ficou lá, sozinha de tudo, cada dia mais isolada e o povo foi descobrindo que ela sabia preparar remédios e benzer os doentes. Morreu de velha, sempre sozinha. Levaram um monte de dias para descobrir o corpo e só o fizeram por causa dos urubus. É só o que eu posso dizer.
– Muito obrigada.

Marina saiu para a praça cheia de sol. Pensou no namorado, mas o pensamento não tinha a mesma força de dois dias atrás. Então decidiu: quando terminasse os estudos, no final do ano, que já se aproximava, ia tomar um ônibus, levando tudo o que era seu, e partiria para Salvador. Arrumaria um trabalho na cidade e continuaria a estudar. Um dia, quem sabe, seria importante em algum trabalho no Rio de Janeiro, a cidade das novelas. Sentia uma estranha certeza, uma confiança, nenhum temor. Afinal, Eneida estaria sempre com ela.

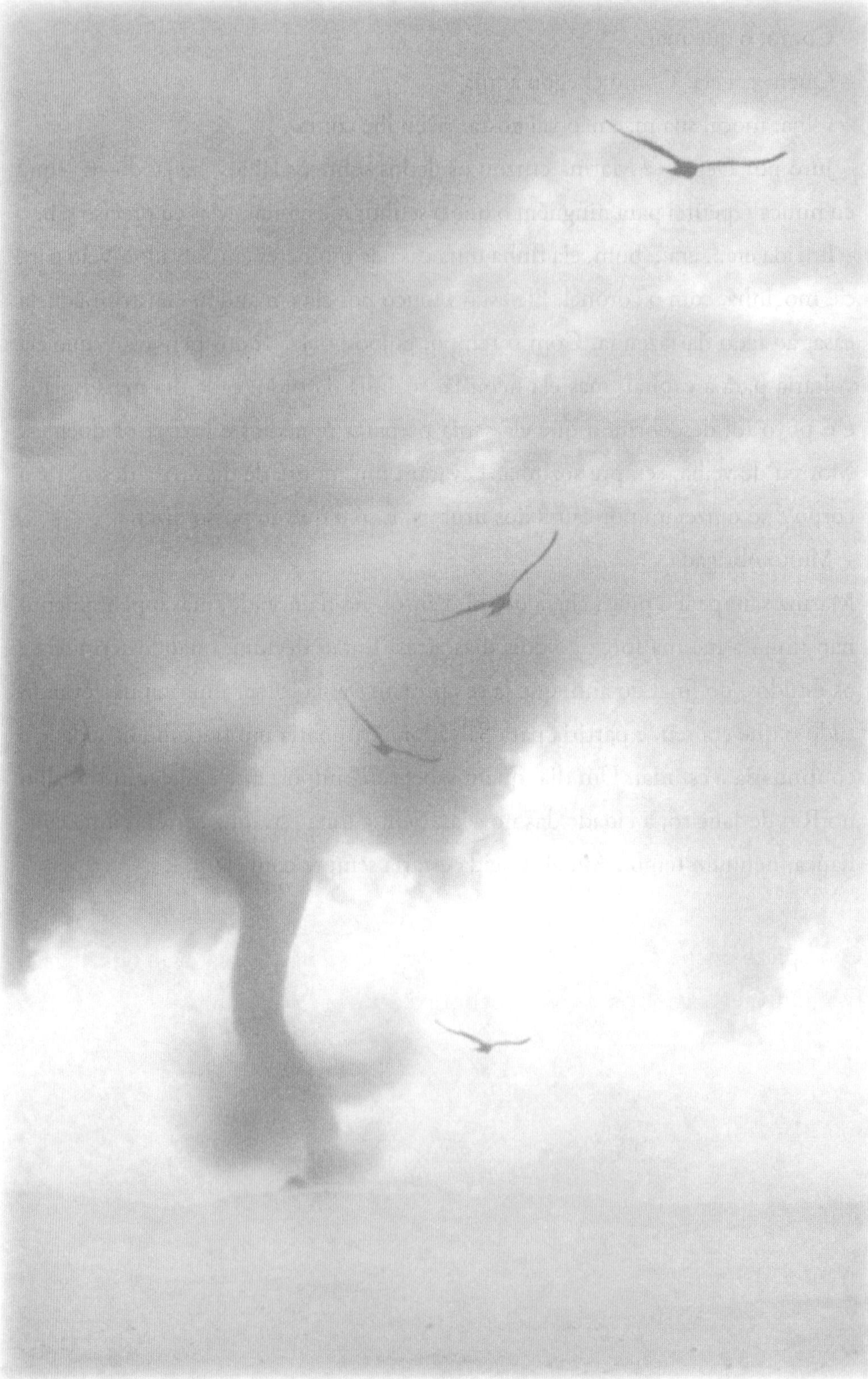

17
Animais racionais

Quase todos aprendemos na escola duas máximas que norteiam o pensamento da nossa sociedade: o homem é um animal racional e o homem é um animal social.
Ora, se o homem é um animal racional, os outros animais, que não são homens, são irracionais.
No livro de Carl Sagan, sobre a inteligência, há uma experiência realizada com cães. Uma coisa simples: em uma, de três trilhas, é colocado o cheiro do dono do cão. Induz-se, então, o animal a procurar o dono na primeira trilha que não tem o cheiro. Ele recusa. Leva-se então o cão até a segunda trilha, também sem cheiro e ele, imediatamente, se dirige espontaneamente à terceira trilha. Conclusão de Sagan: o cão foi para a terceira trilha por *dedução*, já que tinha três opções e as duas primeiras foram descartadas. Quem deduz, é inteligente, usa a razão.
Quem tem um animal de estimação sabe muito bem que existe uma linguagem específica para se comunicar com ele.
O desprezo e o preconceito pela ideia do *irracional* nascem da visão (a meu ver profundamente equivocada) da superioridade do ser humano sobre todas as outras formas de vida da terra.
Entrevistei um bruxo, Roberto Carvalho, que dizia que os homens são hoje, sobre a terra, apenas um vírus. Um vírus que está tornando doente o planeta.
Mas a euforia de conseguir dominar a natureza, principalmente pelos enormes avanços científicos e tecnológicos do século XX, encheu o homem de arrogância.
Se pensarmos que, até duzentos anos passados, se locomover e se comunicar exigiam grandes esforços, nossos aviões, foguetes, trens balas e nossos celulares e a própria Internet significam um avanço realmente fantástico.

No entanto, começa a despertar, nessa segunda década do século XXI, a consciência de que o nosso modo predador de vida vai acabar inviabilizando a própria vida sobre a Terra.

Derrubar florestas ou matar animais por esporte, por exemplo, até muito pouco tempo atrás, eram apenas constatações da superioridade do homem sobre a natureza. Por outro lado, mesmo que naveguemos virtualmente pelo mundo e conquistemos o espaço sideral, a natureza de vez em quando demonstra a nossa insignificância num episódio como o tsunami que devastou o Japão em março de 2011. Acredito que a Terra seja muito paciente e generosa com esses seus ingratos filhos, os humanos. Se eu fosse a Terra já teria dado um jeito de banir esse pessoal de cima de mim para que, como queria o poeta Vinicius de Moraes, não existindo o ser humano fosse apenas *a indizível beleza e harmonia do plano verde das terras e das águas em núpcias, a paz e o poder maior das plantas e dos astros em colóquio, a pureza maior do instinto dos peixes, das aves e dos animais em cópula.* (Poema O Dia da Criação – trecho).

Parece que o ser humano é o único animal que agride o meio em que vive, ou seja, destrói o próprio ninho. Mas não pára por aí. O desrespeito com a Terra se estende ao desrespeito com todas as outras formas de vida, animal e vegetal.

Já falamos aqui sobre a importância do contato com as plantas. Todo mundo riu do rei Roberto Carlos quando ele disse que falava com as plantas para que elas vivessem mais sadias. Nem uma década mais tarde, cientistas demonstravam o poder da música sobre o desenvolvimento dos vegetais: o rock estressava as plantinhas, a música clássica as acalmava. Imagine agora a beleza da voz do Roberto sussurrando palavras carinhosas no seu ouvido. Faria bem a você, não é? Pois é. Às plantinhas também.

No entanto tratamos as plantas, as árvores, as flores, com um incrível pouco caso. Quanto mais os maravilhosos jardineiros de Holambra desenvolvem lindas espécies decorativas, mais nós nos portamos como se elas fossem apenas bens de consumo industriais. As plantas são seres vivos.

Se não respeitamos outros seres vivos (e frequentemente nem a nós mesmos) seria de se esperar que não respeitássemos a flora do mundo.

Animais racionais

Os escravagistas de plantão, que traficavam negros do continente africano, justificavam o seu vil comércio afirmando que os negros não possuíam alma e, portanto não valiam nada. Eles tinham, inclusive, o apoio da Igreja, aquela mesma que queimava bruxas porque eram seres demoníacos e apoiava a escravatura dos negros (e mais tarde, também dos índios) porque estes não tinham alma. Como os animais.

Mas quem foi que disse que os animais, apenas porque os classificamos como irracionais, não têm alma?

Algumas correntes esotéricas acreditam que a alma é onipresente no Universo, uma energia cuja parte se transfere para um corpo, quando este se forma. Nesse caso, a alma estaria em todas as formas de vida, todos os corpos, animais ou vegetais.

Sempre fizemos gato e sapato dos animais, de todos eles. Cientistas, no afã de descobrirem segredos da natureza, usam os animais como bem entendem. Nós, animais racionais, somos extremamente cruéis na criação e no abate dos animais dos quais nos alimentamos. O abate humanitário só agora começa a ser praticado no Brasil, mas ainda encarece em cerca de 150% o preço do produto final.

Mas, se olharmos para o mercado destinado aos *pets* em nosso país, e a sua rápida expansão, poderíamos chegar à falsa conclusão de que somos um povo que ama os animais. Ledo engano. Para grande parte dos consumidores do mercado *pet*, os bichinhos são mais um bem de consumo, como as plantas ornamentais, e um grande símbolo de status. Ou seja, eles também estão na moda e são comprados e descartados com a mesma facilidade e desdém das nossas roupas e acessórios de marca. A grife dos animais é dada pela raça. Quanto mais exótica...

O homem de hoje perdeu quase que inteiramente o vínculo que a raça humana sempre teve, historicamente, com os animais.

Cavalos foram grandes parceiros de grandes heróis. Cães eram os grandes companheiros, foram chamados de *os melhores amigos do homem*. A comunicação contava com os pombos correio e, nos ombros, papagaios nos piratas e corvos nas bruxas.

Aqueles que até hoje mantêm um vínculo estreito com seus animais de estimação sabem que eles têm, sim, alma e sentimento. Os animais podem nos completar, nos inspirar e nos compreender quando os amamos e, portanto, estamos também dispostos a compreendê-los.

É muito triste constatar que muitos cães e gatos, quando não são mais convenientes para seus donos, quando estes se cansam dos bichinhos ou passam a crer que eles não valem mais o trabalho que dão, simplesmente são abandonados nas ruas, como se abandona um velho sofá. É um ato tão desumano quanto abandonar uma criança ou um vaso de plantas que se joga no lixo porque se esqueceu de regar.

Não há diferença. Todos, a criança, a planta, o bichinho, todos são seres vivos e merecedores do nosso respeito.

Mas, felizmente, sobre o planeta, nem todos somos urbanos ou insensíveis ou inconscientes. Pelo mundo afora ainda há muita gente – e a tendência é haver cada vez mais – que tem uma visão holística da vida, que sabe que tudo o que está vivo comunga da mesma energia e da mesma força que nos move.

E há, ainda, os que preservam tradições muito antigas, muito esquecidas, como as práticas do xamanismo que faziam, por exemplo, com que a consciência dos antigos celtas se transferisse para o corpo de animais.

Talvez um resquício dessa prática tenha vazado nas ilustrações dos fantasiosos relatos de ficção que, muitas vezes, colocam os corvos nos ombros das bruxas e fazem desses animais os mensageiros delas.

Uma bruxa de verdade estende o seu amor a todas as formas de vida.

Um amor adulto, um amor feito de respeito, reverência e com muito pouco açúcar.

Celeste

Celeste Maria era a sétima filha de Amália. Mas se pensasse que era filha do terceiro casamento de sua mãe, então era filha única. Nascera em 1926 e, embora até gostasse dos seus irmãos mais velhos, gostava também de se imaginar como a única filha de Manolo Luiz, o espanhol que arrebatara o coração de Amália numa festa e que largara a família para ir viver com ela.

Celeste sabia que Manolo tinha mais dois filhos, do seu casamento legítimo e sabia também que ela, pelas leis brasileiras, não passava de uma bastarda, já que seus pais haviam ido ao Uruguai para se casar e esse não era um casamento válido no Brasil. É que naquele país vizinho era possível o casamento entre desquitados ou, como no caso de seus pais, entre um desquitado e uma viúva. Mas, aqui no país, seu pai não pudera reconhecê-la como filha.

Por isso, mal admitia Celeste com mágoa em seu pequeno coração, ela era o que as suas coleguinhas chamavam de "legítima bastarda".

Coleguinhas essas, aliás, conquistadas a duras penas, já que nenhum colégio queria matricular uma menina que não tinha pai. Mas, como todas as outras quatro filhas de Amália haviam estudado naquela escola, já que o casal era socialmente tolerado pelas boas famílias paulistanas, dada a fortuna de Manolo, considerando isso e mais a generosa contribuição que Amália trazia, dentro da bolsa, para aquela prestigiosa instituição, as freiras, depois de muito charme e suspense, acabaram aceitando a matrícula de Celeste.

Antes de ir para a escola, Celeste não sabia de nada disso. Seus irmãos mais velhos, por proibição ou por generosidade, jamais haviam tocado no assunto. Foram as próprias colegas que, com a crueldade intrínseca das crianças, haviam contado a ela toda a história de sua origem nada nobre.

Tinha sido uma experiência horrível.

Celeste, que até então, era uma garotinha mimada e orgulhosa de sua posição social na provinciana São Paulo dos anos 1930, vira-se de súbito jogada do trono à lama.

Amália, que era uma mulher sábia, usou de todo o seu carinho e de toda a argumentação, para minimizar a profunda decepção que se abateu sobre sua pequena caçula. Explicou-lhe que o amor era mais importante que as convenções, que fora por amor que se casara com Manolo e ela, Celeste, era a prova viva desse sentimento.

Já os irmãos mais velhos reagiram de diferentes maneiras. Ariosto e Desdemona, filhos do primeiro marido de Amália, já estavam casados, tinham suas próprias vidas e famílias e limitaram-se a pensar que a menina logo superaria o trauma. Não que se orgulhassem de ter uma irmã bastarda, mas o terceiro casamento da mãe, com aquele espanhol rico, acabara por beneficiá-los e eles não queriam se aprofundar em questões que pudessem levá-los a questionar os próprios benefícios dos quais usufruíam: Desdemona recebera um dote que não seria possível se sua mãe continuasse viúva e, por isso, casara-se com o herdeiro de uma das maiores indústria têxteis da cidade. Ariosto, que se formara advogado estudando à noite e trabalhando como caixeiro de farmácia de dia, ganhara um escritório em plena Praça da Sé e se tornara próspero do dia para a noite, graças aos clientes encaminhados pelo padrasto. Júlia, Palmira e Mariinha, filhas do segundo casamento da Amália, sabiam que o padrasto lhes asseguraria não só o dote, como o passaporte para uma classe social que elas não tinham tido chance de frequentar antes. Assim, o dinheiro de Manolo – apesar da insistência de Amália na força do amor – era quem colocava panos quentes em todas as reações e sentimentos preconceituosos que a situação de Celeste pudesse gerar.

Foi logo depois que Celeste descobriu sua origem que sua irmã Mariinha, então com 17 anos de idade, se apaixonou por Leopoldo, um *bon vivant* que fora criado pela avó, dona de dois quarteirões de casas populares no bairro da Mooca, todas elas alugadas para famílias de imigrantes que se tornaram operários. Todo mundo conhecia a história de Leopoldo: ele só pensava em arte. Vivia circulando pelos bairros carregando suas telas e tintas e pincéis e andara até metido com os modernistas e parte da intelectualidade paulistana. Os intelectuais reconheciam seu valor e o apoiavam, ele frequentara a casa de Tarsila e Oswald de Andrade e até participara de algumas exposições coletivas, mas dinheiro que é bom, nada!

As más línguas diziam que ele ia torrar as casinhas da avó quando esta morresse e ficar na miséria. Começou a cortejar a Mariinha, assim que a viu na janela. Eram serenatas, cartas de amor escondidas nas sacolas de pão, nos vasos de flores no jardim. Amália não queria nem pensar no namoro da filha. Claro que Amália discursava a favor do amor, mas amava um homem rico. Nem em sonhos permitiria que uma de suas filhas se casasse com um pobretão, um *dandy* sem futuro e metido a artista. Proibiu seriamente o namoro. Mariinha começou uma novena para Nossa Senhora e colocou o Santo Antonio de cabeça pra baixo, escondido no armário. Estava perdidamente apaixonada por Leopoldo. Numa tarde em que foi ao centro da cidade com a mãe, comprou uma imagem de Santo Antonio com o menino Jesus ao colo e, ajoelhada na Catedral, prometeu ao Santo que, se conseguisse se casar com Leopoldo, conservaria aquele quadro de moldura oval na cabeceira de sua cama até o dia de sua morte. (De fato, Mariinha morreria aos 95 anos de idade, numa casa de velhinhas, com o santo ainda pendurado sobre a sua cabeceira.)

Amália, que não era boba nem nada, percebeu que a súbita devoção da filha pelo santo tinha um nome, Leopoldo, e tentou convencê-la, numa conversa cuidadosamente planejada, de que aquele amor não levaria a nada, que era apenas uma paixão de juventude, passageira, como as gripes e os resfriados. Mariinha, que tinha uma língua ferina e uma incrível objetividade, apenas respondeu:

– Homessa, mamãe. Olha quem fala. Justo a senhora que desafiou todas as convenções para se casar com o Manolo! E vive dizendo, pra quem quiser ouvir, que o melhor casamento é o realizado por amor!

– Mas amor com dinheiro, minha filha! Vais querer casar-te com esse rapaz, que não tem profissão, largou os estudos e vive na boemia? Ele vai deixar-te em casa, numa casa pobre, com um barrigão e cair na orgia, isso é que é.

Mariinha começou a chorar e saiu correndo para trancar-se no quarto.

Amália pensou: deixa estar que, mais cedo ou mais tarde, isso passa.

Mas não passava. E, certo dia, quando Amália estava a bordar e Celeste a estudar, de repente a menina começou a soluçar. A mãe, percebendo que havia certo quê de teatro no choro, perguntou o que havia e Celeste, esmerando-se para parecer sincera, disse:

– Mãezinha, estou muito triste porque não quero que a Mariinha seja raptada.

– Ora, menina, de onde tiraste semelhante asneira?

– Está todo mundo falando, mamãe, que o Leopoldo vai raptar a Mariinha e ela vai viver que nem essa Pagu e outras sem vergonha que vivem com artistas...

Esta foi a primeira das alfinetadas da Celeste. Daí pra frente, ela, sempre com aquele ar de boa menina, de quem está com as melhores intenções, vivia a criar problemas para quem estava perto dela.

No começo da adolescência, escreveu, por exemplo, à mãe de uma coleguinha, uma das que a chamavam de legítima bastarda:

"Prezada Dona Maria José. Como colega (e amiga) de sua filha, Filomena, venho por meio desta, expressar a minha mais sincera e profunda preocupação com a atitude da sua filha, a quem vi fumando no banheiro da escola e arquitetando, com outra das nossas colegas, uma grande mentira para pregar a tão distinta senhora. Filomena vai dizer que precisa estudar na casa da amiga mas, na verdade, pretende ir ao baile com o jovem Afonsinho..."

Se alguém perguntasse, Celeste diria sinceramente que estava prestando um serviço à amiga, que estava realmente preocupada com a conduta de Filomena, que parecia estar se afastando do caminho que deve ser trilhado por uma moça direita que almeja a felicidade.

Esmerou-se, por toda a juventude, em vender uma imagem de uma moça preocupada com os destinos do mundo, inclinada à filosofia oriental, acreditando que os hindus é que estavam certos em considerar sagradas as vacas e evitando alimentar-se da carne de animais que ela considerava "covarde e cruelmente abatidos pelos homens". Armou tamanha confusão com a cozinheira da casa, que trazia da feira frangos vivos para depois cortar-lhes o pescoço, que Manolo decidiu proibir a prática, obrigando a funcionária a comprar frangos já mortos e depenados.

Vestindo a capa das boas intenções, Celeste passou a juventude se preparando para a própria independência e, sempre que possível, causando grandes mágoas, sempre com a desculpa das boas intenções.

Inspirada nas mulheres americanas que, durante a II Guerra Mundial, haviam trocado o lar pelas fábricas e escritórios, conseguiu convencer os pais, ao completar 18 anos, que deveria arrumar um emprego.

Foram semanas de discussão à mesa do jantar até que, cansado, Manolo Luiz capitulou:

– Está bem. Mas filha minha não vai responder a anúncios de jornais. O comendador Dilermano Pontes ainda esta semana, no clube, comentava a dificuldade de se encontrar uma boa secretária. Posso pedir a ele que dê uma oportunidade a você. Mas eu juro que se você for irresponsável, relapsa ou malcriada com ele, eu a mando trancar pelo resto da vida no convento. Está disposta a se arriscar?

Celeste saiu da cadeira e se jogou sobre o pai, beijando-o no rosto:

– Obrigada, paizinho. Prometo não decepcionar ninguém.

O comendador Dilermano Pontes era, na verdade, um tremendo picareta que vivia de tráfico de influência, do comércio do bônus de guerra e transitava entre as mais ilustres famílias da cidade e do país, sempre atuando com base na chantagem discreta que tinha por fundamento casos indiscretos. Era um sujeito muito bem educado, muito bem vestido, dono de um charme e de um carisma impressionantes. Muito culto, sabia conquistar a tudo e a todos usando sua erudição e simpatia. Não foi diferente com Celeste. Dois meses de escritório e a moça estava perdidamente apaixonada por Dilermano. Celeste tinha 18 anos. Dilermano, 32, uma esposa e quatro filhos. Com ele, na discreta garçonière que ele mantinha na Rua Maria Antonia, ela descobriu a alegria do sexo. Quando, um ano depois, engravidou, ele revelou-lhe seu lado mais cruel. Duas opções: ou abortava ou se casava. Casar? Sim, mas não com ele. Dilermano tinha um irmão, dois anos mais moço, que sonhava em montar um atelier fotográfico e vinha, há anos, pedindo a ele que o financiasse. Se ela aceitasse casar-se com ele e ir morar em Ribeirão Preto (pequena cidade do interior onde os Pontes nasceram e onde o irmão morava até hoje) Dilermano financiaria o atelier e eles teriam como viver e até prosperar já que a fotografia era um negócio cada vez mais promissor.

Celeste engoliu a raiva. Amava aquele homem, mas sabia muito bem que ele jamais deixaria a família por ela. Sabia que abortar era correr o risco de morrer ou ficar estéril e que a saída que ele estava oferecendo era mais que honrosa. Casou-se com Cesar Pontes, apenas dois meses depois. Sua irmã Mariinha e seu agora cunhado, Leopoldo, ofereceram uma festa maravilhosa, que reuniu a nata da sociedade paulista, em sua elegante casa no Pacaembu. Para se casar com Mariinha, Leopoldo encontrara uma solução genial: tornara-se, de pintor, ilustrador, e fora contratado pelas companhias americanas de cinema para criar os cartazes brasileiros dos filmes aqui exibidos e, depois disso, fora contratado pelos grandes anunciantes para desenhar seus cartazes de propaganda. Era assim hoje dono de um dos maiores estúdios de artes gráficas de São Paulo que tinha entre seus clientes as primeiras agências de publicidade que se instalavam aqui, as grandes distribuidoras de cinema, além das companhias de teatro, cassinos e rádios. O casal vivia dias de prosperidade e a festa de casamento de Celeste rendeu os primeiros clientes ao ateliê fotográfico de Cesar Pontes.

Celeste e Cesar (os Cecê, como ficaram conhecidos em família) viveram juntos 52 anos. Tiveram mais dois filhos, além do primogênito que era na verdade filho de Dilermano, mas ambos fingiam não saber disso, e ficaram famosos pelo fato de viverem às turras, brigas eternas, mas nunca sequer cogitarem a possibilidade da separação. De fato, na cama eles se realizavam. Mas, fora dela, a relação era um verdadeiro inferno.

A casa deles, em Ribeirão, era um sítio afastado, com três alqueires, muitas árvores, pomar e jardim, que Celeste se esmerava em cuidar e manter maravilhosos. Com o passar dos anos, a cidade chegou lá e, de zona rural e tranquila, o sítio se tornou uma ilha dentro da cidade.

Os Cecê brigaram mais ainda quando começaram a surgir as propostas para a venda do terreno do sítio, onde empreiteiras planejavam construir conjuntos de prédios de apartamentos.

Aquele sítio era o santuário de Celeste. Ela plantara aquelas árvores que hoje formavam um dos mais belos pomares da cidade. Ela conhecia cada pássaro e cada ninho e quase tivera um ataque quando um empregado sugeriu que fizessem um espantalho para impedir que os pássaros comessem as frutas.

– As frutas são para eles – respondera, irritada.

– Com tanta criança passando fome, dona Celeste, eles deveriam comer minhocas...

Celeste ia responder com uma estupidez, mas se controlou a tempo:

– Seu João, nós também ajudamos os orfanatos e nunca negamos um prato de comida a quem nos pede.

– Isso é verdade, dona – resmungou o velho empregado.

Mas se ela havia conseguido se controlar com o João, agora, com o marido, estava difícil. Como ele poderia sugerir que vendessem o sítio? Aquele chão fazia parte dela. E o santuário, então? Construído sob uma enorme seringueira, a pequena cabana abrigava uma imagem de Nossa Senhora, toda cercada de cristais e cheia de imagens de gnomos nas janelas. Não que Celeste ainda praticasse o catolicismo, religião em que fora criada. Mas ela sabia que a mãe de Jesus, para os católicos, fora venerada pelos antigos celtas como a Deusa Dana, a deusa da Fertilidade, que remetia à Deméter... Há anos Celeste descobrira sua estrita ligação com a Terra. Era taurina, forte, persistente, teimosa e da terra. Por isso decidira que aceitaria os frutos que a terra lhe desse mas jamais se alimentaria de cadáveres de seus irmãos, os animais, também filhos da Terra.

– Completamente fora de cogitação – disse, encerrando a discussão com o marido. – Não vamos vender nada. Não há dinheiro que pague essa terra. E nós não precisamos de dinheiro.

Não precisavam mesmo.

O pequeno estúdio fotográfico da Cesar Pontes se transformara numa enorme loja, primeiro, de máquinas e acessórios para fotógrafos, profissionais e amadores e, mais tarde, numa gigante dos eletroeletrônicos, que tinha franqueados em todo o país.

Cesar amava profundamente a mulher. Casara-se com ela apenas para que o irmão lhe financiasse o atelier fotográfico mas, com a convivência e também porque ela era, diferentemente da maioria das mulheres da sua geração, um espetáculo na cama, acabara por se apaixonar de verdade por ela. Era uma das poucas pessoas que tinham paciência com o radicalismo de Celeste. O resto da família e também os amigos debochavam dela porque ela se recusava a comer carne ou ovos, não usava nenhuma roupa de couro, nem bolsas nem sapatos, e nem se sentava em móveis de couro, o que a fez perder muitos passeios interessantes no carro do filho e de um amigo da família, cujos bancos eram de couro.

Uma das filhas de sua irmã Julia, certa vez, viera de São Paulo a negócios e se hospedara na casa dos tios. No domingo, para ajudar a tia, fora colher os legumes na horta. Arrumou-os delicadamente num grande cesto e, ao entrar na cozinha, disse para Celeste, toda zombeteira:

– Ai, tia!!! Não sei como serei capaz de comer todos esses maravilhosos seres vivos!

Celeste ria, como normalmente ria dos muitos deboches dos quais era vítima por causa de sua opção vegetariana mas, no íntimo, sentia um enorme desprezo por aqueles que não compreendiam o seu respeito e o seu amor pela vida, e começou a olhar para todos com um indisfarçável ar de superioridade. Pensava: "Perdoai-os, Mãe, eles não sabem o que fazem".

Os filhos não ligavam muito para o que classificavam como *as manias da mamãe*, mas ela se recusava a ir à casa deles no horário das refeições porque não podia suportar o cheiro da carne queimada dos bifes e/ou dos assados. Assim, para receber a sogra, as noras precisavam inventar cardápios inteiramente vegetarianos, mas acabavam sempre desagradando porque na massa do suflê tinha manteiga ou na torta havia ovos.

Na família, Mariinha era a única irmã ou talvez mesmo o único parente que tinha paciência com Celeste. Achava todas aquelas posturas da irmã caçula um punhado de besteiras homéricas (Mariinha se deliciava com um bom churrasco e dizia que comer o animal mais fraco era uma regra da natureza) mas tinha o bom senso de respeitar as opções da irmã. Mas a voz corrente na família era que

Celeste havia se transformado numa ecochata, numa natureba de almanaque, cujas ideias nem sequer tinham fundamento científico.

Celeste foi se magoando, durante anos a fio, com os deboches, fossem eles por suas costas ou descarados mesmo; foi se magoando com os olhares enviesados das outras mulheres, nas ocasiões sociais, para os seus sapatos e bolsas de palha ou tecido; foi se magoando com a incompreensão de todos para suas ideias de defesa da natureza e dos animais e para os seus hábitos de conversar com as árvores, as flores, os pássaros...

Depois que a situação econômica permitiu, Celeste fez várias viagens à Índia e ao Tibete e se filiou a diversas escolas esotéricas, para desespero de Cesar que via, nos extratos bancários, as polpudas contribuições que sua esposa fazia a essas instituições. Um dia, às vésperas de completar 50 anos de casamento, estavam Cesar e Celeste a tomar seu chá da tarde no jardim quando ele, que acabara de acessar o banco no notebook, ao ver a fortuna que ela doara, perdeu de vez a paciência e começou a falar, com uma calma surpreendente, uma calma que ela jamais vira nele:

– Celeste, eu compreendo que você tenha as suas convicções e queira se aprofundar nelas mas, mulher, por Deus, é uma ingenuidade dar essa montanha de dinheiro a esses picaretas, esses estelionatários da Fé...

– Cesar! –gritou ela – Eles são místicos.

Cesar não se abalou:

– Alguns podem até ser. Mas a maioria é um bando de picaretas que explora a credulidade e a sensibilidade das senhoras gordas, ricas e insatisfeitas.

Celeste riu, ao se lembrar do tamanho das suas companheiras de seitas:

– Mas eu não sou gorda...

– Nem insatisfeita – completou ele, e continuou – E é justamente por não ser insatisfeita, sexualmente eu digo, que você é a mulher que eu amo.

– Vocês, homens, só pensam em sexo!!

– Talvez. Mas você não pode negar que eu tenho te apoiado todos esses anos, a você, às suas escolhas (ele quase ia dizendo manias), às suas decisões sobre a educação dos nossos filhos e netos. Porém eu acredito que exista dentro de você uma enorme insatisfação...

– Como assim? Você enlouqueceu? Estou muito satisfeita com o que sou, com o que acredito...

– Então por que – interrompeu ele – vive a praticar suas pequenas maldades?

– Pequenas maldades? Do que você está falando homem?

– Há 50 anos venho observando calado a sua crueldade, a sua intolerância para com quem pensa de maneira diferente de você. As suas ironias, deboches, desprezo. Você diz amar a natureza, os animais, e despreza o seu semelhante e, mais grave, faz questão de deixar isso claro.

Ela abriu a boca para protestar, mas ele ergueu a mão, num gesto pedindo que não o interrompesse:

– Eu poderia dar vários exemplos das suas pequenas maldades, mas acho que você sabe do que estou falando...

Ela riu, um riso esgarçado:

– Francamente Cesar, eu sempre me considerei uma pessoa do Bem... Mas incomodo tanto que...

– É do bem dizer à sua nora que a depressão do seu filho foi causada por ela? Ou dizer à sua irmã que o marido dela se matou porque ela não soube compreendê-lo? Ou perguntar ao seu filho, quando ele não entrou na Medicina pela terceira vez, se ele já tinha reparado que nada dava certo na vida dele? Ou declarar, em pleno jantar do diretor da associação comercial que você já estava acostumada à insensibilidade dos que comiam carne? E você se esqueceu de que, sempre que pode, dá um jeito de lembrar à sua irmã Mariinha, aquela que sempre apoiou você, que, um dia, há muitos anos passados, a filha dela disse que ela não era mãe, era um lixo? Você sabe muito bem que a menina estava na adolescência quando disse isso. Você sabe muito bem que a sua sobrinha ama a mãe. Mas mesmo assim... Você também sabe que a maioria dos seres humanos sobre a terra comem carne e você mesma reconhece a extrema sensibilidade de seus poetas e romancistas prediletos, que eu saiba, nenhum vegetariano. Você também sabe que o sucesso num vestibular para a Medicina não depende apenas do conhecimento, mas da sorte, da ansiedade, da emoção. Você sabe que o seu cunhado se matou para não ter que enfrentar a ruína, a falência fraudulenta e não por culpa da sua irmã, assim como sabe que o seu filho já sofria de depressão e distimia antes de começar a namorar...

– Chega – gritou ela. –Não sei porque você resolveu me agredir dessa maneira, Cesar. Chega.

Levantou-se e dirigiu-se, pisando duro, para o seu pequeno santuário.

Mas as lágrimas corriam soltas pelo seu rosto. E, sem saber bem porque, ela se lembrou do dia em que as coleguinhas contaram a ela a sua origem verdadeira. Agora também parecia que a verdade a levava do trono à lama.

Ficou muito tempo sentada no seu refúgio, fitando os olhos da Deusa e pedindo a ela uma orientação. Acendeu incensos. Admirou os muitos arco-íris que se projetavam nas paredes por causa do sol enviesado do quase crepúsculo que passava pelos prismas de cristal nas janelas...

Naquela noite sonhou que era uma menininha e estava perdida num bosque. De repente, um cervo magnífico apareceu e, depois dele, uma mulher morena e forte que lhe disse:

– Celeste, ninguém é bom ou mau. Até a Deusa tem o seu lado negro, sua lua escura. Todos nós somos bons e maus e fazemos o mal, às vezes, quando pensamos estar fazendo o bem. Aceite o seu lado negro, a sua maldade intrínseca, pois esse é o único caminho para conseguir dominar e superar. E saiba, terá que fazer isso todos os dias da sua vida. É uma luta constante, uma luta que você nunca quis enfrentar...

Celeste acordou com as primeiras luzes da manhã. Seu primeiro pensamento foi: é uma grande petulância *dele dizer que eu, que lutei a vida inteira pelo Bem, sou...* Então se lembrou do sonho... E, subitamente, uma grande paz invadiu seu coração. Olhou a cama vazia ao sei lado, a marca do corpo dele ainda estava nos lençóis... De repente, sentiu medo, um medo enorme, um pânico, o coração apertado: – *Minha nossa, será que ele foi embora, será que não me quer mais?*

Celeste tinha quase setenta anos, mas saltou da cama com a agilidade de uma garota e correu para a varanda. Cesar, com a cara enfiada no jornal, tomava seu café. Ela o fitou por um instante, o coração se acalmando, e percebeu que passara uma vida inteira com aquele homem, ainda julgando

amar Dilermano, esperando ansiosamente pelas festas familiares para, ao menos, poder vê-lo, conversar com ele e que, de fato, nesses anos todos fora aprendendo a amar o marido, Cesar, sim, Cesar... disse, bem alto:
– Cesar, eu te amo.
Ele ergueu os olhos, baixando o jornal. Nunca ela dissera isso, em cinquenta anos de vida em comum. Ele sorriu, levantou-se, e caminhou até ela.
Na rua, os primeiros transeuntes que andavam apressados, surpreenderam-se, alguns riram, ao ver aquele casal de velhos, ele de pijamas e ela de camisola, num beijo apaixonado e sensual, àquelas horas da manhã.

18
Bruxas e política

Muitas mulheres ficam encantadas quando encontram referências aos mágicos dons das sacerdotisas celtas e torcem o nariz para qualquer referência à política. Alguém precisa dizer a estas mulheres que as bruxas celtas estavam também na vida política da sua sociedade.

Na verdade, foram (e são até hoje) muitos os artifícios que as mulheres usaram, ao longo da história, para compensar e tentar driblar a sua condição de inferioridade social. Um desses artifícios foi mergulhar de cabeça no papel que lhes foi socialmente imposto, o de rainhas do lar e da tal feminilidade. E política, decididamente, não combina com a imagem da mulher frágil, que vive desmaiando, que tem os sentimentos à flor da pele e é muito pouco racional.

Não gostar das questões políticas, se negar a discuti-las ou mesmo compreendê-las, votar no candidato do marido ou do chefe e dizer que preferia estar na praia do que na urna eletrônica é dar uma bofetada na cara das nossas antepassadas, aquelas mesmas que conquistaram para nós, mulheres de hoje, os muitos direitos que só há pouquíssimo tempo temos: direito de votar, de estudar, de planejar sua prole, de fazer sexo por prazer, de dirigir o carro e a sua conta bancária, de falar em público, de ser profissional e até de ocupar o mais alto posto do nosso país, a presidência da República.

Quando Dilma foi eleita presidente do Brasil, ouvi duas jornalistas importantes e influentes dizendo na TV que *uma mulher na presidência não vai mudar nada*. Afirmar isso é simplesmente negar a verdadeira condição social da mulher brasileira. É fingir que não há nada, na imagem feminina, para mudar. No entanto, em nosso país, a cada 15 segundos uma mulher é vítima de violência doméstica; cerca de 20 mulheres por mês são assassinadas por seus ex companheiros ou companheiros por motivos fúteis, passionais; as mulheres são 53% da força de trabalho, mas ainda recebem, em média, 30% a menos que os homens nas mesmas funções e, embora tenhamos hoje uma presidente, as mulheres são apenas 8% das parlamentares e as pesquisas eleitorais mostram que, quando conseguem ser eleitas, elas o são muito mais pelo voto dos homens do que pelo voto das próprias mulheres.

Para muitos homens que vivem dizendo às mulheres de sua família que elas são burras ou incompetentes ou choronas, ver uma mulher na presidência os faz repensar esses ultrapassados conceitos machistas. Uma mulher na presidência aumenta o respeito a todas as mulheres e, nesse sentido, faz uma enorme diferença. Na década de 1980, a atriz e militante feminista, Ruth Escobar, numa reunião de mulheres de um partido político, discursava e soltou uma frase inesquecível: *"As mulheres não querem vir para a política porque não querem colocar as mãos na m..."* Pois é. A deslealdade, o vale tudo, a mentira, a falsidade, o puxa saquismo e a puxação de tapete, o suborno, a adulação e a corrupção são essa *"m"* à qual Ruth se referia. O mundo político, assim como o mundo produtivo, é construção masculina, reflete os valores, aqueles já citados aqui, do sol, da dominação, da agressividade testosterônica.

Virar as costas à política, porém, não vai limpar a tal *"m"* nem perfumá-la. Mas, da mesma forma que as mulheres aprenderam a não ser homens de tailleur no mundo do trabalho, também poderão dar a contribuição da verdadeira feminilidade ao mundo da política.

O universo feminino é conciliatório, cíclico, quer a harmonia com a natureza e com os seus próprios ciclos. A mulher tem muito a contribuir para amenizar a rudeza e o primitivismo dos instintos masculinos e a política que geram.

É sempre bom lembrar que a luta social das mulheres pelos direitos que hoje conquistamos começou com a reivindicação feminina do direito de votar, com as chamadas *sufragistas* (sufrágio=voto),mulheres que sofreram, foram presas, perseguidas e algumas até morreram, para que hoje você pudesse carregar na bolsa o seu título de eleitora, o atestado do seu direito de escolher os seus governantes e os seus representantes.

Aurora, a sufragista

Aurora nascera junto com o século XX e agora, aos 14 anos, era considerada uma menina-problema na família. Dotada de uma inteligência fora do comum e de uma curiosidade que, julgavam, beirava a loucura, ela sempre dava um jeito de estar muito bem informada sobre tudo o que acontecia no mundo. Quando fora a Paris, no ano anterior, trocara endereços com meia dúzia de pessoas e estas somavam-se agora aos correspondentes que ela mantinha nos Estados Unidos, no Canadá e em Portugal. Lia e escrevia em francês e inglês, como se fossem essas as suas línguas pátrias e surpreendia quando se metia, sem cerimônia, nas conversas dos adultos, pelo acerto das opiniões que emitia, pela maturidade que revelava.

Graças a um de seus correspondentes franceses, Aurora ficara sabendo que, no começo de junho daquele ano de 1914, no Clube Londrino de Engenharia, Archibald Low apresentara uma invenção sua, numa conferência. Tratava-se de uma máquina capaz de receber até 1500 imagens por minuto, como se fosse um rádio, só que com figuras. Ninguém se importou muito, dissera seu correspondente, porque a máquina era caríssima e, por isso, não viam futuro para ela. Mas Aurora achou o invento genial e ficou uma semana falando que a televisão (era assim que se chamava) ainda dominaria o mundo, tal qual o cinema estava dominando hoje. E mais, dizia ela, o cinema ainda terá falas e cheiros, no futuro. Vai ser igual ou melhor que o teatro.

A família ria-se daquela menina, tão diferente das garotas de então, cheia de ideias, interessada pelo conhecimento, pela ciência e, pior, pela política. Os pais se preocupavam com o futuro dela e tentavam interessá-la por coisas de mulher, ao que ela regia sempre falando nas sufragistas, principalmente em Emmeline Pankhust, que conseguira recentemente sair da cadeia, na Inglaterra, depois de uma greve de fome. Em julho daquele ano, quando Edu Chaves conseguiu afinal fazer a travessia Rio-São Paulo num aeroplano, Aurora ficou muito entusiasmada e disse que gostaria de aprender a voar. Foi durante o jantar e o pai, desta vez, perdeu a paciência:

— Meta-se com as coisas do seu sexo, menina! Já estou cansado de ouvir asneiras à mesa. Trate de aprender a ser uma boa mulher, para poder criar os seus filhos com dignidade e ser uma boa esposa. Que homem iria querer casar-se com uma aventureira que só pensa em dirigir aviões, quer saber como funcionam os automóveis e se interessa por máquinas? Minha filha, essas coisas não foram feitas para as mulheres.

— Não vejo por que não, senhor meu pai. As mulheres não são diferentes dos homens, são tão capazes quanto eles!

— Aí é que você se engana — retrucou o pai, munindo-se de toda a paciência que era capaz — As mulheres foram feitas para zelar pela paz de seus lares, para educar as crianças e administrar suas casas, de maneira que os homens tenham um porto seguro para voltar depois das batalhas do dia a dia. Devem ser serenas, submissas e prover tranquilidade ao espírito inquieto dos homens. Como você faria tudo isso se estivesse também se aventurando com essas máquinas modernas? Onde estaria quando seu marido chegasse em casa? Quem cuidaria de suas crianças, com você, a mãe delas, metida no mundo dos homens e pensando em política, em voto e outras coisas que não foram feitas para a delicadeza feminina? A propósito — continuou ele — eu não queria falar nisso ainda, mas sua mãe e eu já decidimos que, no ano que vem, vamos mandar você para uma escola de moças na Suíça, para ver se, lá, conseguem enfiar algum juízo nessa sua cabecinha.

Aurora gelou. Viver trancada com um monte de meninas ignorantes num internato suíço? Nem pensar! Ela enlouqueceria.

Mas foi salva pela guerra, deflagrada em meados de 1914, tornando o mundo inseguro demais até para se mandar uma filha estudar na Suíça.

Assim, 1915 despontou com Aurora ainda no Brasil e mais curiosa do que nunca. Tinha mandado vir da Europa alguns livros de psiquiatria, pois ficara fascinada pela transcrição da conferência do Dr. Franco da Rocha que trouxera ao país as teorias de Freud. Ela lera tudo numa edição de O Estado de São Paulo e desde então ansiava saber mais sobre esses mistérios da mente humana. Os livros, ansiosamente aguardados, porém, também não chegavam nunca, por causa da irregularidade do tráfego marítimo, agora ameaçado pelas batalhas navais.

No começo daquele ano, outra tempestade familiar desabou. Os pais esperavam que ela, até o término dos seis anos que duravam o curso ginasial, já estivesse noiva ou mesmo casada e já se falava em nomes de pretendentes para um casamento que fosse também uma saudável união de forças econômicas, o único destino possível para meninas de sua classe social. Aurora não queria ser esposa. Queria ser cientista e brigou com a mãe, ameaçou escrever uma carta para os jornais paulistanos protestando contra aquele absurdo de estarem querendo impedir a sua formação e afirmando que, nos Estados Unidos, já existia até um curso de Medicina para mulheres, criado por iniciativa da primeira mulher formada médica, em 1848, Elisabeth Blackwell.

– 1848. Fazem mais de 50 anos e eu, aqui no Brasil, só posso ser uma mulherzinha besta!

– Chega, Aurora – explodiu a mãe, diante da cantilena da filha. – Pelo seu pai você nem continuaria os estudos. Ele acha que ginasial completo já é demais para quem vai educar crianças e cuidar dos jantares e das festas da casa. Eu é que disse a ele que você deveria prosseguir nos estudos porque você gosta da escola, é uma moça curiosa e inteligente. Se ele pegar você falando essas coisas vai resolver que você não precisa mais de escola nenhuma!

O pai de Aurora, porém, era uma exceção naquele mundo provinciano da cidade de São Paulo de 1915. Fruto de uma família tradicional e muito rica, dona de fábricas e fazendas no interior e na capital, estudara nos Estados Unidos e não na Europa, como era de praxe com os ricos herdeiros. Viera da América do Norte com a cabeça transformada pelo surto de progresso e riqueza que via acontecer lá. Vira também, de perto, o espírito empreendedor que já dominava aquele país e entendera que, neste século, muitas mudanças sociais importantes ocorreriam, como consequência das modificações trazidas pelas novas invenções que pululavam pelo mundo, as máquinas seriam o futuro dos homens sobre a terra! Mais do que isso: dos homens e das mulheres, pois ele percebia que as mulheres iriam lutar, como já lutavam no Europa e na América, não só pela cidadania plena mas também pelo controle de sua prole e de seu corpo. Por isso, essa filha completamente fora dos padrões não o assustava tanto quanto ele fazia parecer. Sabia que Aurora, como ele, estava imbuída do espírito do progresso, que dominava aquele começo de século.

Numa tarde de outono, no começo do mês de maio, Aurora voltava das aulas quando o carro da família foi bloqueado, no centro da cidade, por uma multidão de operários, em passeata, que protestavam contra a guerra. Causara muita comoção em Aurora o fato de os alemães, há cerca de um mês, terem usado um gás contra os aliados da Frente Ocidental, que matou muitos soldados por hemorragia. Ela acreditava que esta fora uma atitude covarde, assim como covarde também fora, na sua opinião, o uso de aeroplanos, pelo governo brasileiro, contra os rebeldes do Contestado. Aliás, ela já ouvira falar que Santos Dummont também não estava nada satisfeito com a sua invenção sendo usada como arma. Aurora sabia que havia pouco mais de 70 mil operários em São Paulo, seu pai mesmo lhe dera o número, ("devem estar todos aqui" – pensou, fitando a imensa massa que tomava a rua) e sabia também que muitos deles, principalmente na indústria têxtil, eram mulheres. Quando viu que a multidão carregava cartazes com o nome da Confederação Operária Brasileira, mandou o chofer encostar o carro.

O motorista, que estava cansado de conhecer o perigo que Aurora significava, respondeu:

– Senhorita, não posso fazer isso. Serei despedido se permitir que a senhorita se junte a essa multidão.

– Como sabe, Orestes, que eu vou fazer isso?

– Eu a conheço, dona Aurora.

— Pois se você não parar esse carro, descerei com ele em movimento mesmo — gritou ela, já com a mão no trinco.

Orestes freou. E desceu, abrindo a porta para ela:

— Mas eu vou com a senhorita, para protegê-la.

Aurora era fascinada pelos operários, dos quais muito pouco sabia. Mas sabia, por exemplo, que eles tinham força, tanta força que haviam obrigado, em outubro do ano anterior, o presidente Hermes da Fonseca a declarar estado de sítio no Rio de Janeiro para tentar contê-los. Sabia também que eram, na sua maioria, anarco-sindicalistas e tinha certeza que, entre eles, deveria haver muitas mulheres que pensassem como ela, que quisessem muito mais do que sua mãe e sua família anteviam como um futuro digno para uma mulher de sua classe social.

Diante da multidão, porém, agradeceu em pensamento a Orestes, por estar com ela. A força, a energia que emanava daqueles homens e mulheres em marcha, aos gritos, era algo que, em toda a sua vida, jamais presenciara. Agarrou-se ao braço do chofer, quase em pânico.

— Vamos para casa, agora, senhorita? – perguntou ele, sentindo que ela tremia.

— Sim, vamos – capitulou ela.

Enquanto o carro saía do centro, Aurora perguntou:

— Orestes, você tem família?

— Tenho sim, senhorita. Uma esposa, Maria das Graças, e três filhos pequenos.

— Mas você mora lá em casa, nos aposentos dos empregados!

— Sim, dona Aurora, mas tenho folga uma semana aos sábados e outra semana aos domingos. Aí posso ver minha família.

— A sua mulher não reclama?

— Ela não gosta muito, mas o que se há de fazer? Ela também trabalha, na fábrica de tecidos, e chega em casa muito cansada, ainda tem coisas para providenciar, ficar um pouco com as crianças...

— Se ela trabalha, quem cuida das crianças?

— A nona, quer dizer, a avó, minha sogra.

— Vocês são italianos, não são?

— Nasci aqui mesmo, dona Aurora. Vim da Itália, de navio, na barriga da minha falecida mãe, mas nasci aqui no estado de São Paulo. Minha mulher nasceu nas Minas Gerais, mas veio jovem, com a mãe, para cá. A mãe dela era empregada numa casa de ricos e foi lá que a minha mulher aprendeu a ler e a escrever, mesmo assim só conseguiu esse trabalho, na Tecelagem Santana, lá no Brás.

Assim, Aurora ficou sabendo que Orestes era filho de uma das mais de 40 mil famílias de imigrantes italianos que haviam chegado ao Brasil no final do século XIX e que seus pais tinham ido, como tantos outros, para o trabalho nas lavouras das fazendas de café. Com muito custo, tinham conseguido escapar daquele regime de semi-escravidão e, instalando-se na cidade, seu pai conseguira um emprego num dos poucos estúdios de fotografia que começavam a surgir em São Paulo. Mas, de tanto lidar com os banhos químicos de revelação das fotos, acabara ficando muito doente dos pulmões e a pele se escalavrara e ele morrera, por fim, muito moço. Orestes havia tido o privilégio de aprender a manejar automóveis porque o patrão do pai fora um dos primeiros proprietários dessas máquinas importadas e, desde menino, cabia a ele lustrar e manter em ordem o automóvel. Por fim, acabara conseguindo aquele emprego, na casa dos pais de Aurora.

— Eu me lembro de você desde que era uma criancinha! – disse a moça.

— Já estou há dez anos com a sua família, senhorita.

— E nunca pensou em fazer outra coisa?

— Na verdade, estava juntando algum dinheiro e pensava em me estabelecer como fotógrafo, aprendi alguma coisa sobre a arte da fotografia, mas sempre acontece qualquer coisa, uma criança doente, um imprevisto e lá se vai o dinheiro! – disse ele, já rindo.

— Na sua próxima folga – perguntou Aurora quando entravam pelo suntuoso portão de sua casa – você me leva para conhecer a sua família?

— Ficaríamos muito honrados, senhorita. Mas seus pais jamais permitiriam.

— Não vamos contar a eles.

— Por favor, dona Aurora. Eu posso perder o meu emprego. E, além disso, a senhorita me desculpe a franqueza, mas lá onde eu moro não é lugar para uma dama da sua classe. É um lugar de pobre, dona Aurora. A senhorita nem poderia imaginar como é.

— Eu sei muito bem como é, Orestes. Por acaso não vejo as casas dos colonos e a senzala quando vou à fazenda?

— Mas um cortiço como o Scoppeta é muito diferente. Olha, dona Aurora, a senhora é muito moça e não percebe que existem vários mundos. O seu é um, o nosso é outro.

— Você vive nos dois! Por que eu não posso?

Orestes já estava ficando meio ofendido, achando que a curiosidade da menina em saber como sua família vivia era uma coisa meio cruel, meio mórbida. Por sorte, ela calou-se.

No fim de semana, quando foi para casa, Orestes contou à mulher sobre a curiosidade de Aurora.

— Mas o que é que essa menina rica e fútil ia querer com a gente? – perguntou Maria das Graças.

— Bom, eu não sei. Mas ela não é fútil. Anda interessada nos movimentos operários, fala nas sufragistas de outros países, é uma menina diferente das outras de sua classe social.

Foi assim que Orestes, por insistência de Maria das Graças, acabou levando às escondidas para Aurora alguns exemplares antigos de jornais femininos com a revista Anima Vita, de Ernestina Lésina e alguns amarelados números de A Mensageira, de Presciliana Duarte de Almeida.

Aurora ficou ainda mais entusiasmada com a luta das mulheres ao perceber que, aqui no Brasil, também existiam, além de Deolinda Daltro que, ela sabia, fundara uma agremiação de mulheres no Rio de Janeiro, representantes femininas de todas as classes discutindo a condição social das mulheres e lutando para ampliar seus direitos políticos.

Escreveu uma delicada carta à mulher de Orestes, agradecendo a ela por ter lhe enviado as publicações e, por fim, conseguiu descobrir que uma das colaboradoras da revista A Mensageira, que fora publicada no final do século anterior, ainda estava na ativa, sendo uma das poucas mulheres que escreviam regularmente para jornais de vários estados brasileiros. Começou com essa mulher uma correspondência que durou mais de dez anos e, por influência dela, antes de completar

16 anos de idade Aurora era também, sob o pseudônimo de A Libertadora, colaboradora regular de vários órgãos da imprensa. Seus artigos falavam de Clara Zetkin – a socialista que propusera, em 1910, a criação do Dia Internacional da Mulher; Margaret Sanger, a enfermeira que estava sendo perseguida nos Estados Unidos porque propunha a divulgação de métodos do controle da natalidade e, ainda, de sufragistas que se tornavam famosas pelo mundo, como Alice Paul, Elizabeth Stanton, Lucrecia Mott e outras.

Sua família nem sonhava com essas atividades da moça e houve mesmo comentários sobre os artigos da tal misteriosa Libertadora num jantar em sua casa.

Em 1916, Aurora conheceu Armando. E se apaixonou perdidamente por ele. Filho de uma abastada família de industriais que tinham negócios com o pai dela, o rapaz não ficou indiferente à graça e à perspicácia daquela jovem. Interessou-se também por ela e as famílias se entusiasmaram. Nada como um bom casamento que uniria os interesses de ambos os clãs e certamente acalmariam as ideias meio malucas de Aurora. A Armando, porém, as ideias avançadas de Aurora não assustavam tanto assim. Cursando o último ano da Faculdade de Direito ele também tinha lá suas ideias avançadas e simpatizava mesmo com as causas sociais, ainda que estas contrariassem frontalmente os interesses de sua própria fortuna.

O casamento foi um dos mais comentados naquele ano de 1917 na provinciana cidade de São Paulo. Os jornais publicaram extensas coberturas, todos comentavam os trajes dos ilustres convidados, o que foi servido, o que se disse, que músicas foram tocadas, enfim, todos os detalhes de uma festa que durou um dia inteiro e mobilizou centenas de pessoas, de confeiteiras a cabeleireiros e modistas e gerou suspiros de admiração e sonho nas mocinhas casadoiras das classes inferiores.

E só não durou muito a comoção porque a cidade foi sacudida pela maior greve operária de sua história, na semana seguinte. Um mês antes, outras greves menores já sacudiam a cidade e, em 9 de julho, um operário, Martinez, foi morto em confronto com a polícia. No dia 12, o enterro dele foi a senha para que se deflagrasse a greve geral. Mais de 70 mil operários cruzaram os braços e começou então uma semana de conflitos entre as forças policiais e os grevistas. No Brás e na Mooca os operários ergueram barricadas e houve saques e tiroteios. Só com a mediação dos jornalistas é que foi reestabelecida a ordem, depois de fechado um acordo entre patrões e operários que, a bem da verdade, contemplava muito pouco da lista de reivindicações dos trabalhadores.

Aurora, que estava em lua de mel em Paris, lamentou ter perdido o espetáculo. Enquanto São Paulo era palco de uma verdadeira guerra proletária, ela trocava ideias feministas nos elegantes salões de chá da capital francesa.

Embora encontrasse eco nas classes operárias de todo o mundo, o movimento sufragista era composto também por mulheres das classes mais abastadas que se encarregavam, inclusive, de dar maior visibilidade à causa. Naquele começo de século, quando os operários de todo o mundo, lutavam ainda pelos mais básicos direitos, a causa feminista era vista por muitos como secundária.

Aquele foi o ano da revolução bolchevique e de grandes discussões entre anarquistas e socialistas, todos certos de que o capitalismo estava à beira da falência. Armando fora contaminado pelos ideais socializantes das muitas discussões e movimentos que ocorriam na Faculdade de Direito do Largo São Francisco e, a despeito de sua posição social privilegiada, comungava das ideias de sua jovem e excêntrica esposa. Por isso, embora tenha ficado magoado por ela ter demorado tanto a compartilhar seu segredo, sentiu um certo orgulho quando Aurora finalmente lhe confessou que ela era a misteriosa "Libertadora" que inflamava mulheres pelo Brasil todo, publicando seus artigos em jornais de várias capitais e cidades importantes.

– Mas como você conseguiu isso, sem que sua família sequer desconfiasse? – perguntou ele então.

– Sabe o Orestes, o motorista? Ele é quem leva a correspondência para os correios e eu, desde menina, tenho correspondentes em vários países, então, no meio da inocente correspondência familiar, iam os meus artigos para os jornais. Sempre pude contar com a lealdade dele – ria ela, toda coquete.

Mas a alegria duraria pouco. Quando o jovem casal retornou da lua de mel, Aurora já estava grávida e não gostou nem um pouco da ideia. Armando era um amante experiente, frequentador das melhores casas de mulheres da cidade e não acreditava, como a maioria de seus amigos, que as esposas devessem ser privadas da alegria do sexo. Conduziu a inexperiente Aurora pelos caminhos do prazer e ela achou ótimo. Mas achou também uma injustiça que o preço a pagar fossem seguidas gravidezes que lhe deformariam o corpo e fariam dela mais uma matrona, cheia de pimpolhos, respeitada apenas por sua capacidade de gerar e educar crianças e não por outras atividades que pudesse ter. Conseguiu, de sua correspondente americana, alguns dos famosos folhetos de Margaret Sanger, que ensinava as mulheres como se prevenir das indesejadas e frequentes gravidezes. Escreveu um longo artigo sobre isso para os jornais. Até então, escrevera sempre sobre o direito das mulheres, igualdade de direitos, com relação ao voto e à propriedade. Mas quando tocou na ferida do controle da natalidade, começou a sofrer a perseguição da Igreja. Alguns dias depois da publicação de seu artigo, começou a receber cartas de todos os jornais cancelando a sua colaboração. Semanas mais tarde estava num jantar onde se reunia a fina flor da sociedade paulistana quando o arcebispo paulista se aproximou dela:

– Senhora Aurora, vejo que em breve seus pais terão a felicidade de ver nascer um primeiro neto.

– Oh, bispo – exclamou ela – não imaginava que já dava para notar...

– De fato, a senhora continua muito elegante, mas sua mãe comentou comigo. Espero que o milagre do nascimento mude a sua maneira de pensar.

Aurora, que mal conhecia o bispo, olhou para ele espantada:

– Como assim, bispo?

– Nós, da Igreja, costumamos prestar muita atenção ao que ocorre em nossa sociedade. Não nos passou despercebida a publicação, em vários jornais, de artigo de sua autoria sobre as ideias nefastas daquela enfermeira americana.

– Mas...

– Há muito tempo acompanho seus artigos, embora a senhora não tenha coragem de assiná-los e esconda-se atrás de um pseudônimo. Será benvinda se quiser frequentar a Igreja e aprofundar alguns ensinamentos da fé cristã para afastar certas ideias equivocadas com as quais a senhora comunga – disse o bispo com um sorriso e já estendendo a mão para o prefeito, que viera cumprimentá-lo.

Aurora ficou plantada, atônita. Então aquela velha raposa católica a chamara de covarde? Começou a compreender o porque de tantos jornais terem recentemente cancelado a sua colaboração.

No domingo seguinte, na missa, o padre fez um sermão sobre o papel da mulher na preservação dos valores da família, pregando a submissão feminina aos seus maridos e condenando abertamente as modernas ideias de liberdade, voto e controle da natalidade que algumas senhoras andavam abraçando.

Causou furor a saída de Aurora da Igreja, de braço com o marido, no meio do serviço religioso.

Na semana seguinte, Armando chegou em casa nervoso. Todos os bancos estavam lhe negando as operações normais de crédito que sua fábrica sempre praticara sem problemas para a compra de matéria prima. As coisas já não andavam boas nos negócios e agora essa inexplicável recusa.

– Mas não temos dinheiro? – perguntou Aurora assustada.

– Temos. Mas se eu colocar na fábrica o dinheiro que os bancos não querem me emprestar, estarei arriscando tudo o que tenho.

– Mas o que você investe, não volta com lucro? Não é assim que consegue pagar o banco?

– É. Mas se eu mobilizar todos os meus recursos apenas para financiar a fábrica, não vai sobrar nada para investir em outros negócios e, mal ou bem, acabo sempre fazendo bons investimentos aqui e ali e, se a fábrica não dá tanto lucro num ano, por exemplo, sempre se pode renegociar com os bancos e vai-se levando. Já não bastasse a greve que me deu um belo prejuízo, agora essa recusa de me financiar significa que também enfrentarei outros problemas em outros negócios, Aurora. De repente, somos malditos em nosso meio.

– Mas por quê?

– Porque temos coragem. Você, de escrever o que pensa. Eu, de não concordar com as atitudes da maioria dos nossos industriais no que diz respeito às relações entre capital e trabalho.

– E o que você vai fazer?

– Não sei.

– Seu pai é tão rico, o meu também, eles não poderiam ajudar?
– A fábrica é o meu negócio, Aurora. Eu comprei, eu a fiz crescer e é a minha obrigação mantê-la funcionando e dando lucro. Sustentamos mais de 700 famílias, você sabia? É a minha responsabilidade.
– E vai jogar todo o dinheiro lá? E se o Brasil entrar na guerra? E se houver uma greve pior do que a última?
– Esses são os riscos. Mas vamos ter que encarar isso.
– E se voltássemos à Igreja? Se fingíssemos que estamos arrependidos?
– Você enlouqueceu, Aurora! Prefiro a miséria. Você voltaria atrás nas suas ideias de igualdade para as mulheres? Eu faria meus operários voltarem a trabalhar 12 ou 14 horas por dia?
– Nunca pensei que pagaríamos um preço tão alto por ter ideais.
Se Aurora já andava meio cabisbaixa com a gravidez indesejada, a situação de Armando só contribuiu para deprimi-la ainda mais.
Aconteceu, porém, que, certa tarde, ela pegou Ana, uma arrumadeira que era sobrinha de Orestes, o motorista, lendo um dos panfletos de Margaret Sanger que ela estava traduzindo. Achou um desaforo a moça estar a ler documentos seus, mas logo concluiu que a curiosidade feminina sobre o assunto era até boa coisa. Por isso perguntou:
– Interessada em controle da natalidade, Ana?
A moça corou.
– Desculpe, dona Aurora. Eu sei que não é da minha conta o que a senhora escreve, mas o assunto... Bati os olhos e me interessei.
– Você é casada?
– Sou sim senhora. Mas não vou ter filhos tão cedo, porque ainda preciso trabalhar para ajudar meu marido.
– Então é bom mesmo que você leia isso.
– Mas a gente que é pobre, a senhora sabe, quando engravida, sempre pode dar um jeito.
– Que jeito, Ana? Só tem jeito antes, não depois.
– Dona Aurora, as mulheres lá do meu bairro, a senhora sabe, todo mundo é

pobre e não pode ter um filho atrás do outro... quando elas engravidam e não está na hora, sempre podem usar as ervas...

— Ervas? Que ervas?

— Ah, tem umas que, misturadas, dão sempre resultado.

— Você acha que eu poderia usar essas ervas, Ana?

— Poder pode, dona Aurora. A minha avó mesmo sabe um receita infalível. Quando a senhora ficar grávida e não quiser...

— Já estou grávida. De três meses.

— É... três meses ainda dá tempo, sim, dona Aurora.

— Ana, me arranje essas ervas. Peça a sua avó. Eu pago bem.

E foi assim que Aurora conheceu Francisca, famosa curandeira, avó de Ana e de Maria das Graças, mestre na manipulação de ervas. A velha – que parecia ter cem anos, pensou Aurora ao vê-la – foi a sua casa numa tarde de sol e preparou uma mistura de ervas num caldeirão. Era um líquido muito vermelho e Francisca recomendou à Aurora que o deixasse exposto ao sereno da noite e só bebesse na manhã seguinte.

Armando e toda a família de Aurora lamentaram muitíssimo quando, em meio a cólicas dolorosíssimas, na tarde seguinte, a moça perdeu o bebê. A parteira da família foi chamada e também o médico.

— Será que tem alguma coisa errada com ela, doutor? – perguntou aflito o jovem Armando.

— Aparentemente não. Ela estava forte e ainda está. Mas a natureza às vezes rejeita os fetos. Sinceramente não sei o que possa ter causado esse aborto. Ela fez algum esforço incomum nesses últimos dias?

Só a parteira, que examinara Aurora, olhou desconfiada para ela, mas nada disse. O médico recomendou repouso e Armando, depois do jantar, foi vê-la:

— Não se preocupe, querida. Ainda teremos muitos e muitos filhos.

Aurora estremeceu ante a perspectiva.

O Brasil entrou na guerra no final daquele ano, mas a economia em quase nada se abalou e Armando exportou toda a sua produção para os países vizinhos, obtendo um lucro ainda maior do que se vendesse localmente. Os bancos voltaram a oferecer-lhe crédito e seus negócios iam bem. Aurora voltou a escrever para alguns jornais que, antes, haviam recusado sua colaboração, mas desta vez assinando seu próprio nome, para escândalo de sua família que não comungava seus ideais sufragistas.

Só Armando vivia preocupado porque a mulher não engravidava. Procurou o médico, admitindo, a contragosto, que o problema pudesse ser dele. Mas nada havia, pelo menos aparentemente, de errado com o casal.

Aurora, no entanto, continuava pagando a Francisca para que a velha lhe ensinasse suas artes. Plantou ervas no quintal, ante o olhar espantado dos empregados que achavam indigno da senhora aquela febril atividade nos canteiros. Mas ela descobria um inacreditável prazer em ver crescer as plantinhas e sempre tomava o cuidado de ir cuidar dos canteiros usando enormes e elegantes chapéus que protegiam do sol a sua alva pele.

Pressionados pelos amigos, voltaram a frequentar a Igreja no final de 1918. No entanto, Aurora já lera livros e livros que, cada vez mais, a afastavam de sua antiga fé católica e considerava a missa, aos domingos, apenas uma aborrecida obrigação social.

Quando, em agosto de 1920, as americanas finalmente conquistaram o direito de votar, Aurora ofereceu um chá para as amigas. Mas, às cinco da tarde, só três mulheres estavam presentes à enorme mesa montada, no jardim, para vinte pessoas. Algumas telefonaram, inventando desculpas para a sua ausência, mas a maioria realmente não apareceu.

Aurora pensava que a maior parte das mulheres que conhecia realmente merecia depender dos maridos, ser consideradas fracas de espírito e de corpo, umas coitadas, completamente tuteladas e sem direitos. Elas, pensava a jovem, faziam por merecer. Mas, passado o momento de raiva, refletia que anos e anos de dominação é que haviam tornado as mulheres aquelas moscas mortas.

Começavam os anos 1920, a década que mudaria o perfil do mundo, a década das contestações artísticas e culturais e Aurora sabia que suas ideias encontrariam eco. São Paulo crescia e, embora houvesse menos de dois mil automóveis em circulação na cidade, Henry Ford ousara abrir uma montadora de Ford modelo T, chamado "de bigode" em plena Rua Florêncio de Abreu. As americanas haviam conquistado o voto. Anésia Pacheco voava. Tarsila do Amaral começava a se destacar nas artes. Aurora sentia um frêmito de excitação ao pensar no que o futuro reservava para o seu sexo.

Em 1921, Armando, cansado de ouvir insinuações sobre a sua masculinidade, já que o casal não tinha filhos, a chamou para uma conversa. Com muito jeito, explicou à Aurora que precisava realmente construir uma família e, por isso, contratara uma mulher de vida fácil para ter um filho dele. Quando nascesse, ele traria para ser criado em sua casa. Explicou ainda que, se Aurora assim desejasse, poderia simular uma gravidez e ninguém saberia que o filho não era dela.

Aurora fitou o marido, atônita.

– Você vai me trair com essa rapariga, Armando? – perguntou, quase histérica.

Não se tratava de traição, explicava ele. Era apenas um acordo comercial. Já que com Aurora não conseguia ter filhos, ia tê-los com uma mulher que seria regiamente paga para isso. Nada demais.

Aurora pensou nas suas lavagens de mostarda e na sua mistura vermelha de ervas e concluiu que, se quisesse manter o marido, teria que deixar acontecer uma gravidez. Imagine, ela que se recusava a gerar, ser condenada agora a criar o filho de Armando com outra mulher!

– Eu não vou criar o filho de ninguém! – explodiu ela, para espanto de Armando que, embora conhecesse a vontade férrea de sua esposa, jamais a vira ter explosões de temperamento.

– Mas, Aurora – tentou ele, solícito – seria como se fosse o nosso próprio filho.

– Se é o que você quer, eu darei o filho a você, não é preciso pagar a ninguém.

E foi assim que Armando ficou sabendo que sua esposa vinha evitando propositalmente a gravidez e até mesmo a interrompendo, graças aos seus recentes conhecimentos da utilidade variada das ervas.

O que Aurora não podia prever, quando contou tudo ao marido, é que este ficaria extremamente chocado e profundamente magoado. Afinal, pensava ele, ela sabia que ele queria muito uma família grande e a casa cheia de herdeiros.

Ela chegara mesmo a pensar em deixá-lo, quando ele propôs que criasse o filho de outra, mas resolvera fazer o sacrifício da maternidade para manter o casamento e o amor de Armando.

O amor nunca mais foi o mesmo. Algo se quebrara dentro dele e já não podia olhar para ela sem pensar que, por todos aqueles anos, ela o enganou. Era pior do que se o tivesse traído. E, agora que ela estava disposta a não evitar mais os filhos, era Armando quem a evitava e, em breve, começaram a brigar por pequenas coisas. A vida em comum foi se transformando num inferno e, algumas semanas depois, Aurora fez as malas e viajou para a Europa.

Estava em Londres, com suas amigas feministas, quando recebeu a carta do advogado de Armando, que pedia a separação e alegava "abandono do lar" o que, pelas leis brasileiras, faria com que ela perdesse o direito à sua parte no que o casal possuía. Imediatamente, aconselhada por Christabel Pankhurst, em casa de quem estava hospedada, providenciou sua volta ao Brasil. Mas, quando seu navio finalmente aportou em Santos, Orestes, que fora buscá-la, disse-lhe que Armando tinha vendido a casa onde moravam e para onde ela pretendia voltar, descaracterizando a alegação do marido que a acusava de abandonar o lar.

Foi um processo e tanto, onde ela dizia que jamais abandonara o lar, que fora apenas ver suas amigas em Londres e que o marido vendera a casa sem lhe comunicar. Mas os juízes não estavam nem um pouco propensos a apoiar uma mulher, ainda mais uma mulher que comungava das ideias sufragistas e tinha a ousadia de publicar suas ideias em jornais. E era nos jornais que a separação de um dos mais famosos casais da alta sociedade paulistana tinha ido parar, aguçando a curiosidade e a crueldade daqueles que antes os invejavam.

Publicamente humilhada, Aurora consolava-se pensando nas muitas prisões e vexames aos quais tinham sido, e ainda estavam sendo, expostas as mulheres lutadoras do mundo. Ela mesma ouvira, da boca de Emmeline Pankhurst, o relato do quanto sofrera em 12 prisões antes que as inglesas (mas apenas as maiores de 30 anos) conquistassem o direito de eleger seus governantes.

Também na casa paterna não se sentia bem-vinda. Os empregados gostavam dela, mas pareciam ser os únicos. Os irmãos, casados ou não, a desprezavam, o pai pouca atenção dava a ela e as cunhadas trocavam risinhos pelas suas costas. Cada vez mais, o ambiente fazia com que ela se sentisse culpada. Mas do que? perguntava-se.

Distraía-se plantando suas ervas no quintal e mergulhada nos livros.

Foi se tornando cada vez mais solitária. Nem a Semana de 22, com a polêmica que gerou, conseguiu fazer com que ela recuperasse a velha chama que lhe ardera no peito, antes do processo de separação. Tinha consciência que, se não houvesse sofrido tanta humilhação, estaria nos teatros e nas exposições, defendendo os modernistas. Mas defendendo para quem, pensava ela, se todos os que um dia se disseram seus amigos se esquivavam, se de repente sua companhia passou a ser maldita? Uma mulher não era nada sem um marido, concluía. E ainda mais uma mulher que ousara contestar o papel que a ela era reservado na sociedade. Comentava-se, com escândalo, detalhes do processo. Armando alegara que, além de abandonar o lar, ela se recusara a dar-lhe filhos, obrigação sagrada de uma boa esposa.

Enfastiada com tanto provincianismo, decidiu que voltaria para a Europa e que se danasse o processo! Se ela perdesse tudo o que tinha direito no casamento, ainda assim continuaria rica, pois tinha a sua parte na herança do pai. A família suspirou aliviada ao vê-la partir. Assim logo todos a esqueceriam.

Desta vez foi para a França e logo começou a frequentar as rodas intelectuais e boêmias de Paris. Dona de um gosto apurado e uma educação primorosa, um dia escreveu sobre a obra de um amigo seu, pintor moderno e de pouca aceitação, em início de carreira. Mas, um outro amigo, jornalista, gostou tanto do texto que ela acabou virando crítica de arte num importante jornal. Mandou alguns exemplares do jornal para a sua família e, em breve, diante do seu sucesso na cidade luz, os provincianos paulistanos estavam dispostos a esquecer o escândalo de sua separação. Mas ela nunca mais voltou. Alguns anos mais tarde, mandou buscar Orestes e a família e os empregou em sua casa, importante reduto da intelectualidade francesa. Teve vários amantes, nenhum filho, e viajou para Londres para o enterro de Emmeline Pankhurst, em 1928, duas semanas depois de conquistado o voto para todas as inglesas.

Em 1929, sua família sofreu os reflexos do *crack* da bolsa americana e o dinheiro diminuiu consideravelmente. Mas Aurora tinha feito seus próprios investimentos e auferia uma renda razoável com a sua, então grande, colaboração para os jornais franceses.

Muitas mulheres devem muito a ela, que influenciou gerações, com suas ideias de igualdade.

Morreu em seu apartamento, em Paris, em 1951, vítima do diabetes, ela que jamais soube renunciar aos prazeres de uma boa mesa.

19
Um novo feminismo

Mary Wollstonecraft viveu no século XVI e é considerada a primeira feminista. Ela era a mãe de Mary Shelley, a mulher que se casou com o grande poeta Shelley e, por causa de uma aposta entre intelectuais, acabou escrevendo o livro *Frankstein*, um mito que a literatura e o cinema imortalizaram. Mas Mary Wollstonecraft não viu o sucesso da filha, pois morreu apenas 11 dias após dar à luz a ela. No entanto, nos deixou obras importantes e lutou pela igualdade de direitos civis entre homens e mulheres.

Na sua época, as mulheres viviam sob a tutela de seus maridos, sem direito algum a coisa nenhuma. Mary, que era inglesa, é precursora das sufragistas, que tiveram seu auge nos EUA no século seguinte ao dela. Precisaria eu de mais um livro para citar todas as mulheres sufragistas importantes, de Esther Morris a Alice Paul, passando por Elizabeth Staton, Susan B. Anthony e Lucrecia Mott. No Brasil, tivemos também as nossas heroínas da luta pelo voto feminino e pela igualdade de direitos. Bertha Lutz, a primeira brasileira a ter assento numa Assembleia Legislativa, é um exemplo. No entanto, a luta pelo direito das mulheres a votar se iniciara, em nosso país, com a constituinte de 1891, causa perdida. Assim o sufrágio feminino ficou esquecido até 1910, quando Deolinda Daltro fundou o Partido Republicano Feminino e novamente trouxe a questão a público. As americanas, que começaram essa briga muito mais cedo, em 1848, conquistaram o voto em 1920. As brasileiras, só 12 anos depois, por decreto de Vargas, mas, mesmo assim, em muitos estados do Brasil as mulheres já haviam conseguido votar. Mas o decreto de 1932 fazia restrições e só algumas mulheres podiam votar. Só com a Constituição de 1934 todas as brasileiras conquistaram o direito ao voto.

A verdade é que as nossas avós, aqui e no resto do mundo, lutaram, sofreram e muitas vezes perderam a vida para que tivéssemos, hoje, os direitos que as leis nos asseguram, embora nem sempre a sociedade os reconheça.

E ainda tem mulher que diz, horrorizada "eu não sou feminista" e seguindo pela vida usufruindo os direitos que as feministas conquistaram, a duras penas, para elas.

Paciência. A vida é assim mesmo. Alguns corajosos lutam para que a maioria, covarde, usufrua suas conquistas sociais!

Mas precisamos, nós mulheres, pensar em que, afinal, conquistamos. Na verdade eu diria que, principalmente, o direito à dupla jornada de trabalho e o direito a morrer de enfarte, o que antes era privilégio dos homens.

Nós, como diria a Rosiska Darcy Ribeiro, fomos timidamente para o mundo dos homens. Pedimos licença a eles para participar das instituições deles, para atuar no mundo deles, para ter o direito de se matar de trabalhar e estudar para alcançar um lugar ao sol. Nos Estados Unidos, existe um movimento de "volta para a casa", composto por mulheres que estão cansadas de lutar no mundo dos homens.

Pois eu diria que está na hora de transformar o mundo dos homens. Onde está a contribuição da alma feminina para esse mundo?

Precisamos nos entender como mulheres, as filhas da Lua, que somos. E só assim podermos começar a construir um mundo de igualdade entre os sexos, um mundo onde não interessa muito se somos fêmeas ou machos, mas apenas seres humanos, com suas limitações e capacidades, com seus problemas e soluções.

Recuperemos a bruxa! E estaremos construindo uma estrada para a sonhada felicidade.

O velho prédio

Flávia gostava daquele velho prédio, totalmente reformado e adaptado, onde agora funcionava o seu jornal. Ela já trabalhava nesse jornal há mais de oito anos e ficara muito contente quando o grupo que detinha o periódico resolvera mudar-se para aquele antigo edifício, então abandonado, onde, por décadas e décadas, funcionara não só a redação do tradicional veículo, mas também as rádios que pertenciam à mesma organização e até mesmo um teatro. Tanto uma das rádios quanto o próprio jornal tinham sido, em outros tempos, líderes absolutos em seus segmentos. Naquele teatro, que servia também para transmissões ao vivo da rádio em seus programas de auditório, que eram moda na década de 1940, tinham pisado grandes astros da música e das artes em geral. Por isso tudo, Flávia, que ocupava hoje a editoria do caderno de cultura do jornal, ficara super entusiasmada quando um dos diretores lhe disse que a cúpula do grupo decidira reformar e ocupar aquele velho casarão.

O jornal, que passara anos e anos mergulhado, como todo o complexo de comunicação ao qual pertencia, numa franca decadência, estava começando a se reerguer e ela tinha esperanças de que, naquele prédio, acabariam de decolar e voltariam a ocupar um lugar de destaque entre os veículos nacionais de comunicação. Era um pensamento supersticioso, refletia ela com sua racionalidade jornalística, mas acreditava, no íntimo de seu coração, que aquelas paredes que já haviam visto tantos nomes importantes da cultura brasileira pudessem, de alguma maneira, influenciar os rumos da empresa.

Assim, aguardou pacientemente que a reforma fosse concluída e se negou, como tantos dos seus colegas fizeram, a ir ver como iam caminhando as obras. Resistiu e só entrou no velho prédio quando efetivamente toda a redação se transferiu para lá.

Era um edifício realmente grande e Flávia passou uma semana andando para lá e para cá, tentando decorar sua topografia. Internamente, tinha duas escadarias, nas duas pontas da construção, quatro andares, nenhum elevador e uma infinidade de portas. Foram erguidos, lá dentro, cinco grandes estúdios, muito equipados e toda a administração do grupo se mudou também para lá. Havia ainda aqueles enormes espaços dedicados às redações, tanto das duas rádios, AM e FM, quanto do jornal. Eram oceanos de escrivaninhas, cadeiras, armários e computadores.

Ela estava realmente entusiasmada com a mudança e passou a trabalhar ainda com mais afinco, alegria e dedicação.

Estavam no prédio já havia uns três meses quando ela teve um sonho que, sabia, semelhante a alguns que já tivera antes: de repente ela abria uma porta em sua casa e descobria que o seu apartamento tinha mais cômodos e que se esquecera disso. Examinava esses cômodos, surpresa por ter se esquecido deles. Então lembrou-se que, há algum tempo atrás, tinha sonhado uma coisa parecida, mas nesse outro sonho os espaços que ela redescobria eram no próprio edifício onde morava. Eram andares vazios, cheios de andaimes. Nas duas semanas seguintes, sonhou novamente: encontrava a velha casa onde passara a infância e essa também tinha cômodos a mais, cômodos que ela esquecera e que, na realidade, não existiam.

Intrigada, perguntou a uma psicóloga amiga sua o que poderiam significar aqueles sonhos. A moça explicou-lhe que isso poderia muito bem querer dizer que ela não estava fazendo uso total de suas capacidades e aptidões; que poderiam existir outros atributos, relegados a um segundo plano ao longo de sua vida.

Será – sugeriu a psicóloga – que não existem algumas atividades de lazer ou mesmo profissionais que você gostaria de ter e não está tendo? Pense nisso. Descubra o que está faltando.

O velho prédio

Flávia ficou pensando. O que mais, além do trabalho e das aulas que dava na faculdade de comunicação, ela queria fazer? Nos fins de semana ia invariavelmente para a praia, com o marido, onde tinham um pequeno veleiro cabinado e navegavam, o que ela adorava. Tinha uma boa vida, frequentava todos os eventos culturais, teatro, cinema, vernissages, lançamentos de livros, lia bastante, atualizava-se na Internet... o que estaria faltando?

De vez em quando, o velho prédio onde agora trabalhava, revelava-lhe alguns pequenos segredos. Descobria uma porta que nunca notara, abria e lá estava um depósito, uma sala que ela ainda não vira ou mesmo um grande espaço vazio. Ela ria, porque achava incrível que tivesse esquadrinhado o prédio todo, quando se mudaram para lá, e ainda houvesse espaços que lhe passaram despercebidos.

Flávia gostava tanto do prédio que tinha o hábito de subir para a sua sala pelas escadas da esquerda e descer pelas da direita, embora, para isso, precisasse atravessar longos corredores e fazer o caminho mais comprido.

Num dia de inverno, quando já estavam no velho edifício há quase dois anos, ela, ao cruzar a pesada porta de incêndio que a separava das escadas da direita, preparando-se para descer para a hora de almoço, notou, num canto, uma outra porta, que havia sido retirada dos batentes e se deparou com uma escada que nunca vira. Sabia que, além das escadas da esquerda, havia também uma outra, que levava às lajes do edifício e dava acesso ao grande terraço de cobertura. Mas, até então, não sabia que, no lado direito, também havia essa outra escada, meio tosca. Subiu. E saiu num espaço cheio de vigas de madeira que sustentavam um telhado antigo, que ela já vira do terraço e que ocupava apenas parte do edifício. Era um telhado em forma de "V", com telhas muito antigas e, pelas frestas dessas, entravam pequenos raios de sol. "Estou no forro", pensou e então percebeu a figura de um homem, sentado adiante, quase espremido entre as vigas, no estreito ângulo que o telhado formava. Quem seria? Algum funcionário da manutenção, que se isolara para saborear sua marmita?

– Boa tarde! – cumprimentou.

O homem, que fitava a paisagem lá fora por um buraco que havia entre as telhas, voltou-se para ela:

— Boa tarde, moça. Está servida?

— Bom apetite – respondeu ela, curvando o corpo e passando entre as vigas, para poder aproximar-se dele.

E qual não foi o seu susto ao reparar que ele estava vestindo uma fantasia de palhaço, com nariz de bola vermelha e tudo. Mas, no meio artístico, tudo era possível, até mesmo encontrar um palhaço comendo escondido entre as vigas do teto.

— Há muito tempo eu não comia tão bem – disse ele.

Era um homem de uns sessenta anos e a maquiagem pesada, reparou ela, não lhe escondia as rugas do rosto.

— É engraçado – disse Flávia – Já estou neste prédio há quase dois anos e nunca tinha vindo até aqui.

— É o meu esconderijo predileto – disse ele. – Sempre que quero fugir do movimento da rádio, venho para cá. Fico olhando para a rua, por essa telha quebrada e agradeço a Deus por ter me dado a missão de ser palhaço, de levar alegria aos outros.

— Dizem que o palhaço, no fundo, é um triste – respondeu ela.

Ele riu.

— Mas o Grande Arquiteto do Universo não nos criou para a tristeza, moça. Esse negócio de que sofrendo é que se alcança o paraíso é invenção dos padres que só querem poder e dinheiro. O Mestre nos quer alegres, criou esse paraíso que é a Terra para que nós sejamos felizes e vivamos rindo.

— Não sei não – disse Flávia sorrindo. – O senhor mesmo nem precisa sair daí desse seu cantinho para ver a tristeza do mundo. Olhe ali embaixo, aquela favela. Essa semana ainda houve um incêndio lá e as crianças vinham aqui, desesperadas de fome, sem ter onde comer, onde se abrigar...

— É, moça... mas foram os homens que inventaram a tristeza, com sua ambição e egoísmo. Deus não queria isso. Deus fez o mundo para todos, para que o compartilhemos com alegria e generosidade. Mas a ambição de alguns, que tudo querem apenas para si, é que causa as diferenças, as guerras, a intolerância...

— O senhor é socialista?

— Sou apenas um velho palhaço, que sonha com um mundo de paz e igualdade e, enquanto não vê isso, tenta dar um pouco de alegria às almas... Não foi o Oscar

Wilde quem disse que nem sempre somos felizes quando somos bons, mas sempre somos bons quando somos felizes? Se o mundo fosse mais feliz, todos seriam mais bondosos e, assim, como num círculo vicioso, quanto mais felicidade, mais bondade e quanto mais bondade, mais felicidade.

– O senhor contribui, com a sua parte, fazendo rir, levando alegria. Isso é bonito mesmo. Mas o mundo é só crueldade, infelizmente. E, mesmo entre as pessoas boas, também acontece o sofrimento. Na vida sempre há perdas, há acidentes, imprevistos, que fazem a gente sofrer.

– Sabe, moça, a pedagogia de Deus às vezes é muito dura. No entanto, já dizia o poeta, que é melhor ser alegre que ser triste, mas pra fazer um samba com beleza é preciso um bocado de tristeza... Pela tristeza, pelos contratempos da vida, só aprendemos e crescemos e podemos até dar o devido valor à alegria. Mas a adversidades e os contratempos não devem nos fazer perder a alegria da vida! Não podem! Se sofremos hoje, devemos encarar esse sofrimento como uma lição e continuar, dentro de nós, com a fé na vida, com a alegria de viver. A moça não acha?

– O senhor parece estar de acordo não só com os socialistas, mas também com os budistas – disse ela – que afirmam que as adversidades não devem perturbar a nossa paz interior.

– É isso mesmo, moça. A nossa chama interior é que nos mantêm vivos, é ela quem traça o nosso destino. Se o nosso pensamento for alegre e otimista, assim também será a nossa vida. Se, ao contrário, for triste e derrotista, certamente não alcançaremos sucesso em coisa nenhuma. Eu lhe digo, moça, Deus não nos fez para sermos tristes, desconfiados, macambúzios, como esses abutres religiosos. Para eles, nós já nascemos cheios de culpa e de pecado. Pois eu digo que nascemos, mas é para a felicidade. Era isso que Deus tinha em mente quando criou o céu e a terra: a plenitude, a harmonia, a felicidade.

– O senhor então se considera feliz?

– Ah, sim. Eu sou muito feliz.

– Nossa! – disse Flávia olhando o relógio – gostaria de conversar mais, no entanto preciso ir. Tenho uma matéria enorme para fechar essa tarde. Vamos descer?

– Vá indo, minha filha. Vou ficar mais um pouco aqui no meu lugar – respondeu ele.

Flávia desceu para o estacionamento e resolveu ir comer alguma coisa na lanchonete fast-food que tinha drive-in, pensando que de vez em quando não faria mal abrir mão da alimentação sadia que procurava praticar. Mas tinha perdido muito tempo ouvindo o palhaço e, agora, estava atrasada. Engoliu um sanduíche e um milk shake e voltou para a sua sala. Na cabeça, martelava-lhe o verso da música de Vinícius de Moraes, o Samba da Benção: é melhor ser alegre que ser triste, a alegria é a melhor coisa que existe, é assim com a luz no coração. Mas pra fazer um samba com beleza é preciso um bocado de tristeza, senão não se faz um samba não".

Luz no coração! Flávia pensava nos pequenos raios de luz que se infiltravam pelas telhas, lá em cima, onde encontrara aquele estranho ser com sua roupa de palhaço. Luz no coração. As palavras dele, embora até mesmo banais, haviam feito isso com ela, iluminaram-lhe o coração e todo o dia, embora frio, parecera-lhe então mais belo, com aquele sol de inverno a colorir a paisagem.

À noite comentou com o marido o estranho encontro com aquela inverossímil figura, caracterizada como palhaço, escondida no telhado. Mas não conseguiu transmitir-lhe a profunda impressão que ficara em si.

– Ah, decerto ele foi dar uma entrevista na rádio e depois ia para algum show, por isso já estava caracterizado. – Comentou o marido sem muito interesse.

Naquela noite Flávia voltou a sonhar que estava na velha casa de seus pais, da sua infância, e que a sala era agora uma biblioteca onde ela viu antigos livros que foram seus, e que tinha esquecido. Saindo da casa, pelos fundos, atravessou um magnífico jardim, coalhado de flores e viu, surpresa, que o velho jardineiro que atendia o bairro e trabalhava também para os seus pais, usava um nariz de palhaço. Acordou assustada e logo voltou a dormir.

Alguns meses depois, estava acessando a rede interna de computadores do jornal para fazer uma matéria especial sobre os cem anos da organização. Muito da memória das rádios e dos jornais havia se perdido, mas, mesmo assim, havia um arquivo muito rico em imagens, informações e antigas edições dos jornais do grupo. De repente, na tela do seu computador, lá estava ele, o velho palhaço, e ela leu com espanto:

O velho prédio

"O Palhaço Bom de Bola ofereceu na tarde desta quarta-feira uma festa aos amigos e às crianças, para comemorar o seus 60 anos de idade e 45 de carreira. A festa reuniu centenas de fãs à porta da Rádio Natureza, fãs estes que não puderam entrar, pois a lotação do auditório estava completa. Depois do show, Bom de Bola saiu à rua para cumprimentar a multidão que lá estava e teve as roupas rasgadas, mas, sempre rindo, comentou que foi ótimo apertar mãos, dar autógrafos e distribuir beijos para as crianças". A data da matéria era 25 de agosto de 1945. Flávia rapidamente ampliou a foto em sua tela, tentando se convencer de que aquele não era o homem que vira no telhado. Mas não tinha dúvidas: era ele. Perguntou a um jornalista mais velho, que trabalhava na mesa ao lado:

– Juvenal, você se lembra de um palhaço chamado Bom de Bola?
– Ah, claro que me lembro! Ele era a alegria da garotada, nas rádios e no circo, quando eu era bem criança. Chegou mesmo a participar da recém inaugurada TV no Brasil, mas morreu logo, no começo dos anos cinquenta.
– Ele tem algum herdeiro, será? Um filho, qualquer coisa assim, que tenha continuado com a sua profissão?
– Não. Ele era solteiro, tenho certeza.
– Mas eu vi um homem igualzinho a ele, vestido de palhaço, um dia desses, aqui na rádio.
– Deve ser impressão – disse ele, aproximando-se da tela dela para ver a foto do Bom de Bola. – Olhe! Aí está ele!
– Eu vi alguém igualzinho a ele – insistiu ela.
– Ora, Flávia, todos os palhaços ficam meio parecidos com essa maquiagem branca e o nariz de bola vermelha.
– Mas a roupa, tudo, era igualzinho!
– Bom, ele ainda pode ter algum imitador, se bem que o estilo dos palhaços tenha mudado um pouco.

Flávia saiu na captura de outras fotos. E quanto mais via o Bom de Bola mais certeza tinha que era o mesmo homem com quem conversara no telhado.

Antes de sair para o almoço, subiu até lá. A porta estava trancada e ela teve que pedir a uma servente que abrisse. Ficou muito tempo lá em cima e foi sentar-se exatamente no mesmo lugar onde estivera o Bom de Bola. Olhou pela mesma fresta, entre as telhas, para a rua lá embaixo e, por um segundo, pensou ver uma multidão à porta da rádio. Mas fora apenas impressão.

Desceu para almoçar, intrigada e um pouco assustada. Mas logo concluiu que era só a sua imaginação. Como dissera Juvenal, todos os palhaços se pareciam.

Como Flávia previa, lentamente, as empresas do grupo, depois que se transferiram para aquele velho prédio, estavam prosperando e subindo sempre nos rankings de audiência e vendagem. Até o seu caderno de cultura crescera, tinha mais anunciantes e cada vez mais páginas. Ela mesma recebera elogios da direção e um discreto aumento de salário.

Um mês depois de ter encontrado Bom de Bola nos arquivos, ainda estava trabalhando na edição especial dos cem anos e, certa tarde, sentiu um irresistível impulso de ir até o telhado. Talvez ele tivesse voltado! E só em pensar nisso, seu coração batia mais rápido. Botou o computador para hibernar e subiu as escadas quase correndo. A porta estava de novo fora do lugar. O que será que estaria fazendo o pessoal da manutenção que vivia tirando aquela porta dos batentes?

A luz, agora, era diferente sob o telhado. Ela estivera lá sempre na hora do almoço e agora, fim de tarde, a luz era mais tênue e o ambiente todo estava levemente avermelhado. Estava mais escuro também e, até que seus olhos se acostumassem ao ambiente, a única coisa que conseguia distinguir era aquela massa branca e brilhante no ângulo formado pelas vigas, pelo teto e pela laje. Logo percebeu que era uma mulher. "Ué. Isso aqui está ficando muito concorrido", pensou. Aproximou-se, curvando o corpo e, mais de perto, percebeu que era uma linda dama, muito bem penteada e maquiada, usando um vestido de noite, de cetim branco, com o peito ricamente bordado. Um decote generoso deixava ver a curva dos seios perfeitos. Ah, mas desta vez, Flávia não ia se deixar confundir. Foi logo perguntando:

– Boa tarde. Eu sou Flávia, editora de cultura. Quem é você?

A mulher voltou-se para ela, jogando os cabelos sobre os ombros, num gesto altivo e, com o olhar, mediu-a de cima a baixo.

– Como? Não está me reconhecendo? O Brasil inteiro me conhece! – exclamou ela irritada.

Flávia deu um passo para trás, pois, naquele instante, não sem susto, sabia quem era ela. Muito a vira em sua tela de computador.

– Eu diria que você é igualzinha à famosa cantora Dora Bastos.

– Eu sou Dora Bastos!

– Não é possível – disse Flávia, procurando manter a voz firme – Dora Bastos morreu em 1955.

– Ora, que petulância! Por acaso você pretende saber em que ano vou morrer? O que é você, afinal, com essas roupas ridículas e esse cabelo que mais parece cortado à navalha... Um duende? Uma bruxa?

– Eu já disse. Sou Flávia, a editora de cultura do Jornal Natureza...

– E uma editora de cultura não reconhece a maior cantora do Brasil quando a vê?

De repente, Flávia riu. Claro! Agora estava entendendo. Alguém deveria estar brincando com ela. Na certa o diretor artístico da Rádio, o Marcus. Deveriam estar pensando em montar um espetáculo para comemorar os cem anos do grupo e contrataram atores para caracterizar os grandes personagens do passado. Só podia ser isso! Primeiro, o Bom de Bola. Agora, Dora Bastos. Mas tinha que cumprimentar o pessoal da maquiagem e da produção: as caracterizações eram perfeitas.

– Ai, não sei quanto tempo vou ter que ficar escondida aqui nesse buraco quente e ainda por cima com você, que mais parece uma bruxa mesmo! – exclamou Dora.

– Você representa bem o seu papel – disse Flávia.

– E você acha que eu gosto de ficar aqui escondida? Mas foi o único lugar seguro que achei em todo o prédio. Todo mundo quer autógrafos e querem me pegar e me amassar e me cheirar... É a única coisa ruim do sucesso... E não adianta... eles não desistem. Daqui de cima mesmo posso vê-los, olha lá, a multidão, esperando que eu saia para me agarrar!

Flávia aproximou-se e olhou por uma fresta. Lá embaixo, na rua, uma multidão se concentrava em frente aos portões do edifício. Mas alguma coisa parecia muito diferente: na paisagem, só casas, nenhum prédio. A rua tinha calçamento de paralelepípedos e não de asfalto e todos os carros eram antigos e pretos. Ops! A coisa era maior do que ela estava imaginando! Deveriam mesmo estar fazendo um filme de época para comemorar os cem anos. Mas como ela não percebera? Como ninguém lhe contara? E de onde será que viera o muito dinheiro que era preciso para uma produção daquele porte? E a paisagem? Seria uma projeção? Mas como fizeram isso?

– Olha – disse Dora – se você é mesmo uma editora importante, podia me levar para a sua sala, você deve ter uma sala, para eu esperar essa multidão se dispersar! Não posso sair daqui, com essa gente toda querendo me ver...

– Bom, se você é tão famosa, deve enfrentar os fãs. Eu li mesmo que o palhaço Bom de Bola não se recusou a encarar a multidão que o esperava aí fora quando de seu aniversário de 60 anos...

– Imagine. Aquele idiota só tem 57!

– Você não gosta dele?

– Detesto esse cretino. É um romântico, sonhador, vive falando aquelas bobagens sobre igualdade social e o Grande Arquiteto do Universo e outras besteiras... Você vai ou não me levar para a sua sala? Meu make-up está derretendo aqui nesse forno e ainda tenho um show no cassino essa noite.

– Uma estrela do seu quilate não tem seguranças?

– Seguranças?

– Não tem ninguém para proteger você?

– Ah, tem um cretino que é leão-de-chácara lá no cassino, mas ele deve ter ido beber umas cachaças, enquanto eu cantava no auditório e, quando fui para a coxia, todo mundo queria me agarrar, saí correndo, subi as escadas e achei esse lugar. Você vai ou não me levar? Para ser sincera, eu não estou acreditando que você seja alguém importante, com essa roupa e esse cabelo. Vai ver que é alguém do meu fã clube, disfarçada.

– Não. Eu sou mesmo a editora de cultura.

– Nunca ouvi falar que o jornal tivesse editoras de cultura! E você é horrorosa. Deve ser mesmo uma bruxa ou um duende. Ai, só me faltava essa! Ou é o calor que está me fazendo ter alucinações.

– Não está calor. Estamos no inverno! Quando é que você vai entrar em cena? Agora?

O velho prédio

– Mas eu já não disse, menina, que acabo de me apresentar no auditório da rádio! Você é maluca mesmo. Inverno em novembro?
– Olha, eu não sei o que o Marcus lhe disse, mas pode parar de representar. E eu vou agora mesmo descobrir tudo o que está acontecendo! – explodiu Flávia, cansada daquela farsa.
E desceu as escadas, quase correndo. No segundo andar, encontrou Marcus.
– Ah! Eis você. Quer me explicar o que está havendo e por que eu não fui comunicada? Uma produção desse quilate! Eu deveria estar acompanhando tudo!
– Que produção? – perguntou ele.
– Todo esse circo aí fora, cenário dos anos 1940, os artistas vestidos de Bom de Bola e Dora Bastos... Por que eu não fui comunicada?
– Não estou entendendo, Flávia.
– Claro que está. Você não vai poder negar essa multidão aí fora.
– Que multidão, Flávia? Você pirou?
Flávia o arrastou até a janela mais próxima e, quando olhou, a rua estava tranquila como sempre e o cenário era o de 2003.
– Não entendo... – murmurou ela.
Marcus também não estava entendendo nada, mas disse:
– Olha, Flávia, você está muito esquisita. Tire o resto do dia de folga, vá pra casa descansar um pouco. – E se afastou.
Ela voltou, desconcertada, para o telhado. Lá estava Dora, ainda fitando a paisagem pela fresta das telhas.
– Ah, você voltou, finalmente. Por que me trancou aqui? – disse ela, cheia de fúria.
– Eu não tranquei nada!
– Trancou, sim. Eu saí atrás de você e dei com o nariz na porta. Está com medo que eu descubra que você não passa de uma funcionariazinha? Pois saiba que vou me queixar ao Armando, não só de você, mas de todo esse tratamento indigno que estou recebendo aqui na rádio dele! Ainda bem que o povo, lá embaixo, já está indo embora. Logo eu também vou e não sei se vou querer pisar aqui de novo!
Flávia aproximou-se e olhou para baixo. Era outra vez a paisagem da década de 1940 e, como dissera Dora, a multidão começava a se dispersar.

Deixou-se cair num canto, abatida, e disse:
– Olhe, Dora, ou seja lá você quem for, eu não estou entendendo isso. Estamos em 2003, acabo de falar com Marcus e, quando olhei pela janela, era 2003. Não posso explicar essa paisagem dos anos 1940 e muito menos você aqui. Mas já estou cansada desse jogo.
– 2003? Você é mesmo uma maluca. Não sabe o que disse Cristo? A 1000 chegarás, de 2000 não passarás. E agora, com o mundo em guerra, até os americanos entraram nela no ano passado, talvez não cheguemos mesmo a 2000. Hitler vai acabar com todos: judeus, artistas, homossexuais...
– Pare com isso! – explodiu Flávia. – Você sabe tão bem quanto eu que a guerra acabou em 1945 e Hitler morreu.
– Que espécie de jogo é esse? – disse Dora. – Você não deveria brincar com uma coisa séria como a guerra, que ameaça todas as nossas instituições. Eu sei que aqui no Brasil a gente avacalha tudo, até a guerra, mas ela é séria demais para você brincar com ela!
Flávia olhou diretamente para os olhos de Dora e o tom grave de sua voz mais a sinceridade que leu em seu olhar a convenceram de que estava realmente diante da cantora morta. Melhor não tentar entender, pensou e disse, subitamente calma:
– A multidão está de fato se dispersando. Você vai logo poder sair daqui e ir tranquilamente para casa.
– Eu moro no Rio.
– Ah, é verdade. Você está num hotel?
– Não. No hotel é a mesma coisa que aqui. Todo mundo quer me ver. Estou na casa de uma amiga, no Pacaembu. Mas ainda tenho que viajar para Santos hoje, vou cantar no Atlântico, às dez da noite. E estou com calor e o que é pior, com muita cólica.
– Olhe, disse Flávia, eu tenho uns comprimidos, antiinflamatórios, muito bons para cólicas. Acho que tem um aqui no meu bolso. – E cavocou o bolso do jeans.
– Você não vai precisar?
– Não vou ter cólicas por um bom tempo – disse Flávia e seus olhos se iluminaram quando completou – Estou grávida.
– Mas assim magrinha?

O velho prédio

– Só tem um mês.
– E como você pode ter certeza?
– Ah, o médico confirmou. Ficamos muito contentes. Faz tempo estou tentando engravidar. E você, tem filhos?
– Nem pensar. Com a vida que eu levo e sem marido! Agora estou aqui, tendo que trabalhar e com essa cólica louca, por causa do aborto.
– Você fez um aborto?
Dora riu, um riso meio triste:
– Um não. Esse já é o quinto.
– Ah... – refletiu Flávia em voz alta – sem pílula devia ser fogo mesmo!
– Pílula? Que pílula?
– Anticoncepcionais. Foram inventadas em 1960, mas você já tinha morrido.
– Quem é você, afinal? – explodiu Dora – Uma bruxa? Um duende? E essas roupas...
– Já lhe disse. Sou Flávia. Uma jornalista do ano de 2003.
– Você veio do futuro, então?
– Não, vim do andar de baixo. Mas, para você, sou do futuro e para mim você é o passado.
– Acho que não entendo.
– Nem eu. Também não entendo como o palhaço sabia os versos de Vinícius e não se espantava com a paisagem lá embaixo... Mas se você é mesmo Dora e se, pelas minhas contas, você está em... 1942, certo?
– Claro. Todo mundo sabe que é 1942.
– Não para mim. Eu estou em 2003 e não sei por que milagre, sempre que venho a esse telhado, encontro alguém do passado. Na verdade, só encontrei mesmo o Bom de Bola...
– Ai! Não me fale desse idiota!
– Puxa! O que é que você tem contra ele? Ele me pareceu tão legal...
– Legal?
– É. Bom. Simpático e mesmo sábio.
Dora gargalhou.

– Sábio coisa nenhuma. Aquilo é um charlatão romântico. Para ele é fácil pregar igualdade e essas besteiras que ele fala. Já nasceu rico. O pai era industrial, ele tem renda, nem precisa do dinheiro dos cachês, como eu, que, se perder a voz – e aqui ela bateu três vezes na madeira – fico pobre em dois anos, no máximo.

– Você sabe muita coisa dele, até a idade e eu, que pesquisei a vida dele, nunca soube que ele tivesse dinheiro de família.

– Tem muito o desgraçado. Por isso, trabalha por qualquer coisa, desvalorizando o cachê de outros artistas, que trabalham para sobreviver.

– Você o conhece há muito tempo, então? São amigos?

– Mais que amigos. Ele é o pai dos meus abortos.

– Mas ninguém nunca mencionou que vocês tivessem tido um caso.

– Pouca gente sabe. Ele é 20 anos mais velho do que eu, mas eu me apaixonei por toda aquela lenga-lenga que ele vive falando...

– E agora está com raiva dele. Por quê?

– Porque ele diz que nunca vai se casar ou ter filhos. Diz que o mundo não precisa de mais crianças, que já está cheio demais e diz também que o casamento é uma instituição falida e hipócrita. Mas e eu? Eu não mereço a felicidade? De que me serve ser amada pela multidão se não o sou pelo homem que eu amo?

– Ah... então você o ama.

– Estou com tanta cólica que já não sei se amo ou se odeio.

– Tome o remédio – disse Flávia estendendo-lhe o comprimido.

– Você trouxe esse remédio do futuro? Será que não vai me fazer mal?

– Pode tomar.

– Por que você se veste desse jeito? Todas as mulheres serão assim horrendas no futuro?

– Nós achamos lindo! – disse Flávia com uma risada.

– Essa sua calça de trabalhador, com esses horrorosos sapatos ortopédicos e ainda por cima, brancos! E o cabelo, então? Olhe para isso: todo esfiapado! Um horror!

– Hoje em dia, é o que está na moda.

O velho prédio

– Ah, graças a Deus! – disse Dora – A multidão se foi. Olhe, já não há quase ninguém lá na rua. Vou embora.

Flávia olhou para a rua e viu a paisagem de 2003.

Quando se voltou para falar com Dora, ela tinha desaparecido.

Desceu lentamente para a sua sala e mergulhou no computador, buscando na Internet todas as informações possíveis sobre Dora Bastos.

A cantora nascera em 1906, no Rio de Janeiro, filha de pai desconhecido e mãe empregada doméstica. Fora criada na casa dos patrões de sua mãe e, em 1926 já se tornara cantora nos cabarés do Rio. Foi para o rádio em 1932, quando as estações se tornaram comerciais e populares e não mais agremiações elitistas como até então. O rádio fizera dela um enorme sucesso, enciumando mesmo muitos artistas da época que passaram a vender menos discos do que ela. No entanto, naqueles tempos, sucesso e vendagem de discos não significavam, como hoje em dia, enriquecimento e era natural que, para manter um bom padrão de vida, Dora tivesse que se apresentar em inúmeros cassinos e teatros. Quando, em julho de 1940, Carmem Miranda veio dos Estados Unidos, de volta para o Rio, Dora foi com ela, de volta. Mas, embora tivesse agradado os meios artísticos, cantando junto ao piano nas festas de Beverly Hills, duas "brazilian bombshells" era demais e ela, não conseguindo nenhum contrato, a não ser algumas apresentações em cassinos de Las Vegas, acabou retornando ao Brasil depois de alguns meses. Não havia, em nenhuma matéria de jornal ou revista ou mesmo biografia de Dora, referência ao romance com o também famoso palhaço Bom de Bola. A cantora morrera em 1955, vítima de câncer do ovário. Apesar de afastada dos palcos e dos microfones há mais de um ano, por causa da doença, seu enterro foi um acontecimento nacional e levou multidões às ruas cariocas.

Faltava ainda quase um ano para o centenário do grupo e Flávia pensava que talvez tivesse a felicidade de encontrar mais alguns personagens famosos da história que estava escrevendo naquele meio de tempo. Estava francamente decidida a entrar em contato com a família tanto de Bom de Boca quanto de Dora para confirmar o romance que a cantora lhe revelara. Caso conseguisse, poderia também obter uma informação que parecia inédita sobre a vida desses dois consagrados artistas do passado. No entanto, essa não foi uma tarefa fácil. Nenhum dos dois tivera filhos e os sobrinhos ou primos pouco sabiam informar, além do que Flávia já lera em antigas reportagens.

Mas ela tanto procurou que, certa tarde, recebeu um telefonema no jornal:

– Moça – diz uma voz muito velha de mulher – uns primos da falecida Dora Bastos me deram seu número e me disseram que a senhora está querendo informações sobre a vida dela.

– Na verdade – respondeu a jornalista – estou precisando de apenas uma única confirmação de um fato que fiquei sabendo. A senhora é parente? Como é seu nome?

– Sempre fui sua melhor amiga, eu diria mesmo que a única amiga. Até apareci em algumas revistas junto dela, nos anos quarenta. Tenho aqui no meu quarto uns números antigos de O Cruzeiro. Eu me chamo Olga Pacielo.

– Posso ir até sua casa? Onde a senhora mora?

– Moro aqui no Asilo Gente Feliz. Já tenho 91 anos, a Dora, se estivesse viva, teria hoje... deixa eu ver... 93.

– Mas ela não nasceu em 1906?

– Não, moça, ela mentia a idade. Mentiu, para mais, desde menina para poder cantar nas boates do Rio. Ela nasceu mesmo em 1910.

– A senhora mora no Rio?

– Moro, moça. Se você quiser vir até aqui, pode vir mas, sabe, eu sou pobre, minha filha e meu genro também são pobres, já tem idade, ele está aposentado e muito doente e eu pensei que talvez...

– Estou disposta a pagar bem pela sua informação.

Assim, no dia seguinte, Flávia pegou a primeira ponte aérea e, antes das nove, estava no asilo, gravador em punho, registrando sua conversa com Olga, que confirmou o fato de Dora Bastos e o palhaço Bom de Bola, cujo verdadeiro nome era Henrique Mendes, mantiveram um tempestuoso romance de 1936 a 1942. Olga acreditava ainda que Henrique tivesse abreviado sua vida, morrendo de desgosto depois que Dora o deixou.

Flávia, radiante por ter seu "furo" confirmado, já ia se despedindo, depois de deixar um bom dinheiro com a velha senhora, quando esta disse:

— Sabe, moça, é engraçado você aparecer justo no ano de 2003.

— Por quê?

— Porque, eu me lembro bem, depois que Dora abortou em 1942 e resolveu que deixaria o Henrique, ela me contou que tivera um sonho, quando fora a São Paulo e cochilara lá na Rádio Natureza. Ela estava impressionada com esse sonho e dizia que encontrara uma jornalista do futuro, exatamente do ano de 2003, que usava uma roupa estranha, calçava sapatos ortopédicos brancos e tinha o cabelo muito mal cortado, todo cheio de pontas... assim como o seu. Lembro-me de Dora ter comentado que fora apenas um sonho, mas parecera a ela muito mais real do que os outros sonhos, e ela se preocupava em pensar se as mulheres ficariam tão feias... bom... não é que eu ache você feia, você está na moda, eu vejo na novela, todos os cabelos são assim como o seu. Mas achei engraçada essa coincidência.

Flávia saiu de lá como se vivesse um sonho. Voltou direto à redação e subiu para o telhado, mas a porta de acesso à escada estava fechada e não havia nenhum servente por perto. Foi para a sua sala, ligou para a manutenção e pediu que deixassem a porta aberta para que ela pudesse ir lá quando terminasse de escrever sobre Dora Bastos.

Marcelo, o gerente administrativo, a quem a manutenção estava subordinada, perguntou curioso:

— Dona Flávia, o que tem de tão interessante lá naquele telhado? Além dos ratos, é claro.

— Nada não, seu Marcelo. Eu só gosto de ir lá descansar um pouco.

— Nesse caso, estou mandando uma cópia da chave para a senhora.

Flávia ia todos os dias ao telhado, mas não encontrava mais vestígios nem de Henrique Bom de Bola nem de Dora Bastos. Ficava ali, olhando a rua, se lembrando de como a tinha visto, como teria sido nos anos 1940 e pensando nos tempos áureos, quando a Rádio Natureza era líder absoluta de audiência, além de ser ouvida, através de repetidoras e por ondas curtas, em grande parte do país. Todos na redação sabiam que ela estava grávida, pois isso foi motivo de grande alegria para ela própria e para os colegas mais chegados. Atribuíram à gravidez e à maturidade que quase sempre vinha com esse estado, aquela mudança radical na sua maneira de vestir. Começou, ainda naquele resto de inverno, a trocar os cardigans e as pesadas malhas de lã e as jaquetas, por paletós, blazers de corte reto. Depois, trocou os jeans por elegantes calças de tecido, depois os tênis por sapatos e botas e, por fim, as calças de tecido por saias e meias de nylon. Os cabelos foram perdendo as pontas e, no verão, eram de um corte clássico, chanel à altura dos ombros. Mesmo no final da gravidez, ela não abandonou o estilo. Alguns colegas invejosos atribuíam a sua mudança total na maneira de se apresentar à ambição por um cargo mais elevado, na diretoria do jornal.

Em dezembro, nasceu sua filha a quem ela, depois de muito brigar com o marido, chamou de Dora Henriquetta.

Passou os longos quatro meses da licença maternidade no apartamento da praia, onde o marido a encontrava nos fins de semana. Entretida com os cuidados com o bebê, quase se esqueceu do fascínio que sentia pelo telhado do velho prédio.

Voltou ao trabalho em abril, às vésperas das comemorações dos cem anos do grupo. Ficou ocupadíssima, fechando a edição especial de aniversário, na qual tanto trabalhara e já podia pensar em Dora e em Henrique como personagens de um sonho.

Certa tarde, na semana em que se comemoraria na sexta-feira, com uma grande festa, o centenário, sentiu um irresistível impulso de voltar ao telhado. Subiu. No mesmo canto em que encontrara o palhaço, um homem, muito bem vestido e beirando os seus cinquenta anos, chorava.

Flávia ficou constrangida com a cena e já ia se afastando quando ele se voltou:

– Quem está aí?

– Desculpe-me, senhor, já estou descendo.

– Pode ficar, se quiser. Eu já nem me importo mais que me vejam chorar.

– O senhor está bem? Gostaria que eu lhe conseguisse alguma coisa, um comprimido, um copo d'água, um café?

– Obrigado, minha filha. É apenas um momento de fraqueza. Peço apenas a sua discrição. Todos me julgam tão poderoso, não seria bom para os meus empregados saber que o patrão, derrotado, também chora. Quem é você? – perguntou fitando-lhe o rosto – Nunca a vi por aqui antes.

– Sou Flávia.

– Flávia? Não me lembro de ninguém com esse nome aqui na rádio ou no jornal.

– Sou de outro jornal – mentiu ela, já notando que as roupas do homem, seu corte de cabelo e suas maneiras, eram de alguém que vivesse nos anos 1950. O senhor gostaria de conversar um pouco, desabafar? Sou boa ouvinte.

– Agora é que eu estou mal, mesmo, minha filha. Nenhuma jornalista concorrente vai perdoar ao velho Armando esse momento de fraqueza. Já estou vendo a manchete de seu jornal amanhã: Armando Farias chora.

– Não. De jeito nenhum. Eu não faria isso. Respeito a sua dor, seja ela qual for.

– É muito difícil, mesmo para um homem como eu, que já enfrentou tantas batalhas e tantos reveses, toda a censura do Estado Novo, todas as muitas instabilidades políticas desse nosso Brasil, ver-se assim, prestes a perder tudo, até a honra. Mesmo que você esteja mentindo e publique no seu jornal a minha dor, pouca diferença fará. Amanhã o banco vai executar a hipoteca desse prédio. Isso é que dói. Praticamente fui criado dentro desse prédio. Meu pai fundou o jornal aqui, em 1904. Depois vieram as rádios. Eu assumi o controle quando o velho morreu e agora... ah... Até pouco mais de dez anos passados, nós éramos o mais importante complexo de comunicação nesse país. Aí veio esse maldito Chateaubriand, com sua imprensa marrom, seus golpes baixos e, mais recentemente, com a sua televisão... Todos os nossos reclames, toda a nossa propaganda e também o nosso público... tudo foi indo, gradativamente, para as mãos desse nortista do inferno! Quando hipotecamos o prédio, ainda tínhamos esperança, mas agora... mesmo que eu vendesse as minhas propriedades, e restam poucas, jamais conseguiria o dinheiro da hipoteca até amanhã...por isso vim aqui para chorar, minha filha. Não queria perder esse prédio, nunca! E nem sei porque estou aqui enchendo a sua cabecinha jovem com as minhas tristezas de velho falido...

– O senhor está enganado. O senhor não vai perder o prédio.

O homem olhou para ela assustado.

– Eu conheço a história – continuou ela – O senhor vai receber uma proposta do banco amanhã. Eles não executarão a hipoteca em troca de 51% das suas ações. Eles sabem que o nome e a marca Natureza são muito fortes ainda. Querem investir em comunicação, sabem que isso é o futuro. O senhor continuará na empresa, com o cargo de Superintendente e, breve, reerguerá suas rádios e seu jornal. Eles vão viver muito ainda e, no ano de 2004, haverá uma grande festa para comemorar os cem anos do grupo Natureza. Eu sei porque eu mesma estou organizando essa festa.

– Você tem uma imaginação de escritora, moça... Flávia é o seu nome, não?

– Sim. E não é imaginação. O senhor pode não acreditar em mim, mas essa é a terceira vez que eu venho aqui e encontro alguém do passado...

– Eu sou mesmo do passado, não é?

– Digo, literalmente. Já encontrei aí, onde o senhor está, o Bom de Boca e, mais tarde, a Dora Bastos. Mas, espere, me deixe explicar direito. O senhor deve estar em 1954, não é isso? Mas eu estou em 2004, cinquenta anos depois. Sexta-feira dessa semana, no tempo em que eu vivo, vamos dar uma grande festa aqui mesmo, no prédio. Vai durar o dia todo e estará comemorando o centenário da sua organização. O senhor infelizmente já morreu, eu digo, morreu nesse tempo em que eu vivo...

Armando olhou para ela e balançou a cabeça:

– Você deveria escrever um livro. Tem uma imaginação realmente poderosa.

– Não, não é imaginação. Espere, eu posso lhe provar.

E tirou do bolso o seu telefone celular. Estendeu para ele:

– Veja.

– O que é isso?

– Um telefone celular. Em 2004, no meu tempo, todos têm um desses. Veja, vou fazer uma ligação pro senhor ver que funciona.

E ligou para a própria secretária, no andar de baixo. A moça atendeu, ela colocou o telefone no ouvido do velho e disse:

– Maria, que dia é hoje?

– Terça-feira, dona Flávia.

– Dia do mês e ano, Maria.

– Ora, 5 de abril de 2004. Por quê?

– Quantos dias faltam para o centenário da Rádio Natureza?

– Três dias, dona Flávia. O que está havendo, a senhora se esqueceu?

– Obrigada, Maria.

E desligou.

O velho prédio

Armando olhava para ela, espantado.

– Então você veio mesmo do futuro?

– Vim do andar de baixo, é o senhor que, por alguma razão estranha, está no futuro. Olhe a rua lá embaixo. Vê como é diferente?

Armando olhou pela fresta da telha. Era mesmo muito diferente. Viu um mar de automóveis estranhos, muitos edifícios...

– Nossa! E como vou voltar?

– Como, eu não sei, mas o que eu sei é que, no seu tempo, 1954, amanhã o senhor vai fechar a sociedade com o banco e este será um negócio muito comentado nos jornais de todo o país. Alguns o condenarão duramente, dizendo que é um absurdo um grupo financeiro virar dono de meios de comunicação, mas o senhor garantirá que o acordo inclui a total isenção jornalística tanto para o seu jornal como para as suas rádios.

– Devo estar sonhando – disse Armando, mas já com a expressão do rosto mais animada. – Será tudo isso real? Será que não perderei o meu prédio?

– Pode confiar em mim. Passei mais de um ano pesquisando a história das organizações Natureza em meu computador.

– Computador?

– Sim, o senhor sabe o que é um computador, não sabe?

– São máquinas enormes e custam uma fortuna e, que eu saiba, só servem para cálculos.

– Hoje são pequenos e há mais de 300 aqui no prédio, cada jornalista tem um.

– E eu que não vou viver para ver isso! – exclamou Armando, que era um entusiasta do progresso da ciência e da tecnologia.

De repente, seu rosto se turvou.

– Se você veio mesmo do futuro, ou melhor, se eu estou nesse momento no futuro, então você sabe quando eu vou morrer.

– Sei, mas não vou lhe dizer, é claro.

– Diga-me apenas se eu verei os computadores em ação.

– Sim, verá – disse ela, que sabia que o velho patriarca das Organizações Natureza morrera em 1988.

– Se não fosse esse seu telefone e essa paisagem louca lá embaixo...

— O senhor não acreditaria em mim, não é?

— Nem sei ainda se acredito. Não vejo como aqueles homens do banco possam se interessar por investir...

— Sabe, seu Armando, eu encontrei aqui o palhaço Bom de Bola...

— O Henrique?

— Ele mesmo. Ele me disse que as pessoas não podem se deixar abater pelas adversidades. Não entre derrotado naquele banco amanhã. Entre de cabeça erguida! O senhor é um homem importante, dono de um império. Está apenas vivendo um momento difícil. Se eles não propuserem, proponha o senhor esse negócio. Vai dar certo. No meu tempo, já deu certo e já fazem 50 anos!

Antes que ele sumisse, Flávia pode ver um estranho e novo brilho em seus olhos. Segura e feliz, desceu as escadas que a levariam de volta ao trabalho.

A festa do centenário foi um sucesso e Flávia brilhou, dando entrevistas e contando casos antigos da organização, de seus tempos áureos, falou na figura de Armando Faria e na importância do império de comunicação que ele construíra e que agora se reerguia novamente, conquistando cada vez mais audiência e leitores.

No fim do dia, morta de cansada, entrou em seu carro e pensou que, afinal, não era uma coincidência que uma das filhas de Armando, hoje uma de suas chefes, também se chamasse Flávia.

Quando passou em frente ao prédio, do outro lado da avenida que a levaria para casa, pode avistar uma nesga do velho telhado. E soube que sua filha, que desde recém-nascida mostrava um humor admirável, sendo uma criança dócil e meiga e risonha, seria como ela uma comunicadora, talvez mesmo uma artista.

Mentalmente, agradeceu a Deus, ou ao Universo, por tê-la feito trabalhar naquele velho prédio, onde pululavam as lembranças de tantas glórias do nosso meio artístico e jornalístico, onde ela vivera aqueles momentos mágicos, como mágico era o mistério de estar viva, viajando sobre a Terra na imensidão do Cosmos.

20
Mãe

É muito comum nos relatos de guerra, sejam eles de ficção ou reais, a história de alguma mãe que despertou durante a noite sabendo que seu filho tinha sido abatido em combate. A ligação de algumas, a maioria, das mulheres com seus filhos é seguidamente comprovada no cotidiano. Digo a maioria porque existem aquelas que absolutamente não se importam com os filhos. São exceções, mas existem. Basta ver os noticiários sobre crianças abandonadas nas latas de lixo e em lugares piores. Mesmo assim nunca ninguém fez um estudo sobre essas mães para saber o que acontece com elas, depois de abandonadas as crianças...

O fato, porém, é que aquelas mulheres que amam seus filhos costumam ter com estes uma ligação que desafia a lógica. Começa quando eles são bebês e elas adivinham as suas necessidades, quando eles ainda não são capazes de expressá-las. Todos nós sabemos como é difícil esconder de nossas mães um problema ou uma preocupação que está nos tirando o sono. Existe uma ligação que beira a comunicação telepática. E não exige a presença física. Mães normalmente adivinham, mesmo à distância, quando alguma coisa não vai bem com seus filhos. E estes, no auge do desespero em que a vida às vezes os coloca, invariavelmente esquecem os ouvidos do analista, do melhor amigo e acabam mesmo é despejando suas mágoas no colinho da mamãe.

Afinal, foi ela mesma quem nos curou as primeiras dores de barriga, os primeiros medos irracionais, e tudo o mais pela vida afora.

Dizem que o amor da mãe é absolutamente incondicional. A mãe do assassino continua a amá-lo e a justificá-lo, ainda que tenha consciência da monstruosidade de seus atos.

Por quê?

Que amor é esse, que beira a insanidade?

A vida está cheia de histórias de homens que renegam seus filhos, que os deserdam, que os expulsam de casa e existem mesmo aqueles que jamais assumiram a paternidade, ainda que expostos a um positivo teste de DNA.

Por quê?

Alguns poderiam dizer que existe uma ligação, ainda não descoberta pela ciência, que vem do fato de o ser humano ser gerado dentro de um útero, alguma espécie de laço que se forme, entre mãe e filho, durante o processo gestacional. Mas mães de filhos adotivos costumam apresentar, por estes, o mesmo amor irracional.

Viria esse amor, essa ligação telepática, da convivência, dos muitos e diários cuidados na infância e na juventude? Então por que não se manifestam os mesmos fenômenos entre pessoas que convivem por anos a fio, seja no casamento, numa instituição ou até mesmo na prisão?

O amor de mãe é um dos grandes mistérios da vida. Desafia qualquer análise lógica. É um dos privilégios femininos.

No entanto, é um grande engano imaginar que todas as mulheres nasçam vocacionadas para a maternidade. Não nascem. Existem muitas mulheres que só se tornam mães por pressão da sociedade e da família. Elas são mães porque foram ensinadas que essa é a grande realização da mulher, quando, de fato, há inúmeros caminhos para a realização do ser humano e esses caminhos não passam necessariamente pela reprodução humana.

Ninguém contesta aquele homem que, solteirão convicto, não teve filhos.

Mas uma mulher que não tem filhos é vista como uma espécie de aberração.

Coitada, vai ver que é infértil e, pra disfarçar, diz que não quer ser mãe...

A sociedade nega à mulher o direito de optar por não ser mãe. Mesmo assim, a vida está cheia de exemplos de mulheres que fizeram isso, que decidiram não ser mães para se dedicar à carreira e/ou à vocação.

Foi-se o tempo em que o planeta precisava de nossos filhos como mão de obra e a função social da maternidade era algo relevante.

Hoje muitas mulheres renunciam conscientemente à maternidade e, para aquelas que também não enxergam em si essa vocação materna e mesmo assim sucumbem à pressão, resta o imenso consolo de que a maternidade, mesmo quando indesejada, pode acabar gerando esse estranho e irracional amor materno.

O corpo de Emília

De que adiantaria dizer que vinte anos passam depressa demais, que a vida é um caminho rápido, muito rápido, para a morte? Elvira lembrava-se de que seu pai dissera coisa semelhante tantas vezes, quando ela era jovem, e ela simplesmente não ouvira. Agora sabia. E queria dizer à filha que aproveitasse a sua juventude, que não desperdiçasse aqueles anos dourados em tristezas inúteis e dúvidas inférteis. Mas como fazer isso? Como transmitir à menina essa dura certeza da morte, do lento e cruel envelhecimento, uma certeza que a faria apreciar melhor o grande milagre de ser jovem, de estar cheia de vida, pronta a enfrentar desafios? Elvira voltara há pouco do consultório do cirurgião plástico, onde, mais uma vez, enfrentara as doloridas picadas das agulhas que lhe injetaram no rosto as mágicas substâncias que faziam desparecer as marcas do tempo, mas que não resolviam, definitivamente não, as marcas da alma. Tinha o rosto dolorido e inchado e saiu a passear pelo seu jardim, uma das poucas alegrias que lhe restavam na vida. Ah, a vida! Não que tivesse sido ruim, mas, até aqui, fora rápida demais e agora – a grande dor – pregara-lhe essa peça cruel, fazendo-lhe morrer o marido, companheiro desses vinte anos de amor e alegrias, pai de sua única filha, aquela menina sofrida, angustiada, que adoecera tão inexplicavelmente na procura de um corpo ideal, um ideal imposto apenas pela mídia, que estava a transformar as naturalmente rechonchudas brasileiras em tábuas de passar roupa. Psiquiatras, psicólogos, médicos endocrinolgistas e até pais de santo, a todos já procurou, levando de arrastão consigo aquela única filha, em busca de solução para os problemas da menina. Anorexia e bulimia era o diagnóstico. Emília, a sua filha, que recebeu esse nome em homenagem a Monteiro Lobato, era uma escrava do corpo. Magra, olhava-se no espelho e julgava-se gorda. Recusava-se a comer qualquer coisa além das saladas verdes sem tempero e estava, ela própria, ficando verde também. Nos últimos meses deu para levantar da cama, em plena madrugada, e atacar a geladeira. Comia compulsivamente o que encontrasse: doces, sobras do jantar, frutas... depois corria para o banheiro, metia o dedo na garganta e vomitava tudo. E, como se isso não bastasse, Emília sempre encontrava algum médico de periferia que lhe receitava aquelas malditas fórmulas para emagrecer que tiravam o apetite e o humor. A menina ficava horrivelmente irritada, brigava com tudo e com todos, dirigia como uma louca pelo congestionado trânsito da cidade, colocando em risco não só a sua própria vida como a de outros que nada tinham a ver com isso.

Pensando nessas coisas, Elvira sentia-se impotente para ajudar a filha. Lembrava-se de quando ela era uma menininha pequena (e parecia que fora ontem!) com aquela pele de pêssego, brilhante, um serzinho frágil de cabelos sedosos, castanhos e que, em muitas noites, vinha, como tantas crianças mimadas, pedir para deitar-se na cama dos pais, assustada com um sonho ou com uma tempestade. Agora tinha a pele esverdeada, os olhos avermelhados, descoloria os cabelos castanhos, estava magra, estava feia, acabada, parecendo uma morta viva... ah, que tristeza! Tantos planos bonitos fizera para ela! Naqueles tempos, enquanto Emília era criança, ainda podia ajudar a filha. Havia o ursinho, Péricles era o nome dele. Emília não desgrudava dele. Tinha sido um presente de Natal, da tia Anita, irmã de Elvira, quando Emília completou dois anos de idade. A menina adorou o ursinho e se apegou a ele como só as crianças podem fazer. Péricles era o seu confidente e companheiro de todas as horas. Elvira ri ao lembrar-se de que quando a filha foi pela primeira vez à escola, aos cinco anos, levou o ursinho com ela. Naquele tempo, Elvira acabou descobrindo uma estranha e maravilhosa técnica. Sempre que não conseguia transmitir alguma coisa à filha, conversava com o ursinho. Da primeira vez, aconteceu quase por acaso. Fazer a menina escovar os dentes era sempre uma experiência traumática. Ela detestava, cuspia, esperneava e até chorava. Uma noite, depois de outra sessão de desespero com a escova e a pasta, Elvira entrou no quarto da filha e olhou para o ursinho. "Ai, Péricles – disse ela então em pensamento – você bem podia convencer a sua dona da necessidade de escovar os dentes!"

Na manhã seguinte, depois do café, quando entrou no banheiro para apressar a filha, pois já estava mais que na hora de ir para o colégio, a encontrou escovando os dentes.

– Ué! Que milagre é esse? – perguntou espantada.

A menina explicou que sonhara que seus dentes estavam pretos e que caíam todos. Contou ainda que acordara assustada e, agarrando-se ao ursinho, esse lhe explicou que, se ela teimasse em não escovar os dentinhos, o sonho ia virar realidade e ela ficaria horrorosa, sem dentes na boca e que todos os seus amiguinhos ririam dela então.

Desse dia em diante, Elvira acostumou-se a dizer a Péricles tudo o que não conseguia dizer diretamente à filha. E funcionava!

Ah, pensa ela agora, que bom se, nesse momento, tivesse o ursinho para pedir-lhe que convencesse a jovem Emília de que a vida era muito mais que um corpo magro, que lhe dissesse que estava a desperdiçar sua juventude em drogas e regimes "milagrosos", em busca de um corpo que não era o seu... Mas Péricles foi cruelmente jogado fora quando Emilia completou treze anos e se julgava, então, já uma moça, para quem não era adequado conservar um velho e sujo ursinho de pelúcia!

Pensando no drama da filha, Elvira caminha pelo jardim. Ali, sente-se bem, como se as plantas, de quem tanto cuidava e com tanto carinho, tivessem o poder de revigorar-lhe a alma. Pára sob a árvore enorme, um Chapéu de Sol, lembrando-se de que o plantara, apenas uma mudinha de meio metro de altura, no ano em que Emília nasceu. Vinte anos atrás. A árvore era agora enorme e espalhava seus ramos, esplendorosa, desenhando sua sombra sobre a grama verde. Forçou um pouco a memória, tentando lembrar-se de exatamente quando o plantara. Sabia que foi no ano de 1984, o ano em que o banco a transferira para a agência da Av. Paulista. Logo nos primeiros dias de trabalho na sua nova agência, saíra para o almoço e, passando em frente ao prédio da TV Gazeta, viu que, no saguão do prédio, havia uma distribuição de mudas de árvores, era uma promoção de um grupo ecológico. Pegou aquele vasinho com o pequeno Chapéu de Sol que, agora, se transformara naquela árvore enorme. Mas, de repente lembrou-se com clareza, ela ainda estava grávida. Isso mesmo. Grávida de uns cinco ou seis meses. 1984 foi um ano de transformações em sua vida. O banco a promoveu a gerente geral de uma de suas agências mais importantes, ela conheceu Luiz e, apenas dois meses depois, ele veio viver com ela e já esperavam o filho que, afinal, seria Emília... No ano anterior seus pais haviam morrido naquele trágico acidente de automóvel e ela ficou morando sozinha naquela casa, onde vivia até hoje, desde que nasceu. A princípio, Luiz não quis vir morar no casarão com ela. Achava que a família dela podia chiar, afinal a casa não era uma herança só de Elvira, era também dos irmãos. Mas estes haviam concordado em vender sua parte para que ela e Luiz pudessem viver ali sem constrangimentos. Ali nascera e crescera Emília. Junto com o Chapéu de Sol, reflete agora Elvira. Sempre gostou daquela árvore e achava mesmo que ela deu nova vida ao antigo jardim e veio somar beleza a algumas plantas que estavam ali desde antes da própria Elvira nascer e a muitas outras que ela mesma plantava, pois desde menina descobriu que mexer na terra e cultivar plantas tinha o estranho poder de acalmá-la e deixá-la com uma sensação alegre de dever cumprido. Mas nunca associara o crescimento do Chapéu de Sol ao crescimento de sua filha. Lembrava-se agora de que, quando Emília tinha quatro ou cinco anos, Luiz pendurou um balanço em um dos galhos daquela árvore que então já era forte o suficiente para embalar a menina. Hoje estava altíssima, passava em muito a altura da casa e alguns pássaros tinham feito ali seus ninhos. Esquisito: os Chapéus de Sol não eram naturalmente árvores muito altas e sim frondosas. Mas aquele pé tinha crescido estranhamente muito mais do que o que seria de se esperar e surpreendia aos visitantes da casa, pelo menos àqueles que conheciam e se interessavam por árvores e plantas. Tornara-se o rei do jardim, pensa Elvira, acariciando-lhe o tronco. Por mais que não quisesse, seus pensamentos estão voltados para o problema da filha.

Nem mesmo a sua querida árvore parece hoje transmitir-lhe a tranquilidade pela qual ela tanto anseia. O último ano tinha sido um ano de perdas. Aposentara-se compulsoriamente. Por ela, teria continuado a trabalhar, mas o banco não permitia isso. Ofereceram-lhe um assento na fundação que o banco mantinha e era essa, atualmente, a sua única ocupação fora as coisas domésticas e o jardim. Logo depois, morrera-lhe o marido, de um enfarte fulminante e absolutamente inesperado. E sua filha, além do quadro de anorexia, que já durava quatro longos anos, agora dera também para ser bulímica. Elvira dá um longo suspiro e senta-se no banco de jardim que ela e Luiz haviam comprado especialmente para colocar sob a árvore. O que mais pode fazer, pensa, para tirar Emilia daquela louca obsessão com a magreza? Os remédios que ela insiste em tomar, escondido da mãe, (como se esta não pudesse adivinhar, pelo estado emocional da menina, que ela os estava novamente tomando) a faziam ainda mais agressiva, nervosa e infeliz. Para Emília, nada estava bom. A casa, que Elvira tanto amava, nada significava para ela, que vivia dizendo que deviam vendê-la e comprar um apartamento nos Jardins ou na Giovanni Gronchi. Como se Elvira fosse trocar aquele chão onde sempre viveu por um horroroso apartamento de salas grandes e quartos pequenos, um pedaço de laje, pendurado no ar... A faculdade, que tanto esforço custara a Emília, agora conquistada, era apenas um lugar chatésimo, cheio de professores burros e incompetentes e alunos mais ainda. Aos poucos, Emília afastava os amigos, de tão exigente e mal humorada que vivia. Namorados não duravam mais que uma semana e a menina se recusava a voltar às consultas médicas que talvez pudessem ajudá-la a superar aquele quadro mental que, na verdade, era como um círculo vicioso. Ela comprava ainda, compulsivamente, caras roupas e tênis da moda, para logo esquecê-los no guarda roupa com o argumento de que a deixavam ainda mais gorda. Gorda? Ela era magérrima e, a cada dia, parecia mais doente. Elvira culpava a mídia, por incentivar a magreza das jovens, exibindo e exaltando modelos e atrizes que ostentavam seus ossos sob as peles perfeitas, como se fossem troféus e que fizera sua filha escravizar-se a uma imagem de corpo ideal, escravizar-se a ponto de perder completamente a noção de sua própria imagem corporal.

Mas o que mais poderia ela fazer? Até os médicos pareciam cansados e frustrados quando viam as duas, mãe e filha, aparecerem nos consultórios. Um dos psiquiatras que as atendeu receitara um antidepressivo, na esperança de que, atrás da anorexia, estivesse uma depressão endógena. Mas Emília tomou o remédio apenas por alguns dias, logo dizendo que era um absurdo tomar um medicamento que a fazia sentir-se bem quando, de fato, não tinha motivo nenhum para sentir-se bem, sendo gorda e feia e infeliz e, ainda por cima, órfã de pai. Ah, se Elvira ainda tivesse o Péricles, o ursinho, pediria a ele que convencesse Emília a tomar o antidepressivo em vez dessas bolinhas que médicos irresponsáveis e gananciosos receitavam às meninas, sem pensar nas consequências... Nesse instante, um vento bateu agitando ferozmente as folhas da árvore e as plantas do jardim. Elvira olhou para o céu e o balanço dos galhos do Chapéu de Sol parecia querer dizer-lhe algo. Sentiu todo o corpo a tremer como as folhas ao vento, as palmas de suas mãos subitamente inundaram-se de um suor frio e seu coração se pôs a bater descompassadamente. Levantou-se de súbito. Emília. Algo aconteceu a sua filha, pensou ela em desespero. Tirou nervosamente o celular do bolso para chamar a menina, mas antes mesmo de terminar de teclar o número, uma calma a invadiu e ela pensou: Foi só um susto.

Ouviu a voz, nervosa, da filha, do outro lado da linha.

– O que aconteceu? – perguntou.

– Um idiota acaba de me dar uma fechada e levar metade do meu paralamas esquerdo. Agora está aqui brigando comigo, dizendo que não tem seguro e que eu tenho que pagar o prejuízo dele! – gritou Emília.

– Mas você está bem? Não se machucou?

– Claro que não, mãe. Sou boa motorista. Meti o pé no freio, virei a direção e, se não faço isso, esse bocó tinha levado toda a frente do meu carro!

Elvira pode escutar uma voz agressiva de homem e as buzinas, atrás dos gritos de Emília.

– Escute, Emília, diga a ele que você vai pagar.

– Como mãe? A culpa foi dele! É um incompetente, com um carro velho, logo se vê que é pobre mesmo!

– Não ofenda o homem, minha filha – gritou desta vez Elvira. – Faça uma caridade, já que ele é pobre. Dê seu cartão a ele, diga que vai pagar e venha para casa. Não fique brigando no meio do trânsito. Hoje em dia isso é perigoso. Você não sabe quem é ele.

Seguiram-se momentos de tensão. Elvira escutava a voz exaltada do homem, exigindo o pagamento imediatamente e ouvia Emília argumentar com ele aos gritos. Finalmente, a moça pegou o telefone:

– Dei um cheque pra ele, mãe. Mas ele só pegou depois de anotar a chapa do meu carro e de eu ameaçá-lo com a polícia. Qualquer guarda imbecil logo perceberia que a culpa foi dele e não minha. Esse cara é um bandido, um canalha!

– Deixa pra lá, minha filha. Você está em condições de dirigir ou quer que eu vá te buscar?

Mas ela não quis e vinte minutos depois estava guardando seu carro, bem estragado, na garagem da casa. Foi sentar-se ao lado da mãe, que ainda estava ali, conversando com o Chapéu de Sol. Sim, porque decidira conversar com a árvore, para ver se conseguia um pouco de calma, depois do furacão interno que a invadira com o telefonema e, pensando bem, até mesmo antes dele.

Não que fosse alguma novidade esse negócio de conversar com as plantas. Elvira acreditava mesmo que o hábito de falar carinhosamente com suas plantas é que fazia o seu jardim sempre exuberante, embora também ela dedicasse todos os cuidados necessários a cada espécie, como adubá-las e podá-las nas épocas certas, fornecer a cada uma o que elas realmente precisavam, como o regime de regas correto, essas coisas todas que os livros de jardinagem e até os sites de jardineiros tanto recomendavam. Mas, independente dos cuidados, sabia que o fato de falar com elas e até mesmo de colocar música clássica nos alto-falantes que mandara instalar no jardim contribuía e muito para a saúde e beleza de suas plantas. Naquele momento, porém, preocupada com o acidente da filha, que já andava tão nervosa e insatisfeita, pela primeira vez ela se dirigiu ao Chapéu de Sol como se ele fosse um velho amigo ou o médico de confiança e colocou para ele todas as angústias que lhe oprimiam a alma pela situação de vida em que sua única filha se metera. Peito aberto, falou com a árvore em voz alta, como se falasse ao antigo ursinho de pelúcia, o Péricles, que fora tão cruelmente jogado no lixo, na fúria adolescente da menina, e que parecia realmente transmitir à Emília as inquietações de sua mãe.

Estranhamente o Chapéu de Sol parecia, enquanto Elvira falava, passar-lhe um pouco de paz e quietude. Assim, quando Elvira chegou, encontrou a mãe muito tranquila e narrou-lhe o acidente e a estupidez do motorista que batera em seu carro.

A moça estava nervosíssima, mas, aos poucos, sob a paz do jardim, sentada ao lado da mãe que a ouvia calmamente desta vez, ouvindo o farfalhar do vento nas folhas do Chapéu de Sol, seu tom de voz foi se normalizando e até seu rosto se descontraiu.

Na manhã seguinte, ao acordar e sair para o jardim, como fazia em todas as manhãs, Elvira viu, não sem surpresa, a filha sentada no banco sob a árvore, a ler um livro. Aproximou-se:

– Bom dia. Acordou cedo hoje, não?

– Pois é. Comecei a ler esse livro ontem à noite e não conseguia parar, adormeci em cima dele e, como só tenho aula às três horas hoje, resolvi vir terminá-lo aqui. É uma coisa esse livro, mãe! Você precisa ler.

Elvira estranhou a atitude da filha, ali, placidamente sentada sob a árvore a ler um livro, ela que normalmente não parava quieta um segundo, sempre agitada artificialmente pelas anfetaminas das fórmulas assassinas para emagrecer.

– Você não tomou as suas bolinhas hoje, Emília? – perguntou a mãe.

Emilia, surpreendentemente, em vez de responder com agressividade, como seria de se esperar, disse:

– Não vou tomar mais. Eu não estou emagrecendo nada com elas. Vou dobrar o meu tempo na academia, aí acho que emagreço.

Elvira pensou em dizer-lhe que ela não precisava emagrecer, ao contrário, precisa até engordar um pouco, mas calou-se, pois sabia que não adiantava, que o problema da filha era mesmo uma séria distorção da própria imagem corporal e não havia argumento racional que pudesse resolver isso.

O dia estava lindo e Elvira pediu à empregada que servisse o café no jardim. Surpreendeu-se ao ver que a filha comia mais frutas do que habitualmente, mas não fez comentários. Foi para uma reunião na Fundação com a alma alimentada por

O corpo de Emília

um fiapo de esperança de que a filha pudesse, afinal, superar aqueles problemas. Voltou no final da tarde, a empregada já fora, Emília ainda estava na aula e ela foi sentar-se novamente sob o Chapéu de Sol. Engraçado. Logo que se sentou, um pé de vento sacudiu as folhas, como se a árvore estivesse reagindo à sua presença. Elvira sorriu e acariciou-lhe o tronco. Depois, em pensamentos, pôs-se a conversar com a planta. Contou-lhe que havia aquele fiapo de esperança em seu coração e falou-lhe de como era grande e incondicional o amor materno que trazia no peito. Recordou tempos antigos, quando Emília era apenas uma meninazinha e chorava porque os meninos faziam pouco dela na escola, dizendo que todas as meninas eram burras e covardes e ela partia de socos e pontapés para cima deles, era sempre a parte castigada, pois a diretora a repreendia pelas atitudes pouco femininas e mandava ver em suspensões enquanto, para os meninos, dava apenas, no máximo, uma bronca. Elvira ri, contando à árvore a revolta da menina e como ela procurava driblar-lhe a tristeza preparando seus doces prediletos. Elvira sempre fora uma cozinheira de mão cheia e agora lamentava não ter para quem cozinhar, com a filha metida naquelas dietas malucas e com o marido ausente. Falou ainda, para sua árvore amiga, da culpa que sentia por ter, na infância da filha, tentado compensar as tristezas da menina com bolos e doces de chocolate, temendo que isso pudesse ter tido influência nesses distúrbios relacionados à alimentação que agora ela vivia. Mesmo quando a filha nada contava, ela adivinhava que tinha havido briga na escola. Os meninos, sabendo que Emília reagia, viviam provocando-a, divertiam-se com aquela garota que, ao invés de sair chorando ante as suas chacotas, partia pro tapa. Aliás, explica Elvira à árvore, ela sempre soubera tudo o que acontecia de errado com a filha. Mesmo quando esta era pouco mais que um neném, descobria se o choro era de fome, de dor de barriga ou de ouvido. Fora sempre assim. Por que então, agora, não conseguia ela descobrir uma solução para a vida da filha, que estava se acabando com aqueles distúrbios alimentares? Falou e falou com a árvore e, quando se deu conta, estava anoitecendo. A noite veio quente e estrelada, com direito à lua cheia e à beleza da luz do luar. Elvira não queria sair dali. Num impulso, arrastou a mesa do jardim para debaixo da árvore e foi para dentro de casa, colocar o jantar no microondas e trazer os apetrechos necessários para montar ali mesmo uma bela mesa para esperar pela filha.

Emília chegou perto das oito da noite e surpreendeu-se com o requinte daquela mesa iluminada por velas montada no jardim.

– Nossa! Estamos comemorando alguma data que eu esqueci?

– Não. Apenas uma noite linda e quente e era melhor jantar no jardim, – explicou Elvira. Abriu uma garrafa de vinho branco e, surpreendentemente, viu a filha servir-se de uma taça. A refeição era de uma simplicidade franciscana: muita salada, sem tempero, carne magra assada, duas batatas cozidas. Elvira fazia dieta junto com a filha, mas esta quase nunca comia nada, a não ser folhas de salada verde. Naquela noite, viu a menina servir-se de tudo, até mesmo de uma fina fatia de batata, que cortara cuidadosamente.

– Hoje posso comer um pouco mais, já que dobrei a carga de exercícios na academia – disse Emília para a mãe, como se dissesse para si mesma.

Quando terminaram a refeição e Elvira tirava a mesa, surpreendeu-se novamente ao ver que a filha, ao invés de ir trancar-se no quarto com seu computador ou com a TV, deixara-se ficar no banco de jardim, sob a árvore, fumando com prazer um cigarro. Arrumou tudo e foi sentar-se ao lado da menina:

– Você vai para a balada hoje?

– Não. Já estou de saco cheio de sair à noite, ir aos mesmos lugares, ver as mesmas pessoas. Vou ficar um pouco aqui fora. Estou me sentindo bem aqui.

Algum milagre está acontecendo com ela! pensou Elvira mas nada disse.

Ficaram bastante tempo ali, as duas, como velhas amigas, combinaram que dividiriam o carro da mãe no dia seguinte, para poder deixar o da filha na funilaria. Emília contou o caso de uma amiga da faculdade, que perdera, em uma semana, repentinamente, o pai e a mãe. O pai morrera de enfarte, como aconteceu com o seu pai, enquanto atravessava a sala de jogos de seu clube e a mãe, surpreendida pela morte súbita do marido, resolvera passar uns dias no apartamento do Guarujá e lá, onde nem tinha trânsito, bateu o carro e morreu ao cair com a nuca sobre o meio fio da calçada. A moça tinha a idade de Emília. Para a surpresa de Elvira, ao acabar de narrar o caso, a filha colocou afetuosamente o braço sobre o seu ombro, a puxou para si e disse:

— Ainda bem que você não morreu junto com o papai, né, mãe?

Na manhã seguinte deixaram, logo cedo, o carro de Emília na oficina e Elvira novamente se surpreendeu ao ver a filha, de biquíni, estender uma esteira no jardim e anunciar que ia tomar sol.

— Me olhei no espelho e resolvi que vou ficar melhor se me bronzear. Também marquei cabeleireiro para esta tarde, depois da escola, e vou pintar o cabelo.

— Mas ainda quase está sem raízes – disse a mãe.

— Não, você não entendeu. Pedi ao Jean que preparasse uma tinta da minha cor natural, castanho-claro. Cansei de ser loura. Além disso, todo mundo acha que as louras são burras.

Elvira lembrou-se dos meninos da infância de Emília, que a chamavam de burra.

À tarde, sozinha outra vez em casa, depois que a empregada se fora, Elvira foi sentar-se sob o Chapéu de Sol que, novamente, balançou as folhas ao vê-la chegar.

— Parece um milagre – disse ela à árvore. – Já é o segundo dia em que ela toma café da manhã comendo frutas, come alguma carne no almoço e hoje até comeu uma fatia de queijo. Agora, resolveu bronzear-se e voltar os cabelos à cor natural.

Um pé de vento estremeceu as folhas.

— Ah, meu Deus! Será que está passando? Será que ela vai se recuperar?

Todos os dias, cada vez mais animada, Elvira sentava-se sob o frondoso Chapéu de Sol para narrar-lhe os pequenos progressos de Emília. A menina estava comendo normalmente as refeições de dieta que ela preparava, tinha até aumentado um pouco de peso e nem se importara com isso, explicando aos outros e a si mesma que ganhara massa muscular porque dobrara a carga de atividade física. A mãe sabia que, em uma semana, isso não seria possível, a menina realmente engordara um pouco. Os cabelos, agora castanhos, de Emília haviam ganho novo brilho, o rosto estava corado pelo sol e certamente também pela alimentação saudável. Naquela tarde, em especial, oito dias depois de iniciadas as conversas com a árvore, Elvira estava eufórica. Descobriu que já havia cinco dias que a filha decidira tomar os tais antidepressivos que o psiquiatra receitava e que, há muito, estavam esquecidos na gaveta. Viu a moça tomar um remédio na hora do café da manhã e perguntou, já assustada:

– Você não acha que passa melhor sem essas bolinhas para emagrecer?
– Mãe, isso aqui não é bolinha, não. É aquele tal de antidepressivo que o Dr. Adriano me receitou.
– Ué, você tinha dito que não ia tomar.
– É, mas um professor meu, com quem conversei na cantina da faculdade, me disse que eu poderia estar sofrendo não de uma doença mental e sim de um simples distúrbio neuroquímico cerebral. Quando o médico me receitou isso, fiquei ofendida, achando que ela estava me tachando de louca, desequilibrada, lá sei eu. Mas depois entendi o que o professor me explicou. Sabe, mãe, eu acho mesmo que estava meio doente, com essa história do papai morrer assim, sem aviso... Agora estou até me achando bonita, com esse cabelo escuro e bronzeada...
Elvira, com aquela intuição que só as mães possuem, perguntou:
– Esse seu professor costuma frequentar a cantina da escola? – sabendo que os professores não têm normalmente o hábito de se misturar aos seus pupilos.
Emília riu.
– Acho que ele está interessado em mim... Vamos sair juntos sábado à noite, ele quer me levar ao teatro e me convidou para jantar...
Assim, quase sem perceber, Emília foi retornando ao que ela fora uns anos atrás: uma menina alegre, viva, inteligente. Quase sem perceber também tornou-se tão amiga da árvore quanto sua mãe. As duas, nos dias de sol, sempre tomavam o café da manhã sob a sombra do Chapéu de Sol e costumavam jantar ou almoçar no jardim. Era ali também que liam seus romances prediletos.
Dois anos depois, quando Emília, quase dez quilos mais gorda e sem vestígio das enfermidades que haviam assombrado sua vida, anunciou que estava decorando um apartamento para onde se mudaria com o professor, Elvira sabia que não ficaria só no casarão. Além do Chapéu de Sol, agora seu eterno companheiro, havia aquele senhor, viúvo como ela, que conhecera na Fundação.
O que Elvira nunca soube e, de fato, não lhe interessava muito saber, era o que realmente curou sua filha: se os antidepressivos, se o amor ou se a árvore.

21
O poder por trás do trono

Nós, mulheres, somos desunidas e mesmo que queiramos negar esse fato, tentemos (e até consigamos) nos organizar em grupos para lutar, na sociedade, por isso ou por aquilo, só conseguiremos vencer essa baita desunião que existe entre nós quando nos conscientizarmos de como chegamos a isso e porquê. Um belo dia, uma menina que trabalha com hardware leu minhas crônicas na Internet e me mandou um e-mail perguntando porque, se somos e fomos tão oprimidas, na sociedade, não fazemos o que seria natural, nos unirmos? Vítima do preconceito, que grassa entre os gurus da computação e diz que "mulher não tem pensamento lógico", ela sentia claramente a cumplicidade dos homens de seu meio e estranhava que não encontrasse essa mesma cumplicidade entre as mulheres.

Bom, como sempre, é preciso voltar ao passado, ao nosso passado, para entender isso.

Durante séculos, a única realização possível para uma mulher estava na constituição da família, consistia em agarrar o melhor homem disponível em seu meio, casar com ele e, através dele e da sua situação matriarcal, aí sim, exercer algum poder. Na briga pelo melhor "partido", valia tudo. As mulheres eram treinadas e incentivadas a ver, na outra mulher, sempre uma grande ameaça. Daí, desvalorizar a outra, a inimiga, a competidora, era uma das melhores armas para vencê-la na corrida por homens que pudessem proporcionar um lar estável e próspero onde, aí sim, conquistariam um certo poder. Além de desvalorizar a outra, fomos treinadas, historicamente, também para acreditar que nós mesmas não podemos ser grande coisa sem a companhia de um homem. Ora, se nós mesmas não temos valor, e acreditamos nisso, por que daríamos algum valor a uma outra qualquer?

Vem desse equivocado pensamento a falta de confiança que ainda temos, hoje em dia, em profissionais mulheres, como médicas ou políticas, ou até mesmo nossas chefes.

No entanto, ao longo da História, existiram muitas e muitas mulheres que conseguiram escapar dessa armadilha cultural da desvalorização de seu sexo.

Algumas vieram a público e geraram os muitos movimentos que pressionaram a sociedade a conceder-nos direitos. Outras preferiram exercer a sua capacidade como grandes eminências pardas atrás de homens importantes.

"Atrás de todo grande homem existe sempre uma grande mulher", diziam nossos avós. E, realmente, impedidas de realizar por elas próprias, muitíssimas mulheres colocaram a sua capacidade e a sua inteligência a serviço da atividade de seus homens. Incentivando, aconselhando e até mesmo manipulando, elas foram exercendo um poder sub-reptício em muitos feitos masculinos que passaram para a história. Não era apenas o poder de matriarca, dentro da família, mas era também o poder na sociedade, exercido pelas mãos do homem e que tinha, no entanto, grande parte da cabeça da mulher. Mas também não era só em família que existiam essas mulheres poderosas agindo na sombra. Há que se lembrar ainda as chamadas mulheres de vida fácil. Donas de bordéis luxuosos, por exemplo, sempre tiveram grande influência na política local.

Ainda hoje existem mulheres que exercem o poder por trás do trono masculino. Mas daquelas que buscam ser donas de seu próprio destino, seria exigir demais que, lutando na guerra do cotidiano, tivessem ainda tempo ou cabeça para se dedicar tanto a influenciar seus companheiros com relação à própria atividade deles. Talvez os homens saiam perdendo algo. Mas as mulheres (e os homens) podem hoje exercer o seu próprio poder, a sua própria influência, sem esconder nenhum poder por trás do trono. E isso certamente será o início de uma relação mais equilibrada entre os sexos.

Segurança

Até conhecer Solange, Antônio Luís era de uma insegurança sem par. Todo mundo comentava, os amigos zombavam dele, e ele próprio aceitava aquilo como simplesmente parte de sua vida, ou de seu destino. Vira e mexe, estava explicando a alguém:
– Ah, desculpe, sabe, é que eu sou muito inseguro.
Tinha 23 anos quando encontrou aquela que seria, de fato, a grande mulher da sua vida. Estava no último ano da faculdade de administração de empresas e era representante de uma indústria farmacêutica. A escola para ele era moleza porque, apesar da insegurança, sempre fora muito estudioso e inteligente e se saía bem nos estudos, embora, invariavelmente, fosse sempre o último a entregar as provas porque as relia e refazia os eventuais cálculos cinquenta vezes, para conseguir estar seguro de que não escrevera nenhuma bobagem, nem errara nenhuma questão. O trabalho era mais preocupante para ele do que a escola. Decorava toda aquela "literatura" sobre os remédios que promovia e precisava despejar a decoreba inteira no ouvido dos médicos que visitava. Passava horas, em casa, em frente ao espelho do banheiro, repetindo as falas que diria no dia seguinte. Nunca estava certo de como deveria se dirigir aos doutores e decorava cada entonação de seu gerente, nos treinamentos, para repeti-las depois, quando saísse a campo. Chegava mesmo a levar um pequeno gravador às reuniões de treinamento e ficava

horas e horas, no trânsito, ouvindo aquilo. Mas sempre entrava nos consultórios com as palmas das mãos e a testa molhadas de suor.

Lembrar-se-ia para sempre daquela tarde em que fora a um supermercado de periferia para comprar os lenços de papel que esquecera de colocar no porta luvas do carro e se deparara com aquela morena. Algo nela o atraíra. O porte. Talvez a segurança. Era Solange. Estava atrás de um pequeno balcão, no saguão do estabelecimento e procurava atrair a atenção das pessoas para o produto do qual era demonstradora. Quando a viu, Antônio Luís sentiu como se levasse um soco no peito. Aproximou-se timidamente do balcão. Ela abriu um sorriso branco e brilhante que o deixou zonzo.

– Boa tarde, senhor. Gostaria de experimentar o novo café solúvel Nescafé?

Com você, meu bem, sou capaz de experimentar até arsênico, pensou ele, mas respondeu apenas um "gostaria, sim".

Muitas vezes, tempos depois, pensou que aquilo tinha sido mesmo uma espécie de amor à primeira vista, já que ele fizera um enorme esforço para superar a sua insegurança e voltar lá no dia seguinte. Solange também se sentira imediatamente atraída por aquele moço bem vestido, de olhar meio tímido, e aceitou de bom grado o interesse dele. No sábado seguinte ao primeiro encontro no supermercado, saíram. Ele a levou ao teatro, onde ela nunca estivera antes em toda a sua vida, depois jantar e depois motel. Veio o namoro, não sem uma certa oposição da família dele, de classe média, por causa da escolha por uma moça de origem muito mais humilde e meio ignorantona. Mas Solange tinha uma simpatia nata, era inteligente e perspicaz e dotada de uma incrível inclinação para adivinhar, nas pequenas e nas grandes coisas do cotidiano, exatamente como poderia ajudar a uma pessoa. Logo caiu nas graças da família dele e, dois anos depois, estavam casados.

Nos primeiros meses de namoro, Antônio estava cotado para assumir uma gerência de produto, dentro da empresa. Começara como representante aos 19 anos e, apesar dos quatro anos de experiência, era considerado, por muitos colegas, jovem demais para assumir essa responsabilidade. Ele estava entusiasmadíssimo com a possibilidade e, ao mesmo tempo, apavorado. Contou a Solange, em detalhes, o que rolava na companhia sobre a sua eventual promoção. A moça ouviu tudo, muito quieta e foi ficando um pouco deprimida.

– O que foi, meu bem? – perguntou ele – Você não gostaria que eu fosse promovido?

– Sabe o que é, Antônio? É que não vai dar certo.

Ele olhou para ela, perplexo. Anos depois, se acostumaria com esses lampejos dela, mas, naquele momento ainda não a conhecia tão bem.

– Como? Por que não vai dar certo? Você está agourando a minha primeira promoção?

– Não é isso, não – respondeu ela mansamente. – Você não disse, mas eu tenho certeza que esse produto tem algum problema e que é justamente por isso que querem colocar você para gerenciá-lo. Não é verdade?

Antônio estava cada vez mais perplexo:

– Bom... Na verdade, o produto tem um pequeno problema, mas aí é que está justamente o desafio. É um remédio para pressão, muito antigo e tradicional, no entanto alguns cardiologistas desconfiam que ele cause... bem...você sabe... uma certa perda de potência nos homens, por problemas circulatórios...

– Eu sabia! – exclamou ela, com um sorriso.

– Mas, calma, ainda não acabei. A ideia é posicionar o produto como o anti-hipertensivo para mulheres, já que ele é um dos poucos medicamentos para pressão alta que pode ser consumido, sem riscos, por mulheres grávidas...

– E querem por você para remendar um produto fracassado! De jeito nenhum! Não aceite. Acredite, eu tenho certeza que essa súbita promoção é armação de alguém, lá dentro da fábrica, que quer mas é ver você queimado!

– Ora, Solange, você está imaginando coisas...

Mas, no dia seguinte, Antônio começou a reparar de onde teria vindo a sua possível indicação para o cargo. Começou também a se informar mais, com os próprios médicos, sobre o produto em questão e, uma semana depois, estava plenamente convencido de que Solange tinha razão. Quando foi sondado sobre a promoção, deu um jeito de cair fora. Um ano depois, quando demitiram o funcionário que assumira o lugar que teria sido dele, ele suspirou aliviado e agradeceu mentalmente a Solange pelo alerta. Não teve que esperar muito por uma gerência, desta vez de um produto moderno, em fase de lançamento. Foram tempos felizes aqueles, quando da primeira promoção de Antônio, que de posse de mais dinheiro e mais segurança, resolveu que deveria, afinal, casar-se com Solange. Ela, que passara a vida num bairro muito pobre da periferia paulistana, imaginava estar vivendo um conto de fadas. Ocuparam, depois do casamento, um ótimo apartamento em Moema, viveram dias de festa para mobiliar e decorar a casa e Antônio a matriculou na auto-escola, para que pudesse habilitar-se a dirigir o carro que lhe compraria.

O sucesso profissional, no entanto, embora tornasse Antônio um pouco menos inseguro, não apagara totalmente seus infudados medos cotidianos. A diferença é que, agora, ele tinha Solange para guiá-lo em suas dúvidas. E a danada da mulher acertava sempre. Até para mobiliar e decorar o apartamento deles, fora assim. Solange sabia exatamente o que queria das lojas e onde colocaria esse sofá, essa estante, esses quadros. Nunca tinha nenhuma dúvida. Quando ficou tudo pronto, até a exigente mãe de Antônio foi tomada de completa surpresa. Examinou tudo o que eles tinham comprado. Era tudo perfeito. Da roupa de cama e mesa até a mobília da sala, passando pelos enfeites.

– Meu filho! – exclamou a senhora – Vocês contrataram alguém, um profissional, para a decoração?

– Não, mãe. Foi a Solange que escolheu tudo.

– Mas quem diria que uma moça que sempre foi tão pobre...

– Ela disse que viu nas revistas.

Foi assim também quando comprou o carro dela. Ele estava em dúvida, como sempre, entre dois modelos, muito bem conservados, e resolveu levar a noiva à agência para que ela escolhesse entre os dois. Solange foi logo dizendo:

– Chii!!Esse azul eu não quero de jeito nenhum!

Antonio riu:

– Ainda bem que você veio, então, porque eu ia acabar me decidindo mesmo pelo azul. Por que você não o quer?

– Está na cara, Antônio, que esse carro já foi muito malhado. Acho até que já sofreu um acidente sério e o motor dele também não deve estar lá essas coisas.

Segurança

Deve ter sido de algum desses jovens que dirigem como loucos.

Levaram o vermelho. Quando estavam assinando os documentos, a vendedora, que sabia muito bem que Solange estava certíssima sobre o carro azul, não aguentou e perguntou:

—A senhora me desculpe, mas não é comum mulheres entenderem tanto assim de automóveis... A senhora já trabalhou com carros?

Solange respondeu, com uma risada:

— Que nada, minha filha! Na minha família ninguém nunca teve carro nenhum, eu não entendo nada disso, não.

Na convivência diária com ela, depois de casados, Antônio foi descobrindo que a mulher sempre encontrava a melhor solução, até para problemas dos quais ela nada sabia. Acostumou-se, assim, a confiar nela cegamente e a jamais tomar nenhuma decisão, pessoal ou profissional, sem aconselhar-se com ela antes. Foi Solange, sempre, quem lhe disse que deveria ir por aqui ou por ali, agir assim ou assado, enfrentar desta ou daquela maneira os obstáculos e as lutas profissionais. Cinco anos depois de casado, Antônio tornara-se o diretor de marketing da empresa. Os dois tinham uma vida confortável e feliz. O cargo dele o obrigava a constantes viagens e, muitas vezes, Solange o acompanhava. Quando isso não acontecia, falavam-se ao telefone mais de uma vez por dia. Em seu atual círculo de amizades, ditadas principalmente pelo cargo dele e um pouco pelas amizades que ela cativara no bairro (onde era conhecida por seus sábios conselhos para os problemas que as amigas porventura enfrentassem), eram chamados de "o casal 20", tal harmonia que transmitiam a todos. Frequentemente recebiam para almoços e jantares.

Certa noite, depois de fazerem amor, Antônio lhe disse:

— Meu bem, acho que está na hora de você suspender a pílula. Estava pensando que devemos, afinal, ter filhos.

Ela riu:

— Que pílula? Eu não tomo pílula nenhuma!

— E o que faz então, para não engravidar?

— Nada. Nem me preocupo com isso.

— Então, será que há algo errado com você? — perguntou ele, já meio assustado — Nunca comentou isso com seu médico?

— Não.

— E ele nunca perguntou?

— Perguntou. Mas disse que isso pode acontecer. Aparentemente, não há nada errado comigo — disse ela.

— Então deve ser comigo! — exclamou ele, já pulando da cama e sentindo voltar-lhe, de súbito, aquela velha insegurança.

— Volte aqui — disse ela e, abraçando-o: — Não há nada de errado com você, nem comigo. É que eu nunca pensei em filhos. Mas se você os quer, eu os darei a você.

Três meses depois ela veio do médico com a notícia. Estava grávida. Tiveram dois filhos, um menino e uma menina, nos quatro anos seguintes e depois ela o convenceu a fazer a vasectomia.

Logo depois do nascimento da filha, Antônio recebeu uma proposta para ser diretor geral de uma indústria ainda maior do que aquela onde, até então, sempre trabalhara.

Estavam, então, entrando no décimo ano de casamento e viviam absolutamente felizes e prósperos. Nenhuma nuvem ameaçava-lhes a vida.

Os irmãos de Solange haviam estudado e tinham todos bons empregos, graças ao auxílio do cunhado que conseguira boas oportunidades para eles. O pai de Solange morrera, mas a mãe fora morar numa ótima casa que eles tinham adquirido, para os fins de semana, num condomínio fechado, não muito distante da cidade. A mãe de Antônio teve câncer de mama, mas conseguiu superar. Assim, todos os pequenos entraves do cotidiano iam se resolvendo.

A vida estava sendo generosa para com eles. Escaparam sempre dos assaltantes, davam festas memoráveis no Natal, reunindo a família, inclusive, dos amigos mais chegados e, de vez em quando, frequentavam as colunas sociais.

Antônio, sempre aconselhado por Solange, fez ótimos investimentos e, quando perceberam, estavam de fato ficando ricos.

Seus filhos cresceram sadios, exceto pelo acidente do menino, que acabou decepando uma falange na roda da bicicleta, o que lhe custou uma certa assistência

Segurança

psicológica, e pelas constantes crises nervosas da menina, na pré-adolescência, que foram afinal aplacadas pela ginecologista que lhe diagnosticou e tratou uma brava TPM.

O menino estava para completar 15 anos, quando Juliana, como uma fada má, cruzou o caminho de Antônio. Ele a conhecera num simpósio médico, promovido por sua indústria, no Recife. Cirurgiã plástica, uma especialidade ainda rara entre as mulheres, ela impressionava por sua estonteante beleza, embora já tivesse passado dos 40 há muito. Era casada com um reumatologista renomado, professor de uma importante faculdade na Bahia. Mas Antônio ficou perdidamente apaixonado e ela não lhe parecera, tampouco, indiferente. Tentou tirá-la da cabeça e do coração, mas não conseguiu. Encontraram-se novamente num congresso em São Paulo e acabaram saindo juntos para jantar. Terminaram a noite no hotel onde ela estava hospedada e Antônio surpreendeu-se porque era a primeira vez, em quase duas décadas, que ele tomava uma decisão sem antes ouvir a opinião de Solange.

Voltou a se sentir inseguro. Vivia em função dos raros momentos em que poderia se encontrar com a amante. Inventava viagens profissionais para estar com ela em outras cidades e até em outros países. Já não conseguia se concentrar no trabalho, esperando sempre pelos telefonemas dela, pela possibilidade ou não de estarem juntos em algum lugar. Além disso, embora estivesse deslumbrado com sua própria capacidade de ainda viver uma paixão, sentia-se culpado por estar traindo a companheira de tantos anos, a quem, reconhecia, devia metade do seu sucesso.

Solange, porém, sabia muito bem da aventura do marido. Soube desde a primeira noite, pois o conhecia melhor até do que ele próprio. Mas nada disse. Acompanhou a transformação de Antônio e, quase um ano depois que o caso começara, numa noite em que ele chegou mais cedo para o jantar, disse:

– Antônio, esse seu caso de amor vai acabar prejudicando a sua vida profissional. É melhor você se definir de uma vez.

Ele ia dizer: "Que caso de amor?", mas seus olhos encontraram os dela e, instantaneamente, ele soube que nunca a enganara, que jamais seria capaz de enganá-la. Foi quase um alívio. Deixou-se cair na poltrona mais próxima e começou a chorar.

Solange não se abalou:

– Está vendo? Você está emocionalmente instável, está infeliz e angustiado, até as crianças já perceberam. Imagine na empresa! Um diretor inseguro não se segura muito tempo na cadeira, Antônio. E eu não estou disposta a ver ameaçado o futuro dos nossos filhos. Temos muito dinheiro, mas também gastamos muito e, se você perder a sua posição, tudo irá pelos ares. Não é melhor você resolver isso de uma vez? Se quiser ir morar com ela, vá. Mas resolva.

Antônio enxugou desajeitadamente as lágrimas:

– Não quero morar com ela. Eu amo e sempre amarei você. Mas... Mas...

– Mas a ama também, não é?

– É. Acho que é. – respondeu ele cada vez mais aliviado por poder contar, novamente, com a segurança de Solange para resolver o único problema do qual ela, até então, não participara. Mas, de repente, para aumentar ainda mais a sua confusão de sentimentos, percebeu que a mulher parecia tranquila demais diante da traição dele. Na verdade, preferiria que ela tivesse feito uma cena. Será que não sentia ciúmes? Será que de fato não o amava, estivera com ele todos esses anos apenas por conveniência?

– E então? – perguntou ela, desafiadora. – Vai resolver ou não?

– Solange, você é minha companheira, sabe que não posso viver sem você.

– Mas também não pode viver sem ela?

Ele se revirou na poltrona. Pensou em nunca mais ver Juliana, romper, acabar com aquele amor que (como sempre sua mulher estava certa) era também a razão de sua atual angústia. Sim, faria isso. Livrar-se-ia da angústia. Mas a ideia de nunca mais estar com Juliana o atingiu como uma dor, uma dor física, que lhe apertou o peito. Olhou para os olhos calmos de Solange e respondeu com um suspiro:

– Acho que não. Acho que não posso.

– Acha ou tem certeza?

– Não sei, Solange, não sei. – disse ele, sentindo-se como um menino, diante da autoridade materna, apanhado em travessura e ansiando pelo colo dela, ansiando que ela o consolasse, que lhe dissesse coisas ternas...

— Você não sabe. Mas o que eu sei é que assim como está não é possível continuar. Essa mulher virou a sua cabeça, você não é mais o mesmo homem e certamente não está sendo o mesmo profissional...

— E é só isso que preocupa você? Meu trabalho, minha carreira? Você não se importa que eu traia o nosso amor, desde que não prejudique a nossa vida material?

— Não – respondeu ela, com tranquilidade – Não me importo.

— Então... todos esses anos...você realmente nunca me amou?

— Não, Antônio. Eu gosto de você, casei com você porque nos dávamos bem juntos e você me proporcionava coisas que eu jamais tivera. Sempre nos demos bem, meu querido, somos ótimos companheiros, vivemos muito bem, temos filhos maravilhosos. O que mais seria preciso?

— Não sente ciúmes de mim? Não tem ódio dela? Não se revolta pela minha traição?

— Escute, meu querido – disse ela naquele tom que se usa para falar com as crianças – o que me revolta é ver que esse seu novo amor está lhe fazendo mal. Isso não é amor. É uma paixão, apenas. Achei que não duraria muito, que não traria maiores consequências e, desta vez, creio que me enganei. Você está se destruindo e isso eu não posso permitir. Essas paixões passam. Mas temo que essa, quando passar, já tenha causado estragos suficientes para a sua carreira e para a vida da nossa família. Por isso, acho que você precisa tomar alguma decisão. Ou vai de uma vez viver com ela, ou larga dela e tenta esquecer... você é quem sabe. Mas continuar assim é que não pode, não.

— Você acha que vai mesmo passar? – perguntou ele, sentindo-se um tanto ridículo e inseguro, diante da fortaleza de sua esposa. Ele, o todo poderoso diretor de multinacional, chorando como uma criancinha, todo confuso por dentro, pedindo o apoio da mulher que, até então, ele acreditava que o amava.

— Ah, essas coisas sempre passam. Um dia você enjoa dela. Mas eu tenho medo que ela enjoe primeiro de você e você fique ainda pior do que está.

— Estou muito mal, mesmo? – perguntou ele, já conseguindo sorrir.

— Está um trapo. E trate de se refazer logo, antes que...

— Já sei, já sei... prejudique o meu trabalho. É só nisso mesmo que você pensa?

– Não. Penso também no seu próprio bem estar. Eu gosto muito de você, Antônio, fomos companheiros e cúmplices por todos esses anos, exceto talvez o último, e essa vida em comum é maior do que uma paixão passageira. Quando surgiu essa mulher na sua vida, continuávamos juntos e felizes, ela não veio para suprir as necessidades que seriam geradas por uma eventual crise em nosso casamento. Ela veio do nada. Não havia crise alguma, por isso é que eu sei que vai passar, mas, repito, você não pode se deixar abater por uma paixão, assim como nunca se deixou abater por coisa alguma. Venha, vá se refrescar para o jantar, as crianças já estão chegando e eu preciso ir ver como vão as coisas na cozinha.

Na manhã seguinte era um outro homem que entrou no escritório. De repente, como por um passe de mágica, Antônio tornara-se consciente das muitas pequenas coisas que havia negligenciado naquele último ano. Pediu à secretária que agendasse uma reunião com todos os seus gerentes de produto o mais rápido possível. Lembrou-se de que havia uma luta, na companhia, para vencer a corrida de colocar, na saúde pública, um de seus medicamentos mais modernos e de preço altíssimo, para uma doença crônica. Ele nem prestara muito atenção ao último relatório que ouvira sobre isso. Abriu seu computador e muitas mensagens dos últimos dias que haviam lhe parecido sem importância agora ganhavam uma nova dimensão. Trabalhou como um touro e, contrariando seus costumes, foi dar uma volta pelo escritório, parando nas mesas e conversando com alguns executivos. No fim da tarde, estava se sentindo realmente um novo homem, como se, nos últimos tempos, tivesse sido apenas uma sombra de si mesmo. Foi aí que a secretária avisou que a Dra. Juliana estava na linha.

– Diga a ela que estou numa reunião importante e que, quando puder, retornarei a ligação. E ligue também para a minha mulher.

Foi a vez da secretária suspirar aliviada. Finalmente o chefe ia dispensar aquela perua que o andava perturbando tanto!

– Dona Solange na linha.

– Meu bem – disse ele – vamos jantar fora?

22
Em sintonia

Os rosacruzes dizem que as almas são como uma corrente elétrica. Ela existe, mas não se manifestará caso não se conecte a ela, por exemplo, uma lâmpada. Os corpos humanos seriam, para a alma, assim como as lâmpadas o são para a corrente elétrica, o veículo de manifestação dessa "corrente da vida". Mas certamente não são apenas os nossos corpos que manifestam a energia da grande alma universal. Também os animais e as plantas e tudo o que está vivo na face da Terra e, quem sabe, em outros planetas.

Por analogia, nossos pensamentos também fariam parte de uma imensa energia mental. Como as ondas de rádio e TV. Então, nossa mente poderia se "sintonizar" numa determinada frequência, assim como sintonizamos um aparelho de rádio ou TV numa determinada frequência para receber essa ou aquela emissora. Mas talvez seja ainda mais do que isso. Porque, afinal, por esse raciocínio, nossas mentes estariam não apenas recebendo, mas também transmitindo. Seria mais parecido com a Internet: recebemos as informações da grande rede mundial de computadores, mas também transmitimos as nossas próprias informações para ela.

Imagine então que o seu pensamento pode estar sintonizado com uma determinada "frequência" de pensamentos e estar transmitindo e recebendo ao mesmo tempo. Sentimentos, emoções e inspirações se harmonizariam com a frequência vibratória que seja semelhante a eles. Assim, se estou de mau humor, achando que a vida é injusta e o mundo não tem perspectivas, estarei sintonizada com a frequência (e a "corrente") de pensamentos que se harmonizam com esse estado de espírito. Ora, o meu mau humor, além de aumentar, vai engrossar as frequências negativas do grande mar de pensamentos... A mesma coisa vale para o contrário. Se estou alegre, esperançosa, de bem com a vida, vou me sintonizar nas frequências da felicidade.

Tudo isso que estou dizendo é uma grande besteira.

Mas experimente "mudar de frequência", quando estiver desanimada e triste. Experimente voltar os seus pensamentos para fatos alegres da sua vida, para pessoas que você ama, para o que há de bom (sempre há algo de bom) no seu mundo. Lute contra o negativo. Funciona. Não é científico, não tem lógica, mas, na prática, simplesmente funciona.

Os místicos, os religiosos e até mesmo os teimosos, usam uma técnica semelhante no exercício da fé e na perseguição de seus objetivos. O simples fato de acreditar, com toda a força do pensamento, que vai dar certo, faz com que dê certo. Há inúmeros exemplos disso no cotidiano, desde pessoas doentes que se curam quase que por milagre até endividados que saem do buraco e refazem a sua vida econômica como num passe de mágica.

Se acreditarmos, como já foi dito aqui em outros capítulos, que não somos apenas o "eu", mas que fazemos parte de algo bem maior que isso, assim como estamos mergulhados no ar, estamos também mergulhados nas frequências (os místicos dizem "vibrações") do pensamento de todos.

Existem ainda pessoas que parecem ter um dom especial para contaminar o ambiente onde se encontram com o seu próprio estado de espírito. Alguém, por exemplo, que chega animado a uma festa e, de repente, todo mundo se anima, a festa pega fogo... Ou o contrário. O colega que sempre chega ao trabalho de mau humor e parece contaminar a todos com seu negativismo.

E ainda existe o indefinível carisma (tão encontrável nos artistas e nos políticos) que faz com que a gente se apaixone instantaneamente pelo seu possuidor, mesmo que saibamos daquela pessoa fatos não muito edificantes.

Nessa linha de pensamento, dá para entender a relação mágica que alguns jardineiros têm com as plantas. Também dá para entender como a convivência com os animais pode fazer com que às vezes imaginemos que nosso bicho de estimação consegue nos entender os pensamentos. E dá para entender também que o seu estado de espírito exerça influência sobre a excelência (ou não) da refeição que você preparou.

Tudo besteira? Do ponto de vista do conhecimento científico, sem dúvida. Um grande besteirol! Mas tudo isso faz parte da mágica da vida, aquele lado lindo e misterioso que ainda não conseguimos decifrar.

O goulasch

Elisa tivera, por toda a vida, uma grande ligação com a avó paterna. Uma ligação muito forte, mais forte ainda do que tinha com a sua própria mãe. Eram sentimentos diferentes, reconhecia. É claro que amava a mãe, mas para com a avó, o que Elisa sentia ultrapassava as fronteiras do amor. Era um entendimento quase mágico, uma confiança cega, um misto de admiração e paixão. Tanto que a velha senhora, com tantos filhos e netos, tinha escolhido morar com ela e ambas, há já uns cinco anos, dividiam o apartamento de Elisa e nunca tiveram problemas. Viviam em harmonia, amigas e cúmplices em tudo na vida.
Maria, a avó, nascera em Viena e viera para o Brasil já adulta, acompanhando o marido que assumia a direção de uma empresa europeia no país. Morara muitos anos em Copacabana, mas com a morte do marido e a consequente diminuição de sua renda, acabara mudando-se para a casa de um dos filhos, o pai de Elisa, em São Paulo. Quando a neta mais velha adquiriu condições de morar sozinha, escolhera a avó por companheira e essa, imediatamente, aceitara o convite.
Há coisa de uns poucos meses, Maria começou a sofrer de um câncer de mama. Era um nódulo pequeno e, segundo os médicos, apresentava bons prognósticos. Depois da cirurgia, porém, Elisa passou a ficar seriamente preocupada com o estado da avó. A quimio e a radioterapia pareciam estar sendo ineficientes e o médico foi franco com ela:
– Não consigo entender, Elisa – disse ele – porque sua avó não está apresentando os resultados que esperávamos com o tratamento.

O goulasch

Se o médico não entendia, ela menos ainda. Mas desconfiava que essa reação negativa do corpo da velha senhora tivesse alguma coisa a ver com o estado emocional dela. Afinal, o câncer apareceu logo depois que ela perdera o filho, o pai de Elisa, que morrera, em poucos meses, vítimas de um dos mais terríveis e desafiadores cânceres que podem acometer um paciente: o de pâncreas.

Assim como sabia que, dentre os parentes que amava, sua avó era sua preferida, Elisa sabia também que, dos filhos da avó, ela sempre preferira o mais velho, seu pai. Fora um duro golpe a morte dele. Para ambas, avó e neta, que se revezavam nos cuidados que a esposa, ocupada com a casa e com os outros filhos, alguns ainda pequenos, não pudera dedicar a ele.

Elisa, naquela mansa manhã de sábado, pensava, parada diante da tela de seu computador, em como poderia, depois de tanto sofrimento, alegrar um pouco a sua avó. Pensava também em tudo o que aprendeu com ela sobre a vida, sobre as pequenas alegrias e chegou a sorrir lembrando-se das guloseimas que Maria preparava para ela na sua infância e juventude. Os deliciosos doces austríacos, os bolinhos de miolo e o goulasch... esse, absolutamente imbatível!

Elisa desprezava as muitas receitas de goulasch que via nas revistas femininas ou na televisão. Todas estavam erradas. Algumas refogavam a carne antes de começar a cozinhá-la, aliás, quase todas, talvez na tentativa de abreviar o tempo de preparo daquele prato, que exigia horas e horas ao fogo. Outras usavam temperos demais. Mas ela sabia como era, aprendeu com Maria que, para se fazer um bom goulasch, é preciso colocar o mesmo peso de carne cortada em cubinhos e de cebola picada, num caldeirão com muita água, por tempero, apenas sal e um pouco de páprica. Aí é só deixar o fogo agir. A panela fica lá, cozinhando tudo, fabricando a mágica do sabor, até que toda a cebola desapareça e forme aquele caldo espesso. Leva de quatro a cinco horas para se fazer um goulasch de verdade. Mas hoje em dia, pensa Elisa, ninguém mais quer ficar vigiando o fogão por quatro ou cinco horas... Lembra-se de quando Maria lhe contou a história desse prato. Sua origem estava em antigos trabalhadores europeus que, tendo que passar vários dias na floresta, no rigor do inverno, levavam pedaços de carne cercados de muita cebola e, todos os dias, cozinhavam e recozinhavam aquilo. No fim, sobrava uma carne muito bem cozida, temperada pelo sabor das cebolas que haviam se desmanchado pelos seguidos cozimentos, com um molho escuro e forte.

Foi então que Elisa teve uma ideia. Sua avó ainda estava dormindo mas sabia que ela combinara um jogo de buraco na casa da vizinha do oitavo andar. E as velhinhas, quando se reuniam em torno de uma mesa de cartas, costumavam passar horas e horas ali, jogando e fofocando. Daria muito tempo para ela preparar uma surpresa. Nunca, em toda a sua vida, Elisa cozinhara para a avó. Era sempre o contrário. Nunca também preparara um goulasch e sorriu ao imaginar a avó chegando do jogo, encontrando a mesa posta e, no centro, fumegando, um maravilhoso goulasch! Imediatamente telefonou para o açougue e encomendou 1,5 quilo de músculo, foi à geladeira, tirou as cebolas e pesou-as.

A avó acordou às onze da manhã, foi ao banheiro para a sessão de mal-estar de todos os dias provocada pela quimioterapia, tomou banho e arrumou-se toda para o jogo com as amigas. Então, Elisa foi para a cozinha.

Cortou toda a carne, em cubinhos, pensando na alegria de sua avó. Descascou as cebolas e cortou-as em pedacinhos, pensando na alegria de sua avó. Encheu de água quente um panelão, pensando na alegria de sua avó. Jogou na água um punhado de sal, pensando na alegria de sua avó. Uma pitada de páprica, pensando na alegria de sua avó. A uma da tarde acendeu o fogo do caldeirão, com a mistura, pensando na alegria de sua avó. Às três, lembrou-se de que aquela era a hora planetária da cebola, regida por Marte, e foi à cozinha ver como estava indo a mistura, pensando na alegria de sua avó.

Às oito da noite quando Maria entrou no apartamento, encontrou a mesa ricamente posta, com uma travessa de arroz, uma garrafa de vinho tinto e uma linda sopeira de louça que escondia um goulasch maravilhoso.

Quando Elisa abriu a sopeira e mostrou o prato a Maria, esta exclamou:

– Menina, você fez um goulasch de verdade!

Há muito tempo Elisa não via a avó comer com tanto apetite.

Talvez tenha sido coincidência, mas, daquele dia em diante, Maria começou a reagir bem às terapias e, em breve, estava plenamente recuperada.

23
A morte

Que todos nós vamos morrer é o óbvio ululante. Mas, frequentemente, vivemos como se fôssemos imortais. Ninguém gosta de pensar na morte, já que ninguém sabe porque nasceu e muito menos porque vai morrer. A morte de entes queridos, porém, nos faz pensar no quanto a vida é frágil, no quanto nos importamos com coisas que não parecem nada importantes quando colocadas diante da inexorabilidade da morte. Quem sofreu um enfarte, por exemplo, e sentiu de perto o bafo da morte, costuma ter sua vida transformada, começa a rever seus valores, a pensar no que não pensava antes, a valorizar o que não valorizava antes... mas apenas por algumas semanas. Depois a força da vida impõe seu ritmo e tudo se esvai, como num sonho distante. A vida sempre se impõe sobre a ideia da morte. No entanto, quando se vai alguém que nos é muito caro, a nossa ideia da vida e da morte sofre uma transformação. A dor da perda nos faz pensar sobre esse imenso mistério que são a própria vida e a morte.

Certamente, depois que se morre, a nossa alma há que ter muita coisa para fazer. Mas há alguns momentos em que ela deve poder se importar com aquelas almas que ainda estão vivendo e que conseguem, através da força (e que força!) do pensamento, estabelecer um vínculo. Nossos mortos amados estarão sempre por perto, às vezes revelados, às vezes apenas no sentimento da ausência. A morte é a vida passada a limpo. Desaparecem todas as desavenças, todas as coisas menores, os ressentimentos, as brigas e as diferenças do cotidiano, tudo menor, quando existe amor.

Efêmero

O terrível da morte, agora ela percebia, era aquela sensação de coisas inacabadas. Lá estavam os originais do livro que ele não acabara de escrever. Lá estavam os pedidos de venda que ele não acabara de preencher. Lá estavam seus pássaros, circulando pelo apartamento, como que a procurá-lo, como que a perguntar, num canto triste, por que eram outras, agora, as mãos que abasteciam de alpiste os recipientes das gaiolas.

Em todos os cantos da casa, ela o encontrava. Nas menores coisas, que até três dias antes, quando ele estava vivo, ela sequer reparava...

Havia ainda a necessidade de realizar o terrível ritual de tirar as roupas dele do armário e inventar um destino para elas. Isso, nesses três dias decorridos da morte dele, ela ainda não tivera coragem de fazer. Cada camisa, cada terno, cada gravata, traria consigo uma lembrança, um momento, daqueles trinta anos que viveram juntos, em pleno gozo do amor e da felicidade.

Está certo que ela estava preparada para enfrentar a ausência dele. Não muito preparada, mas não fora uma surpresa, como poderia ter sido se ele tivesse tido, por exemplo, um enfarte fulminante. Há pouco mais de dois meses, ele começara a sentir-se mal, a deixar de fazer as coisas mais banais do cotidiano, a ter dificuldade para se levantar, para tomar banho ou fazer a barba e também passara a reclamar que o mais leve contato de qualquer superfície com a sua pele o fazia sentir choques, ou pequenas dores. Ela insistira para que ele fosse ao médico,

mas ele passara a vida inteira odiando os médicos, a quem chamava de curandeiros. Por fim, um primo distante, com quem ela conversara por telefone, acabou convencendo-o de que ele deveria ir ao hospital fazer todos os exames, livrar-se daqueles incômodos. O hospital em questão era noutra cidade e ela o levou, de carro, estrada afora. No dia seguinte, já tinham o diagnóstico. Aqueles sessenta cigarros que ele insistia em fumar, por dia, haviam causado um câncer de pulmão e a metástase desse câncer causara outros dois tumores no cérebro.
O primo dela, neurologista conceituado, deu-lhe a sentença:
– Ele tem mais um mês, ou dois, de vida.
Ela, no entanto, sabia que aquela felicidade extrema que encontrara com ele não poderia mesmo durar para sempre. Nos últimos quatro ou talvez cinco anos, vivera com a perspectiva de que ele a deixaria, de que aquela felicidade cotidiana teria um fim, como se não a merecesse.
Portanto, estava preparada.
Mas não estava preparada, agora ela reconhecia, para essa sensação do inacabado. E os pássaros! Pareciam cantar a ausência dele. A biblioteca, embora misturasse os livros que os dois, um dia, há três décadas, trouxeram para o apartamento onde viveriam juntos e ainda aqueles muitos livros que adquiriram depois, a biblioteca estava cheia de anotações dele, que costumava colocar suas observações, por escrito, nas margens das páginas. Ela pegava um livro, via a letra dele, miúda e clara, a observar isso ou aquilo e vinha aquele nó no peito. À noite a cama, que compartilharam por trinta anos, parecia-lhe insuportavelmente fria.
A morte dele trouxera para ela a certeza de que tudo o que vivia a preservara, sua casa, suas lembranças, seus objetos queridos, todo aquele universo que colecionara durante toda uma vida, era alguma coisa de transitório, de profundamente efêmero; de que um dia, ela também partiria desse mundo e aquela montanha de livros, de cds, de quadros, de vídeos, de plantas, ficaria ali, órfã de sua presença, sabendo Deus que destino teria. A cada manhã, quando se vestia para ir trabalhar e caprichava no visual, como sempre, pensava no destino que teriam seus lindos tailleurs, suas camisas de seda, suas preciosas joias depois que ela se fosse desse mundo.

Todas as mulheres são Bruxas - Isabel Vasconcellos

Toda a sua vida se transformara, em apenas três dias, depois que ele se foi. Todas as suas atitudes, desde as coisas mais simples do cotidiano, tinham um outro enfoque, um outro sabor. Tudo se tornara efêmero. Era a simples constatação da maior verdade da vida: ela partiria e o mundo continuaria. As ruas da cidade, a casa onde vivia, tudo ainda estaria ali depois que ela se fosse. E nos julgamos tão importantes! Tanta importância atribuímos às questiúnculas do cotidiano, quando apenas passamos e o mundo, a terra, com seu eterno reviver, fica!

Agora a sua atividade profissional, o seu trabalho de editora na revista, era o seu único consolo. Sem isso, ela sabia, talvez não tivesse forças para suportar a drástica mudança no seu cotidiano que era a ausência dele. Tanto o procurara, em tantos homens da sua juventude, tantas decepções amorosas, tantas paixões que acabavam em choro e tristeza antes de, afinal, aos vinte e cinco anos de idade, encontrá-lo. E os trinta anos que viveram juntos tinham sido, como queria a canção de Gardel, apenas um sopro. Agora ele, o amor da sua vida, o homem com quem compartilhara, por três décadas, as alegrias e as tristezas cotidianas, se fora. E se fora tão depressa! Enquanto ele se acabava no hospital, nesses últimos dois meses, ela chorava a sua ausência no apartamento e procurava ir se acostumando com a ideia daquela morte anunciada. Falava todos os dias com ele por telefone e, a cada dia, sentia que ele ia se apagando, ficando mais e mais distante, até que por fim de nada mais adiantavam os telefonemas e as viagens que ela fazia nos fins de semana para vê-lo, porque ele mergulhara, dia a dia, na inconsciência. Até que, nas últimas três semanas de vida dele, tudo o que ela pode fazer foi ir até a cidade onde ele estava internado e ficar horas a fio ao seu lado, sem que ele desse sinais de perceber que ela ali estava. Seu primo, o médico, explicara a ela que o câncer cerebral era uma das formas mais tranquilas de se morrer: o paciente ia se apagando aos poucos, entrando cada dia mais em seu próprio mundo inconsciente, até que a chama da vida, afinal, se extinguisse. Mas ela ficava ali, por todo o fim de semana com ele e sabia que, de alguma maneira, ele também sabia que ela estava ali. Para alguns casais, refletia ela, que não tiveram a sua sorte, o amor ia se apagando com o tempo, desgastado pela dureza do cotidiano, pelas intolerâncias, pelas circunstâncias. Talvez para estes a morte do cônjuge significasse mesmo uma espécie de libertação. Mas não era assim para ela e para ele. Eles se amavam loucamente e depois de trinta anos de vida em comum ainda ficavam aos beijinhos, pelos cantos da casa, cheios de carinho, e quem os visse juntos nos bares noturnos que tanto gostavam de frequentar, imaginaria que era um casal de meia idade num namoro novo, num amor de outono.

Agora ela se sentia como naquela outra música: "metade arrancada de mim". Às vezes, chorava. Mas não muito e não por muito tempo. Às vezes se culpava pelas pequenas brigas cotidianas, nas quais pensava não ter tido a paciência necessária com ele, principalmente nos últimos meses, quando ele, que era um homem cheio de vida e de alegria, se mostrara um tanto deprimido. Era o maldito câncer, concluía ela agora, e eu não soube compreender. Lembrava-se, sempre, com uma frequência incomodativa, da tomografia do cérebro dele que vira no hospital. Não havia quase cérebro: tudo estava tomado pelos dois tumores, um em cada hemisfério cerebral.

Estava pensando nisso, presa no congestionamento de todos os dias, indo para o trabalho, quando, de repente, sentiu a presença dele. Foi uma coisa forte, muito forte. Era como se ele estivesse ali, sentado no banco do carona. Lágrimas turvaram-lhe a vista e ela disse, em voz alta:

– Amor, você está aqui?

E foi como se ouvisse, com a voz do pensamento, a resposta daquela voz aveludada que ela tanto amara:

– Estarei sempre com você, sou parte de você.

Tratou, rapidamente, de espantar o pensamento. Estou influenciada por aquele filme, *Ghost*, da Demi Moore.

Tanto ele como ela eram jornalistas e agnósticos. Jamais acreditaram em Deus, muito menos no sobrenatural e combatiam as religiões como se fossem, de fato, o ópio do povo, como acreditaram um dia na sua juventude esquerdista.

Começou a pensar em quão melancólicos tinham sido para ele realmente os últimos anos de vida. Aposentado compulsoriamente do jornal onde trabalhara por décadas, ao completar 65 anos, tentou dar a volta por cima, passando a vender coleções de livros e a se dedicar a escrever uma história da imprensa brasileira que deixara, por fim, inacabada, como inacabados haviam ficado tantos pedidos de venda... Ela, quinze anos mais jovem, ainda conservava seu emprego como editora daquela revista de moda mas, todos os dias, ao despedir-se dele para sair para o trabalho, um nó de angústia atingia-lhe o peito ao pensar que ele, um homem tão capaz e inteligente, ia lavar a louça do café da manhã, ligar o computador, navegar pela Internet, escrever um ou dois artigos para os sites que ainda aceitavam sua colaboração, lutar com o seu livro, molhar as plantas, distrair-se com os seus pássaros, dar alguns telefonemas, sair por aí tentando empurrar uma coleção de livros para alguém que conhecera e que, agora, talvez comprasse, apenas por pena dele, um velho jornalista que fora respeitado e agora vendia livros ... Ah, tinham sido difíceis os últimos anos da vida dele! A solidão, a ausência dos companheiros de redação, dos desafios de todos os dias na vida de um grande jornal... Pobre amor seu que, em plena capacidade e sabedoria, fora jogado por este sistema injusto para escanteio.

O dia estava lindo, era de um azul sem par, e ela, de repente, decidiu. No meio do trânsito, pegou o celular, ligou para a secretária na revista e disse que ia se atrasar muito. Dirigiu seu carro até o cemitério, comprou algumas flores e foi sentar-se no túmulo dele. Lá, sentindo uma estranha calma e indiferente aos eventuais transeuntes, disse em voz alta:

– Amor, você se foi, pode ir, para onde tiver que ir. Eu vou ter que viver sem você, metade de mim, o resto da minha vida. Talvez nos encontremos e acho que certamente nos encontraremos numa outra vida que eu não estou certa de existir. Nunca mais voltarei aqui, porque você não está aqui realmente. Você vai viver sempre dentro de mim, na minha alma, no meu coração. Pegue estas últimas flores e siga o seu caminho. Está livre agora e eu também.

Virou as costas e se foi. Havia muito trabalho a fazer na revista.

Mas tudo o que fizesse, dali para a frente, ela sabia, era apenas efêmero. E o mundo seguiria, com ela ou sem ela, com ele ou sem ele.

24
Fim

Se você começou a ler este livro pensando que aqui encontraria algumas regras básicas para se transformar numa bruxa, talvez tenha se decepcionado.

Mas quero crer que não, pois se você chegou até o fim, certamente compreendeu que não existem regras para ser uma bruxa. Me perdoem as adeptas de cultos geniais com a Wicca ou as esotéricas que pertencem a organizações inteligentes como a Amorc – Ordem Rosacruz, mas além de não existirem regras, não existem nem mesmo os rituais. A não ser os eternos rituais do nosso cotidiano. Regar as plantas, preparar o jantar, educar as crianças, ter uma incrível paciência no trabalho (que ainda segue as regras masculinas do estilo carcará) também podem ser rituais mágicos.

Todas nós vamos morrer. Algumas passarão para a história, por seus feitos, seja em que área for. Outras serão esquecidas. Mas todas nós não viemos ao mundo a passeio. De uma forma ou de outra nossa presença na Terra tem um significado único e que jamais se repetirá, porque cada história de cada ser humano é única e absolutamente irrepetível.

Por isso, somos todos tão importantes.

A fama, tão perseguida hoje em dia, o poder, a riqueza material, o sucesso profissional, até mesmo o grande amor, tudo passa. Nenhuma dessas coisas pode preencher nossas necessidades interiores. Mas, às vezes, um simples gesto, um olhar, uma emoção... às vezes podem.

Todas nós somos poderosas. Todas trazemos em nós as nossas heranças genéticas e culturais e todas devemos a maior parte do que somos aos que viveram na Terra antes de nós. Todas nós somos bruxas. Todas temos o poder de tomar nas mãos a varinha de condão que nos abrirá os caminhos que desejamos, e precisamos, seguir.

Experimente acreditar. Experimente observar. Experimente compreender. Experimente o longo exercício da paciência, para consigo mesma e para com os que a cercam. Experimente contemplar o doce mistério da vida. Experimente crer, sem dúvida nenhuma dentro de você, que você e somente você é quem constrói o seu destino. Experimente. Leva tempo, é difícil, sempre haverá aquele momento em que você se sentirá a última das criaturas, abandonada pela sorte ou seja lá o que for. Apenas erga os olhos e a cabeça e experimente crer em si mesma, em sua intuição, em seu coração, em seus sentimentos mais profundos. E, um dia, talvez amanhã, talvez daqui a alguns anos, você olhará para trás, revisará seus passos, verá aonde e como eles a conduziram e acabará concordando comigo. Nós, mulheres, somos todas umas bruxas!

Epílogo

Encontro com Wanda

No Dia das Bruxas, quando se abriu aquela porta que separa o mundo dos vivos do mundo dos mortos, embora eu não tivesse providenciado nenhuma abóbora iluminada, saí a caminhar pela beira da praia ao entardecer e, de repente, na praia já bem deserta, uma figura muito esbelta que vinha em sentido contrário chamou a minha atenção. Era uma mulher longilínea, usava um vestido fora de moda e um elegante blazer de albene, certamente colocado às pressas para protegê-la do friozinho de fim de tarde.

Quando nos cruzamos ela sorriu e eu a achei incrivelmente familiar. Parecia ter saído de um velho álbum de fotos. Demos apenas alguns passos e ela me chamou:

– Seu nome não é Isabel?

Eu me voltei.

– Sim, eu sou Isabel.

Ela riu, meio tímida, levando a mão direita aos lábios. Então a reconheci. Era a minha mãe, Wanda, aos 18, talvez 20 anos de idade.

– Você é Wanda? – perguntei.

– Como sabe? – respondeu ela se aproximando.

– E como você sabia que eu era Isabel?

– Não tenho certeza, foi um palpite. Sabe, um dia, terei uma filha e darei a ela o nome de Isabel, em homenagem à Princesa, a Redentora, que acabou com a escravidão no Brasil. Isso porque minha filha vai nascer em 13 de maio.

— Você parece muito segura do seu futuro, Wanda.

— Ah, — riu ela, tirando um cisco imaginário da saia godê de seu vestido, — isso é porque eu já vivi essa história e parece que estou pronta a vivê-la de novo... Não sei explicar muito bem.

Lá adiante, sob os coqueiros, havia um quiosque. Propus:

— Vamos nos sentar numa daquelas mesas e conversar um pouco? Isto é, se você não se importar de ser vista conversando com uma mulher tão mais velha como eu...

— Imagine, Isabel, você é uma simpatia e nem parece velha...

— Bom, eu tenho um bom cirurgião plástico, mas nem ele consegue fazer milagres quando se está a um passo dos sessenta...

Ela riu:

— Você é vaidosa!

— Muito.

— Ah, você pode ser mais velha, mas tem um corpo muito bom, muito sensual. E olhe para mim: meus primos costumam me chamar de Chico Esqueleto de tão magra que sou.

— Mas você, magra assim, é o sonho de todas as mulheres de hoje.

Ela pareceu desconcertada.

— Hoje? Que dia é hoje?

— 31 de outubro de 2010.

Desta vez, o que li no rosto dela foi alívio e logo veio uma gargalhada, daquelas bem sinceras, que eu passei a vida admirando nela.

— Ah, bem que eu sabia que estava sonhando. Bem bonito esse sonho com o futuro. Porque todo mundo sabe que hoje é 11 de agosto de 1933...

— E você deve estar preparando o seu enxoval... — interrompi eu.

— Ué, você é alguma adivinha?

— Você vai se casar com o Alfredo em dezembro. É uma vitória, não? Vocês lutaram contra o mundo para ficar juntos.

— Ainda bem que isso é mesmo um sonho. Você sabe até o nome dele.

— Sei muita coisa sobre você.

– Mas olhe – disse ela então com aquela praticidade que sempre a caracterizou—se você tem quase 60 anos em 2010, então no meu tempo você está longe de nascer...
– Nasci dia 13 de maio de 1951.
Ela deu um pulinho, um sobressalto, como num soluço. Nós estávamos sentadas, então, nas mesas do quiosque e a noite estrelada descia rapidamente sobre nós.
– Você é a minha filha.
– Sim, eu sou Isabel de Almeida Vasconcellos, sua filha caçula, nascida 15 anos depois do seu filho mais novo. O mais velho é o Alfredinho, nascido em 1934 e o mais novo é o Alvan, de 1936.
– Eles morreram antes de mim, não é?
– Sim.
– Eu sabia. Ainda ontem eu disse à Jeannette, minha irmã, que sabia que morreria depois dos meus filhos... oh... me desculpe.
– Depois dos seus filhos, não da sua filha...
– Eu já morri, não é? Não poderia estar viva em 2010... eu teria 98 anos... ah, mas melhor não saber. E você, filha? Como tem sido a sua vida? Você é feliz?
– Sim, mãezinha, sou feliz, mas trago no peito uma dor aguda, a mesma que me fez enfartar...
– Por que, minha filha? Que dor é essa?
– É a dor de imaginar que não fiz tudo o que podia por você.
– Ah... Mas você fez sim. Você fez até mais do que podia.
– Como você sabe, mãe? Para você eu ainda nem existo.
– Não sei como eu sei, mas sei e pronto.
Eu ri.
– "...E pronto". Você vivia dizendo isso. Estava sempre ocupada com seu trabalho e eu, acostumada com o excesso de mimos do meu pai, vivia pedindo beijos pra você e você me beijava e dizia: "pronto." Como quem acaba de cumprir uma obrigação... – e eu ri: – agora eu acho engraçado mas me lembro que ficava muito puta da vida...
– E hoje? Você tem quem te mime?

– Ah, claro, o Caetano vive me mimando, o meu marido.

Então ela aproximou a mão do meu peito e fez um gesto parecido com aquela brincadeira da minha infância, em que os adultos fingiam arrancar o nariz das crianças e, ato contínuo, ergueu o braço com a mão fechada e fingiu jogar alguma coisa ao vento.

– Pronto – disse ela. Joguei fora a sua dor no peito.

– Simples assim? E as tuas dores, as dores que eu te causei?

– Não me lembro de nenhuma. Você se lembra de alguma dor que eu te causei?

Tive que sorrir:

– Imagine, se houve alguma eu já a esqueci.

– É isso – disse ela, com firmeza, e já se levantando.

– Onde você vai?

– Não sei, mas tenho que ir. Meu tempo nesse tempo está esgotado.

Fiz um gesto para me levantar também.

– Não. Fique aí, Bel – disse ela, usando o meu apelido. – Peça uma cerveja e curta um pouco as estrelas. Eu vou indo em direção ao mar. E o mar me levará às estrelas, essas mesmas que você estará fitando.

– Adeus mãezinha – disse eu com lágrimas nos olhos e querendo abraçá-la mas já sabendo que isso seria impossível. – Você é linda, maravilhosa e chique com esse vestido esvoaçante e esse chiquésimo casaco de albene.

– Acha mesmo? – perguntou ela toda coquete. – Fui eu mesma que fiz.

– É claro – disse eu, lembrando do sucesso dela como modista das ricaças paulistanas nos anos 1950 e 1960.

Então ela se voltou e saiu caminhando em direção ao mar. Foi sumindo, se esmaecendo de leve, e eu pensei ter vislumbrado o vulto de um homem ao lado dela. Pedi uma cerveja à garçonete. A noite estava muito estrelada.